黄河水利委员会治黄著作出版资金资助出版图书

历览长河

——黄河治理及其方略演变

王渭泾 著

黄河水利出版社

图书在版编目(CIP)数据

历览长河:黄河治理及其方略演变/王渭泾著.—郑州:黄河水利出版社,2009.9

ISBN 978-7-80734-717-0

Ⅰ.历… Ⅱ.王… Ⅲ.黄河-水利史-研究 Ⅳ.TV882.1-092

中国版本图书馆CIP数据核字(2009)第160814号

出 版 社:黄河水利出版社

地址:河南省郑州市顺河路黄委会综合楼14层 邮政编码:450003

发行单位:黄河水利出版社

发行部电话:0371-66026940、66020550、66028024、66022620(传真)

E-mail:hhslcbs@126.com

承印单位:河南省瑞光印务股份有限公司

开本:787 mm×1 092 mm 1/16

印张:16.75 插页:6

字数:225千字 印数:1—1 800

版次:2009年9月第1版 印次:2009年9月第1次印刷

定价:45.00元

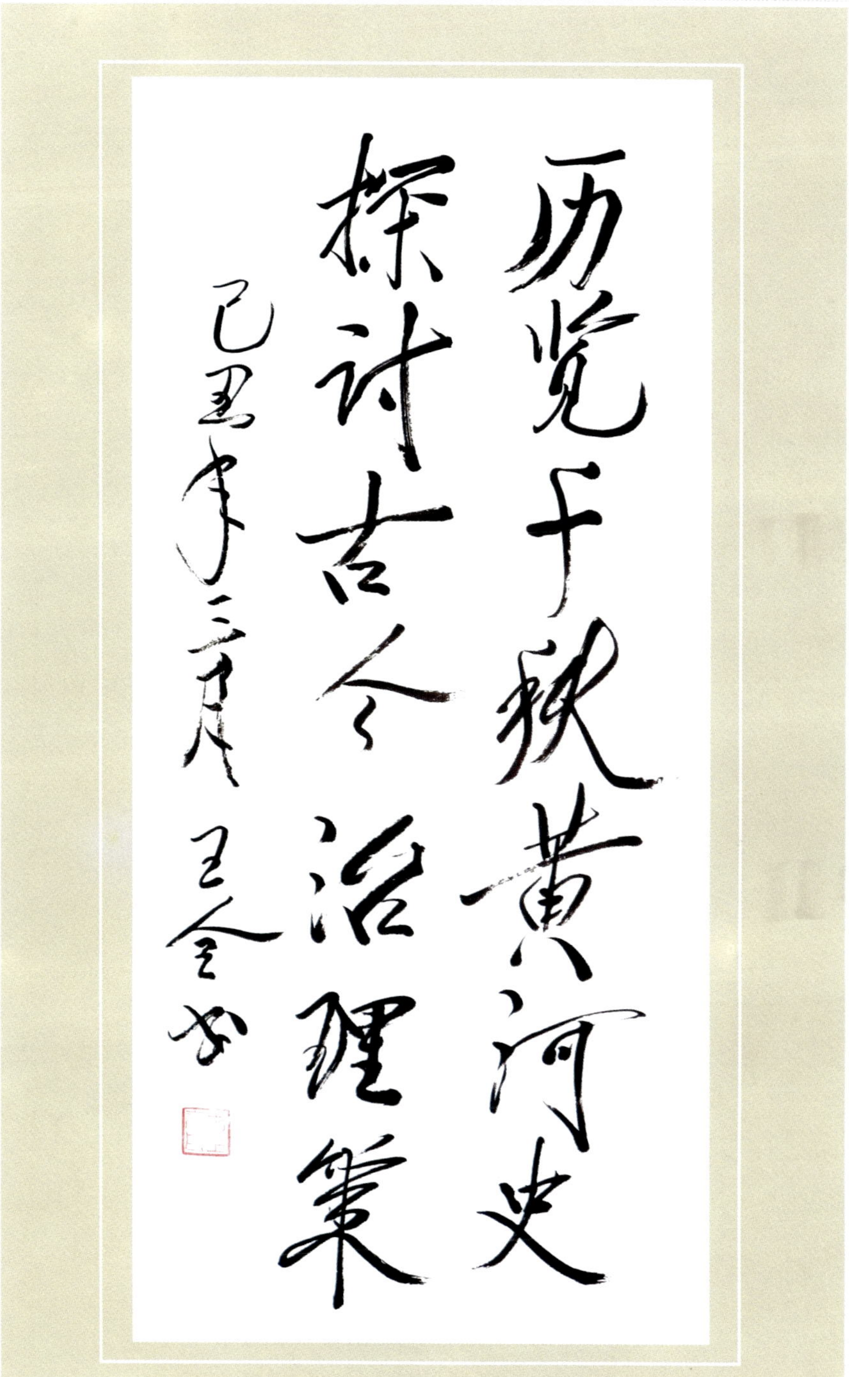
历览千秋黄河史
探讨古今治理策
己丑年三月

研究治河之道
探索久安之策

徐福龄题

徐福龄

作者简介

王渭泾，男，1941年5月生于河南省开封市。1961年毕业于黄河水利学院。从事水文、勘测、防洪等黄河治理工作40余年，为享受国务院政府特殊津贴的专家。曾任黄河水利委员会办公室主任、河南黄河河务局局长等职。当选为政协河南省委员会第八、九届常委，任农业委员会副主任。

黄河流域图

内蒙古
甘肃
宁夏回族自治区
青海
西藏自治区
四川
酒泉
祁连山 5547
黑河
金昌
德令哈
青海湖
柴达木河
西宁
湟水
龙羊峡
李家峡
贵德
八盘峡
大峡
刘家峡
盐锅峡
兰州
靖远
临夏
定西
洮河
中卫
银川
吴忠
青铜峡
清水河
固原
六盘山 2928
天水
玛曲
扎陵湖
鄂陵湖
玛多
玛卿岗日 6282
巴颜喀拉山 5267
黄河
玛沁
达日
玛曲
玉树
雅砻江
金沙江
澜沧江
昌都
马尔康
绵阳
嘉陵江

自
治
区
河
北
京
天
津
北京
天津
呼和浩特
包头
托克托
万家寨
天桥
保德
集宁
张家口
承德
赤峰
秦皇岛
辽
宁
渤
海
榆林
关帝山 2830
太原
石家庄
德州
利津
丁字路口
潍坊
济南
泺口
泰山 1524
山
东
聊城
艾山
孙口
济宁
菏泽
高村
安阳
新乡
夹河滩
花园口
郑州
开封
商丘
徐州
连云港
江
苏
黄
海
陕
西
山
西
黄
河
汾
河
沁
河
延安
临汾
洛川
运城
三门峡
小浪底
洛阳
嵩山 1440
华山 1997
潼关
西安
河
南
漯河
洪泽湖
微山湖
大汶河
沂河
安
徽
蚌埠
合肥
南京
淮
丹江口
十堰
襄樊
信阳
湖
北
汉
水
长
江
永定河
大清河
海河
子牙河
滦河
无定河
洛河
卫河

源头流水 董保华 摄

河源地貌
董保华 摄

黄河积石峡谷
董保华 摄

青海军工湾 董保华 摄

内蒙古老牛湾 董保华 摄

宁蒙河道 董保华 摄

黄土高原丘陵沟壑区 殷鹤仙 摄

壶口瀑布

黄渭汇流 董保华 摄

三门峡水库 殷鹤仙 摄

小浪底水库 殷鹤仙 摄

黄河花园口 董保华 摄

地上悬河 殷鹤仙 摄

河口湿地

黄河入海流

序

黄河是我国第二大万里巨川,源远流长,历史悠久。黄河流域自然资源丰富,是中华民族繁衍生息的沃土,是中国古代文明的重要发祥地。黄河哺育了中华民族,为我国的经济社会发展做出了巨大的贡献。在当今社会主义现代化建设中,黄河仍占有重要的战略地位。

黄河是世界上闻名的多泥沙河流,具有"善淤、善决、善徙"的特点。从西汉以来的2 000多年间,黄河下游有记载的决溢达1 000余次,其间还有多次大的改道。在华北平原上北至津沽、南达江淮纵横25万平方千米的广大地区,到处都有黄河改道和泛滥的痕迹,因而也有人称它为"中国之忧患"。

自古以来,黄河的治理与国家的政治安定和经济发展紧密相关。为了除害兴利,我国人民对黄河进行了长期的认识和治理。从大禹治水开始,历代治河专家和广大人民在长期治河实践中积累了丰富的经验,提出了许多治理方略,留下了大量的治河典籍,为推动治河方略和治河技术的发展做出了重要贡献。以史为镜可以知成败,认真研究和总结历史上治河的经验、教训,对改进和完善今天的治河方略具有重要的借鉴意义。

本书列举了历史上不同时期主要的治河方略,分析了它们成败得失的原因;回顾了新中国成立以来,黄河治理取得的巨大成绩以及治河方略的演进和发展;作者还对今后黄河治理提出了自己的认识和设想。这是一件很有意义的工作。

本书作者从事治黄工作40余年,长期担任河南黄河河务局局长等领导职务。亲历过20世纪60年代以来的历次大洪水,多次指挥过河南黄河的抗洪抢险斗争。具有丰富的实践经验和扎实的业务根基。退休之后又专心致力于治河方略的探讨。勤于思考,笔耕不辍,成果可鉴,精神可嘉。

是为序。

2009年3月

前　言

黄河是中华民族的摇篮,中国古代文明的发祥地。人类最古老的文明大多发生了断裂,而黄河文明却能够世代延续传承至今;在我国5 000多年文明史中,黄河流域有3 000多年处于政治、经济、文化中心的地位。黄河养育了我们的民族,因而人们亲切地称她为母亲河,把她百折不挠、奔流不息的性格誉为民族精神的象征。

毋庸讳言,黄河也有桀骜不驯、复杂难治的一面,数千年来曾给两岸人民带来过无数的灾难。人们为了治理黄河进行过长期的探索和不懈的斗争。根治黄河水患,实现长治久安是中华民族世代追求的梦想。但时至今日还不能说找到了根治黄河的方法。我有幸从事治黄工作40余年,接触过许多关心黄河、挚爱黄河的人们。他们有的从事水利和治河工作,勤勤恳恳、兢兢业业,为治黄贡献了毕生的精力,有的还在治河斗争中献出了宝贵的生命。还有更多并未从事治河工作的人,对于黄河的关心、关注也时常让人感动。他们有的潜心研究治河方法,提出治河建议;有的自费研制冲沙器械,希望解决黄河的淤积问题等。他们的想法虽然各有道理,但从总体来看尚无切实可用的方法。这与他们对黄河特点和治河历史缺乏全面了解不无关系,其中大多数方法历史上都曾提出过甚至实验过,有的在实验中失败,有的虽曾使用但随着情况的变化而废弃。这使我萌生一种想法,就是和关心黄河的人们一起,回顾治河方略的历史演变,分析它们成败得失的原因,共同探讨治理黄河的方法和途径。

黄河的自然规律较之一般清水河流要复杂得多,人们对黄河的认识也经历了由点到面、由局部到整体、由现象到本质曲折反复的过程。早期人们了解黄河的历史变化主要通过史料记载。但史料记载不可避免地带有时间、空间和认识上的局限性:以最早记载黄河的史籍《尚书》而论,成书年代约在春秋时期,距今不过2 000多年,对黄河而言也只是一个短暂的时段;史料记载又多限于某一河段、某一时点,往往缺少对整体情况的记述;由于科学技术水平的限制,历史记载也难以留下全面翔实的数据。因而,在史籍中看到的黄河常常是片段的、瞬时的、孤立的。随着科学技术的进步,人们从地球本身——沉积岩、沉积地层中获取了大量的历史信息,这些信息大大开阔了人们的眼界,弥补了史料记载的不足,使我们看到了更为全面的、联系的、嬗变着的黄河。科学和历史告诉我们,数千年来黄河演变与治理的历史,是一部水沙关系由相对平衡到不平衡的演化史;是中、上游侵蚀,下游堆积,移山不止,填海不息的运动史;是人们开发利用黄河,力图控制黄河,而黄河又依照自然规律不断寻求洪水出路和容沙空间的历史。客观地、辩证地了解黄河的历史,对于研究和改进治河方略具有重要的现实意义。

黄河的历史灾害主要表现为洪水灾害,但究其实质则是泥沙灾害。大量淤积的泥沙不断侵占行洪河道,使黄河独具"善淤、善决、善徙"的特点。堤防出现以后限制了泥沙堆积的范围,加速了河床抬高,决口也频繁发生。在一定的设防水位下,河道容纳泥沙的空间是有限的,一旦这些空间被充满,河道的寿命也就终止了。河道淤积问题不能解决,就不能轻言根治黄河。历史上曾经采用许多治河方法,以期延长河道的寿命,但终究未能遏制改道的发生。新中国成立之后,治河方略取得了历史性的进步,现在的规划如能顺利实施,百年不改道的目标是可以实现的。但从更长远的治理着眼,现行河道的容沙空间也是有限度的。随着经济社会的快速发展,改道的损失越来越难以承受。要想避免改道,就必须在河道以外处理泥沙。作者设想以小浪底水库为枢纽,修建输沙渠(管)道单独输沙入海,实现清浑(水)分流。这既可利用黄河泥沙填海造陆、淤地改土,实现泥沙资源化,又可使现行河道金堤永固、清水长流。当然实现这一设想还要做大量的工作,但在现代科学技术条件下已无不可逾越的障碍。如果这一设想得以实现,黄河可望进入一个新的历史时期。

鉴于作者水平有限,谬误及不当之处在所难免。诚望有关专家、读者予以批评指正。关心黄河治理的读者如从本书偶有所得,足使作者感到欣慰。

作 者

2009 年 1 月

目 录

第一章 功过评说

黄河是我国的第二大河，发源于青藏高原巴颜喀拉山北麓的约古宗列曲。流经青海、四川、甘肃、宁夏、内蒙古、陕西、山西、河南、山东等9省(区)，在山东省垦利县注入渤海。干流河道全长5 464千米，流域面积75.2万平方千米，其中流域面积在1 000平方千米以上的支流有76条。它流经我国西北广大的黄土高原，挟带了大量的泥沙，成为世界上大江大河中输沙量巨大、含沙量最高的河流。

黄河流域是中华民族的摇篮，中华文明的发祥地。黄河以其丰腴的水土资源养育了中华儿女，成就了历史的辉煌，因而人们把它叫做中华民族的母亲河。同时，黄河又桀骜不驯、横行无忌，漂田庐、灌城邑、损毁财富、劫夺生命，给两岸人民带来过无数的灾难，因而也有人把它叫做“中国之忧患”。关于黄河的千秋功过世人曾有不同的评说。

第一节 黄河孕生

黄河对我们来说是古老而悠长的。2 000多年前孔子面对流逝的河水就发出过“逝者如斯夫！不舍昼夜”的感叹。其实黄河和任何事物一样，都有其生成和发展的过程。对于孕育它的地球而言黄河还很年轻。黄河的孕育和发展有数百万年的历史，还不足地球年龄的千分之一。黄河和人类一样都是地球发展到一定阶段的产物。

● 构造运动[1~3]

面对无限的宇宙空间和悠远的时光隧道，人类的历史十分短暂。人类无法用自己的经历来感知地球的历史。正像一部洋洋万卷的鸿篇巨制，人类看到的只是刚刚书写和正在书写的几页，我们很难直观地了解全书的内容。在科学技术尚不发达的古代，人们只能凭借自身的感觉对世界的本源进行猜测和臆断，于是各种神话传说和宗教创世说应运而生。世界各地的传说和宗教创世说各不相同。虽然有些传说带有朴素唯物主义的色彩，但其大多数都把世界的创生归结为超自然的力量——世界出于上帝之类造物主的主观意志和神奇之手。这些神话传说一方面开启了人们对大自然的求索之门，另一方面又成为认识世界的误区。特别是一些宗教的创世说一度成为科学世界观形成和传播的桎梏。

随着人类的进步，生产力和科学技术的发展，人类知识的积累和传承，人们逐步地发现和掌握了解读地球及其历史的方法。早在公元 11 世纪到 12 世纪，北宋卓越的科学家沈括和南宋哲学家朱熹，对化石的本质、沉积、成岩、构造变动等一系列地质作用就有正确的认识和表述，比起欧洲出现类似的思想要早 400 ~ 500 年。但在西方文艺复兴时期以后，欧洲的生产力和科学技术快速发展，系统的、科学的地球观首先从欧洲逐步形成并发展起来。同位素地质年代学、地质力学、海底扩张和大陆板块漂移学说等就像一把把神奇的钥匙不断地开启着通向地球奥秘的大门。例如在同位素地质年代学形成之后，人们通过对同位素衰变情况的测量可以相当准确地测定岩石形成的年代，这就给不同的岩层标注了时间坐标，为地球历史研究提供了最基本的条件。再如广泛分布于地球表层的沉积岩、沉积地层，也为地球的历史研究提供了大量的信息。地表岩石经过风化形成的碎屑，被水流或风挟带并在海洋、湖泊或盆地沉积起来，年复一年层层覆盖，就会按年代的顺序叠加起来，有的经过长期的演变，形成沉积岩。这些化石不但提供了它们形成的年代顺序，而且蕴藏了大量的古气候、古生物以及构造运动的信息，有人把它称为地质历史的书页。地质学家通过它们可以了解地球的历史面貌，判断构造运动的历史过程。尽管对地球发展的历史还有很多未知的领域，在地质理论上还有不同的认识，但凭借着大量的地质勘探资料和现代科技手段，地学家们还是给我们勾画出了地球生成和演化的雄伟画卷。虽然有些部位只是一个轮廓，有些部位还有些朦胧，但是它却令人信服地解释了许多地质现象，并且在实践中不断地得到丰富和验证。

地质学家按照时间顺序把地球的历史分为若干个“代”，如古生代、中生代、新生代等。每个代又可划分为若干个“纪”。新生代第三纪、第四纪又分为若干个“世”。对中国及周边地区的构造运动还划分了若干阶段，如加里东阶段、华力西阶段、燕山阶段、喜马拉雅阶段等(表1-1)。

有的地球科学家从地球形成的宏观过程出发，把地球的历史划分为三个阶段[2]。

第一阶段是距今46亿~30亿年(前古生代)。组成地球的星云物质由于相互的引力而聚集，聚集过程中释放的重力能和放射性同位素蜕变产生的热能，使地球物质不断地加热熔化，不同的元素由于轻重不同而产生分异。较重的物质收缩而形成地核和地幔(图1-1)。较轻的物质聚集于表层，由于温度的逐渐降低而形成地壳(岩石圈)，以及地壳以外的水圈和大气圈。这时的地壳还十分薄弱。普遍的火山运动和频繁的陨石撞击，不断地改造着地壳的面貌。整个地壳上还没有任何稳定的地区。地质资料表明，在这一阶段的晚期也出现了最原始的有机物质。

第二阶段是距今30亿~14亿年。在距今30亿~25亿年，火山运动在地球表面形成若干小块稳定的陆核，华夏大地上最早的陆核在今嵩山一带，这些陆核成为后来稳定大陆的核心。在距今17亿年前后地球又经历了一个积极活动期，在陆核的周围大陆面积不断扩大形成较大规模的原地台，它的面积已接近现在大陆。距今17亿~14亿年是稳定大陆最终形成的时期。原地台曾经多次被来自地球内部的力量所打碎，又不断被下面的岩浆物质所胶结，形成无数山地、台地、断块和裂谷。地壳变得越来越厚、越来越稳定，从原地台变成更稳定的地台。地球岩石圈的演变进入了一个新的阶段。

这一时期已经有了原始的菌类和藻类。由于它们的光合作用,大气层也从少氧阶段向富氧阶段转化。

表 1-1　古华夏地质编年及地壳演化简表

地质时代划分				同位素年龄值（百万年）	主要地质事件及构造划分：主要地质事件	主要地质事件及构造划分：地壳运动及构造阶段划分	
显生宙	新生代	第四纪	全新世	现在	板块俯冲形成环太平洋岛弧及深海沟	喜马拉雅运动（晚）	喜马拉雅阶段
			更新世	2~3			
		晚第三纪	上新世	5.1			
			中新世	24.6			
		早第三纪	渐新世	38.0	板块碰撞形成喜马拉雅山系		
			始新世	54.9			
			古新世	65.0		燕山运动（晚）	燕山阶段
	中生代	白垩纪		144.0	联合古大陆漂移解体	燕山运动（中）	
		侏罗纪		213.0		燕山运动（早） 印支运动（晚）	
		三叠纪		248.0	联合古大陆形成	印支运动（早）	印支（华力西）阶段
	古生代	晚	二叠纪	286.0		伊宁运动	
			石炭纪	300.0		天山运动	
			泥盆纪	408.0			
		早	志留纪	438.0		祁连（广西）运动	加里东阶段
			奥陶纪	505.0		古浪运动	
			寒武纪	590.0		兴凯运动	
	元古代	晚	震旦纪	850.0	古构造板块开始分化	晋宁运动（晚）	
				1 055.0			吕梁晋宁阶段
		中		1 600~1 700			
		早		2 500~2 600		晋宁运动（早）	
隐生宙	太古代	晚		2 900~3 000		吕梁（中条）运动	阜平吕梁阶段
		早		3 800~4 600	陆核形成	五台运动	
	冥生代				天文阶段	阜平运动	

第三阶段是从距今 14 亿年到现在。有的地球科学家把这个阶

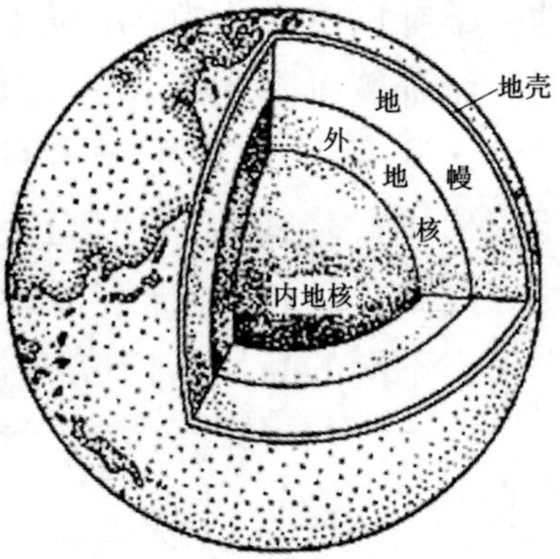

图 1-1　地球内部圈层示意图

段叫做大陆岩石圈分裂和大洋岩石圈更新阶段。这一时期大陆岩石圈已经形成比较大的规模,它对地球内部起着隔热作用。由同位素蜕变释放的热能渐渐聚集起来,因为地壳已经有了相当大的厚度,像前两个阶段那样普遍的火山运动受到了约束,软流圈的岩石浆就会从地壳最薄弱的地方涌动上升,这就是大洋的洋脊部位,于是海底从这里不断地更新扩张并发生水平的移动,而这些板块的另外一些部位则向其他板块的下方俯冲进入软流层,使板块的边缘部位褶皱抬升。著名的阿尔卑斯和喜马拉雅造山运动,就是印度洋板块向欧亚板块俯冲造成的。这一运动一直到今天还在进行中。

特别需要指出的是,在距今 5.7 亿年以后生物界得到了快速的发展。尽管地球的岩石圈、水圈和古气候发生了一次次重大的变化,一些生物灭绝了,一些生物产生了,但总体上生物界却由低级向高级不断进化。直至新生代第四纪(距今约 300 万年)以来出现了具有高度智慧的人类。随着人类生产能力的提高和科学技术的发展,人类对自然界的影响越来越大。地球随着人类的出现和成长也进入了一个前所未有的新阶段。

对地球历史的研究表明,从地球诞生到现在地球上经历了无数次翻天覆地、沧桑轮回、浴火重生的伟大运动。随着能量的耗散、地表温度的降低,地壳形成并逐渐加厚,构造运动的剧烈程度有所降低。但直至今日,构造运动仍在不断地进行中。有人用“开、合、升、降、剪、斜、旋、滑”八个字来描述从太古代到新生代的构造运动。地壳在内外营力的作用下,有些地方开裂,硕大者成为海洋,窄小者形成盆地、裂谷,又在另一些地方聚合、碰撞、俯冲、仰冲,形成山脉、褶皱带、走滑断裂、压性盆地等。有些地方抬升出水面成为陆地,有些地方下降沉沦成为拗陷或海洋，例如我国的大部分陆地在震旦纪和石炭纪都曾沉降为海洋。在地壳的开合变化中还伴随着剪、斜、旋、滑等多种变化，形成了千姿百态、异彩纷呈的地质奇观。构造运动反复地进行着，原始的地壳一次次被打碎，又一次次被岩浆物质填充和胶结，因而在地球表面形成了纵横交错的断裂，地表也由一个个形态不同的断块所构成（图 1-2）[4]。

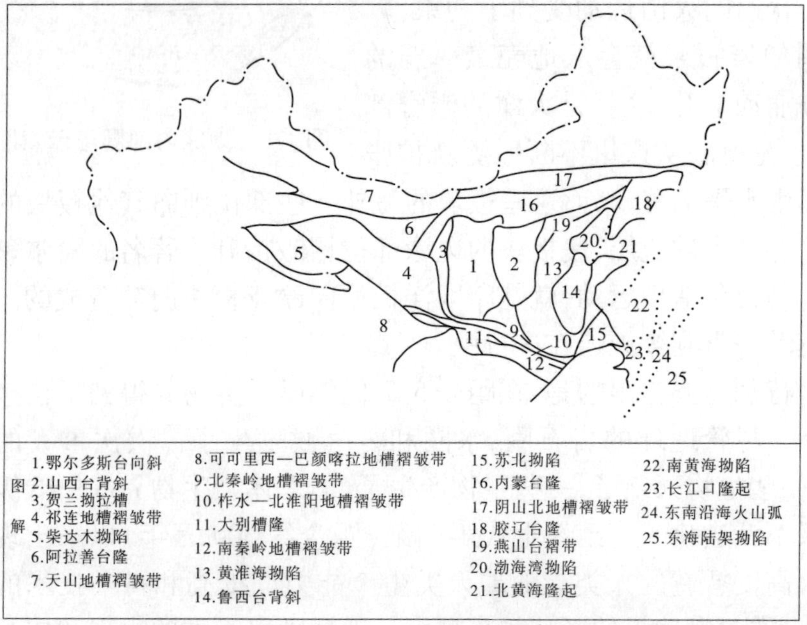

图 1-2　中国大地构造部分与黄河发育相关分区略图

对黄河的孕育和形成影响最大也最直接的是从新生代开始的喜马拉雅造山运动。由于印度洋板块和欧亚板块的碰撞挤压造成欧亚板块边缘部位的抬升。在距今 5 500 万 ~4 200 万年，今青藏高原地区露出水面形成陆地。距今 3 300 万 ~2 700 万年，喜马拉雅山形成并进一步上升，其南北形成拗陷带。距今 2 200 万 ~1 000 万年，冈底斯—雅鲁藏布拗陷褶皱隆起成山。中中新世末，喜马拉雅山达到海拔 3 000 米，此后喜马拉雅山和青藏高原继续上升成为世界的屋脊，青藏高原成为世界上最高的高原。这一时期由于印度洋板块、欧亚板块和太平洋板块的互相挤压，太行山以西的断块也发生剧烈的地壳升降。鄂尔多斯断块渐渐抬升，其周缘地区断裂下陷，形成了一系列的断陷盆地。这些断陷盆地形成了一个个向心水系，向心水系的中心形成内陆湖盆，各个湖盆之间相互隔断，还不存在一个连贯的黄河。但这些湖盆却勾画出了未来黄河的走向（图 1-3）。

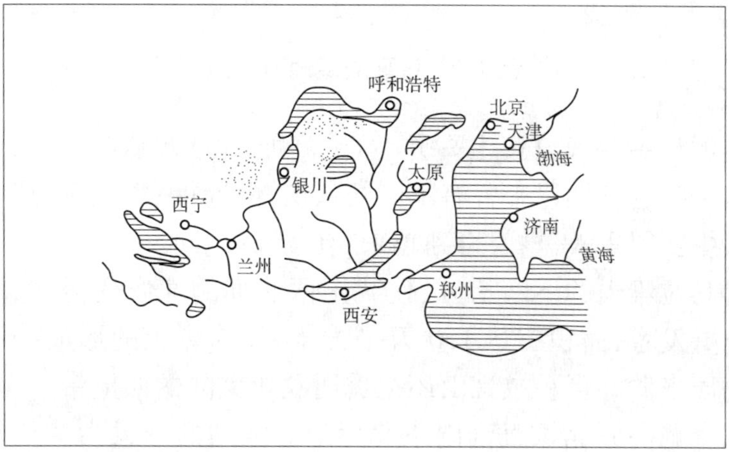

图 1-3　早更新世的湖盆与未来的黄河示意图

喜马拉雅运动对未来黄河生成的重大影响之一是形成了我国西高东低三级阶地的总体态势（图 1-4），给予黄河生成和发展以不竭的动力。西部最高的是青藏高原，海拔一般在 4 000 米以上；中部是黄土高原和蒙古高原，海拔是 1 000 ~ 2 000 米；东部是华北平原，除山东丘陵外海拔在 100 米以下。喜马拉雅运动的影响之二是阻断了从印度洋进入欧亚大陆的暖湿气流，使华北东西两部的气候差异加大，西北地区干冷少雨，沙漠戈壁开始发育，同时形成了西部季风的通道，造成了黄土高原形成的客观环境。喜马拉雅运动的影响之三是构造运动形成的一系列断陷湖盆和褶皱地带，决定了未来黄河的大体走向。

● 西风黄土

黄河历史上曾直称为“河”，后因其浑黄多沙而获“黄河”之名。

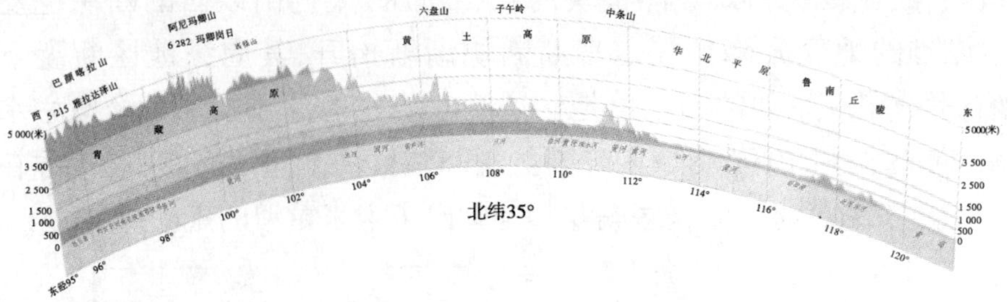

图 1-4 黄河流域地势剖图

黄河的泥沙主要来自黄土高原,黄土高原的泥土又是从何而来呢?对于这个问题长期以来曾有不同的认识,但近年来“风成说”在理论和实践中获得重大进展,得到越来越广泛的认同。

喜马拉雅山的不断抬升,使我国西北部的气候变得干燥寒冷,沙漠戈壁发育,面积广达 150 万平方千米,为黄土的形成提供了丰富的物质来源。喜马拉雅山还把贯通欧亚大陆的西风带一劈为二。北支从青藏高原北缘直刮向华北大地。强劲的季风为黄土搬运提供了不竭的动力[5]。第三纪末第四纪初黄土高原地区已形成接纳黄土的客观条件。高原南有秦岭,北有阴山,东有太行山、吕梁山,西有贺兰山,形成了群山环绕的盆地,特别是构造运动中形成的基岩丘陵、基岩盆地、河谷阶地等形成了黄土堆积的最佳环境。

黄土高原地区黄土堆积的厚度从几十米到 200 多米,风力搬运是否有如此巨大的伟力呢?1980 年北京市发生了一次沙尘暴过程,经测量其降尘量为每小时每平方千米 1 吨,如果这种沙尘暴一年发生 10 天,1 万年就可堆积 1 米以上的黄土。而黄土高原的堆积有数百万年之久,形成现今的堆积厚度是不足为奇的。全新世新的黄土堆积也可为此提供佐证:在陕西岐山县马江塬西沟发掘出夏周时期的文化层,距今不过五六千年,但上面覆盖着 2 米厚的新黄土堆积。

第四纪的黄土地层是多层黄土和古土壤交互叠加组成的,这反映了古气候和古生物的变化情况。在气候干冷的时期,中高纬度冷高压强劲,西北干旱地带和黄土高原上空西风带活动强烈,是黄土堆积较快而植被不宜形成的时期。而在气候湿润的时期，黄土高原林草发育，成壤速度大于粉尘堆积的速度，就会形成厚薄不同的土壤层。随着气候周期性的变化，黄土和古土壤依次叠加形成黄土的层次结构。例如洛川黄土与古土壤的序列，距今约240万年在第三纪红黏土岩层上开始堆积黄土粉尘。早更新世堆积的黄土被称为“午城黄土”，相应于距今187万~167万年的湿润期形成了一个较厚的古土壤层。中更新世沉积的黄土叫做“离石黄土”，在距今115万~12万年期间交互出现了14对黄土—古土壤沉积层，记录了黄土堆积过程中气候环境的变异。从对黄土沉积的分析中可以看到距今115万~80万年的严重干冷和恶劣的荒漠草原环境阶段；距今56万~46万年的最佳环境阶段；距今14万~7万年的温湿阶段；距今7万~5万年的干冷阶段；距今5万~2.5万年的温凉阶段；距今2.5万~1万年的干冷阶段，以及距今1万年(全新世)以来的温湿阶段等。

黄土的变异与气候、生物、海洋等有着密切的相互关联。温湿气候下，植被成长，土壤发育，生物繁茂，湖沼发育，沿海发生海浸。干冷气候下，植被衰退，沙漠扩大，湖沼干涸，海平面下降。上述黄土构成的研究结果与古气候、古生物及第四纪海平面变化的研究形成了很好的呼应关系，得到了相关研究成果的有力支持。

● 大河贯通

第四纪喜马拉雅运动进入了新的阶段，喜马拉雅山迅速抬升。因受到强烈的挤压，鄂尔多斯板块、陇西盆地、化隆盆地也迅速抬升，鄂尔多斯断块周围的一系列断陷盆地(卫宁盆地、银川平原、汾渭断陷)受挤压逐渐缩小，三门古湖开始收缩。陇西盆地、化隆盆地第三纪形成的古湖泊也一一消逝。由于断隆、断陷的剧烈变化，水流的侵蚀切割作用增强，原来各自独立的向心水系逐步连通。距今约180万年前卫宁盆地和银川平原切割连通，陇西盆地的水系也融汇其中，继而，山陕峡谷贯通，成为连接河套水系与汾渭湖盆的通道。黄河上中游已大体上连在一起了。此后，新的构造运动造成秦岭以北断隆、断陷的剧烈变动。三门古湖进一步挤压收缩，水流的溯源侵蚀骤然加强。三门峡（原为三门古湖与华北拗陷的分水岭）两侧的溯源切割最终贯通。上中游水系经由三门峡倾泻而下，一个汇纳百川奔流入海的大河形成了。黄河开始了它生命中一个新的阶段。对于黄河演变每个阶段的具体时间，专家们还有诸多不同的看法。有的认为黄河形成上下贯通的海洋水系是全新世以来的事情，黄河还很年轻[6]。有的则认为黄河贯通入海有100万年以上的历史[4]。虽然对演化时间有着不同的看法，但黄河由各自独立的湖盆水系，逐步演变为贯通入海的大河则是地学家们的共识。

华夏的古人类虽然和黄河相伴而生，但在漫长的100多万年里却没有给我们留下任何记载。即使最古老的传说距今也不过数千年而已。但是黄河自身却在这片土地上刻画了无数的符号，留待人们去解读它蕴涵的大量信息。流水无言，务实千秋，它千年不辍地侵蚀切割着上、中游的黄土地。2 000多年前开凿的郑国渠，古时的渠底竟高悬崖畔，比现在的河流水面高出14米。古银川灌渠引水口不断上移，中卫县泉眼山下一段古渠，高出现代黄河水位20米。这些都是流水千年切割的印记。甘肃庆阳著名的董志塬，唐代时该塬南北长40千米，东西宽30千米。现在东西宽只有15余千米，最窄处只剩下0.5千米了。唐代距今不过1 000多年，那么距今100多万年的更新世它究竟有多大呢？可以肯定要比唐代大得多！黄土高原的现状，刻画了数百万年的环境过程——它是坚持不懈的堆积和永不休止的侵蚀共同作用的结果。

值得关注的是，近3 000年来黄土高原的水土流失呈现加速发展的趋势。这是人类活动影响的结果。一是生产方式的改变。西周以前黄土高原地区还是以林牧为主，对环境的影响不大。春秋战国以后由于铁器的使用农业迅速发展，砍伐林木、开荒种田加大了水土流失。二是人口增加，秦汉时期黄土高原地区人口已达880万人。洛阳地区人口密度高达132人每平方千米，关中地区达30～90人每平方千米。隋唐时期人口大大超过西汉，到清代人口激增至

3 400万人。丘陵、沟壑区已垦辟殆尽。三是近代以来大规模的采矿及工业建设,更大大加剧了水土流失。根据地理与土壤学家的推断,3 000 年以前黄土高原的年侵蚀量约 9.75 亿吨,周代至金代增加到 11.6 亿吨,公元 1494～1855 年达到 13.3 亿吨,20 世纪达到 16 亿吨左右,侵蚀量呈严重加速的趋势[4]。

在黄河下游也留下了岁月的印痕,黄河一降生,便流淌于现今的河南省境。华北平原第四纪的沉积描绘了黄河的足迹。地质勘探资料表明,在早更新世的 100 多万年中没有发现宏大的河流冲积物,主要是冰水和湖泊沉积,部分河流冲积物仅仅是豫西和鲁西山区的洪积扇堆积。但到中更新世早期,岩性、砂层等已与早更新世及第三纪迥然不同。河流冲积相自今孟津一带黄河出山口呈扇状放射分布,河流冲积扇空前发育。有的地学家据此认为黄河是在距今 120 万年左右打开三门古湖流向华北平原的。冲积扇的前缘形成了 6 条古河道带。北部古河道一条沿新乡—滑县—濮阳落入东濮拗陷,一条沿原阳—长垣落在开封拗陷。中部两条都沿开封—民权—曹县方向经开封拗陷进入济宁—城武断陷里。南部两条,一条经睢县向东,一条经扶沟—鹿邑,均落入周口拗陷中。总的来看,冲积扇北部较为发展,沉积层厚度为 60～120 米,说明黄河出山以后以北流为主,经河北归入渤海。这主要是由于北部拗陷巨大而深广,河流受到基底构造的控制以北流为主。到中更新世晚期南部也开始发育,但较北部小,沉积层厚度为 40～80 米。晚更新世河流冲积物覆盖面积扩大,冲积扇的南北差异缩小,说明华北平原的深层拗陷已大致填平,而且在冲积扇的南缘,黄河河道与嵩箕山区的古河道会合,由周口东南而下。说明由于冲积扇的发育抬升,在淮水和黄河之间的天然分水岭已不复存在,黄河已夺淮进入黄海、东海。这时扇体前缘有 3 条古河道,与历史时期的古汴水、濉水、涡水的泛道极其接近。

总的来看,在更新世的 200 多万年里,黄河的发育受到基底构造的控制。上、中游的侵蚀为黄河发育提供了不竭的动力。下游华北平原的沉降为黄河的泥沙沉积提供了深广的空间(表1-2)。华北平原的沉降厚度一般达100~400米[4]。

表1-2　河南省第四纪各构造单元沉降状况　（单位:米）

构造单元	第四纪各时期厚度				总厚度
	早更新世	中更新世	晚更新世	全新世	
东濮拗陷	143.5	61.5	60.5	31.0	296.5
内黄隆起	46.8	27.3	36.1	8.0	118.2
武陟隆起	113.0	75.3	36.9	5.0	230.2
开封拗陷	240.5~282.0	88.3~80.4	36.3~42.1	27.4~34.2	342.5~438.7
太康隆起	97.9	38.0~48.0	37.1~43.0	22.9~26.2	195.9~215.1

第四纪以来,随着全球构造运动的发展和气候的变迁,与华北平原相伴的东部大海(渤海、黄海、东海)也出现过多次海浸与海退。渤海的海岸线可达今河北大城、南皮、盐山一线,河北黄骅、山东广饶一带水深可达20~30米。在距今1.5万年左右曾发生过一次大的海退,海平面低于今天的海平面150米左右,华北平原出露的大陆架直到朝鲜半岛南端的巨洲岛,和日本仅有一峡之隔,此后逐步回升,6 000多年前达到现今海面的高度。全新世也发生了多次海浸与海退,但变化的幅度没有更新世那样剧烈。在发生海退时海面骤降,黄河河道比降加大,河道迅速下切,一些河滩地突显出来。在发生海浸时海面升高,往往导致河口淤积、河患增加与变迁加剧。

从地质时期黄河生成和演化的历史中,我们可以得到一些重要的启示。

第一,地球的构造运动是黄河生成和发展的决定因素。从新生代开始的喜马拉雅运动,使上、中游地区不断抬升,给黄河注入了奔流不息的动力。构造运动形成的断块之间的相互关系决定了黄河的路径和走向。不断沉降的华北平原和渤海拗陷,给黄河泥沙提供了深广的空间。构造运动还影响了我国西北地区的地形和气候,造成了黄土生成、搬运、堆积的客观环境。

第二,西北地区干冷的气候造成了广大的沙漠戈壁,强劲的季风裹挟着沙尘,洒向黄土高原以及华北大地。黄土千年不辍地堆积着,流水又永不休止地侵蚀着,由涓涓细流汇成滔滔洪水,将大量泥沙输送到华北平原及东部海区。随着全球气候的周期性变化,气候有暖有寒,雨水有多有少,植被有好有坏,堆积和侵蚀的强度也有相应的变化。尽管侵蚀的强弱有所不同,但从整体上看,黄河从它生成开始就是一条多泥沙的河流。在其贯通入海的地质年代里,华北平原的堆积厚度可达百米之多。由此可见,泥沙堆积是黄河治理的一个永恒的话题。

第三,黄河在自然状态下走过了漫长的发展历程,形成了自然的生态系统。进入历史时期以后,人类的活动对黄河造成了一定的影响,在经济发展、生产力提高以后,人们又总想利用黄河、控制黄河、改造黄河,对黄河的影响越来越大。特别是进入现代社会以来,生产力飞速发展,科学技术不断进步,人类控制河流的能力空前增强。在开发利用河流的同时,使河流的生态系统遭受严重的破坏。如何规范人类的行为,保持河流的健康,实现人与黄河的和谐共处,已经是摆在人类面前不容忽视的重大问题。

第二节 泽被华夏

• 生命之水

在太阳系的行星中地球得天独厚,具有丰富的水资源。因而,它孕育了生命,焕发出勃勃生机。地球表面有 7/10 被水覆盖。包括人类在内的全部有机体 2/3 是由水组成的。郦道元在《水经注》里说:“天下之多者水也,浮天载地,高下无所不至,万物无所不润。”生物学家曾这样描述生命的起源:原始的大雨在古代的地球上曾连续降了几千年,使得地球表面一片汪洋,只有很少的陆地。这时的海洋就是所谓的“原始汤”。生命源于水,原始汤就是生命的摇篮。

在地球形成的早期,曾有相当长的贫氧阶段,但那时已形成了有机物质和原始的生命,由此可见水对于生命比氧气更为重要,没有水就意味着死亡。

许多古代的创世神话里都提到了水。《圣经》记载:太初时,地上皆水,浩淼无际,水面上空虚混沌,暗淡无光,上帝耶和华的“灵”行于水上。印度古代的自然观认为大地由3头大象扛起,大象站在浮游海洋的巨龟背上。佛经《外道小乘涅盘论》中说:“水是万物根本,水能生天地……水能生物,水能坏物,名为涅槃。”中国古代神话中有的也说大地是由浮在海洋中的巨鳌承载着。那时人们对生命的起源虽然还没有科学的认识,但这些神话却说明远古人类已经意识到水对于地球、对于生命的重要意义。

人类的文明史揭示,人类的古代文明都离不开水的滋养与河流的浇灌。尼罗河孕育了古埃及灿烂的文明。雄伟的金字塔(见图1-5)、狮身人面像;神奇的棺椁、木乃伊;庄严的神庙、方尖塔;精美的雕刻、绘画等,直到今天还让人叹为观止。幼发拉底河、底格里斯河哺育了美索不达米亚平原的古代文明。这里形成了世界上最早的城市群落,出现了世界上最早的楔形文字,诞生了世界上强大的帝国——古巴比伦王国。印度河流域也是古代文明发祥地之一,早在公元前3 000多年就出现了发达的农业、商业和手工业。它形成了世界上最早的青铜文化,当时的城市建筑也达到了相当高的文明程度。由黄河哺育的华夏文明和古代埃及、巴比伦、印度并称为“四大文明古国”。密西西比河、亚马孙河、伏尔加河、多瑙河、莱茵河……也都以其优越的自然条件,为文明的形成提供了物质基础,成为各民族繁衍、发展的摇篮。虽然不是所有的河流都能孕育出古代文明,但是任何古代的文明都离不开河流的哺育和浇灌。

古代地球的气候虽然存在周期性变异,但更新世以来黄河中、下游地区总体上气候温和,四季分明,日照充足,适合动植物和原始人类生长。流域内大量的湖盆和河谷阶地,众多的支流,如血脉一样滋润着流经的土地。中游有厚达100~200米的黄土堆积,其中

图 1-5　埃及金字塔

有多层在温润期形成的黑垆土，土壤肥沃，土质疏松，适合农耕。黄土的垂直节理便于挖筑洞穴，正如前人所说："古之民未知为宫室时，就陵阜而居，穴而处。"以上这些条件给华夏古人类的生存繁衍提供了适宜的环境。在更新世初，中华民族的先人们差不多和黄河同时出现在这片土地上。从考古发掘的资料来看，在三门古湖附近发现了距今 200 万年以前的"西侯度人"的遗迹，在渭河谷地发现了距今 80 万 ~75 万年的"蓝田人"化石，在汾河谷地发现了距今 10 万年的"丁村人"化石和大量的石器遗存，在周口店发现了距今 70 万 ~20 万年的"北京人"和距今 2 万 ~1 万年的"山顶洞人"的遗骸、化石及石器、骨器[6]。"山顶洞人"和"现代智人"已比较接近，是从古人向现代智人转化时期的代表。1921 年地质工作者在河南省渑池县仰韶村发掘出一个新石器时代的古老地层（仰韶文化出土文物见图 1-6），揭示出中华远古文化新的一页，此后这一时期的文化就以仰韶文化命名，它的绚丽多彩令世界震惊。仰韶文化是一个规模宏大的文化体系，在地理分布上从上游的甘肃、青海、宁夏到中下游的河南、陕西、山西、山东，几乎遍及整个流域，在时间上从距今 7 000 ~5 000 年，长达 2 000 年之久。它的内涵丰富，影响广泛，源远流长，与诸多华夏古文化一脉相承。现已发掘的遗址已有 1 000

多处，仰韶文化首先在其中心地带——河南省中、西部地区得以迅速发展，形成独具特色的先夏文化，迎来了黄河文明的第一缕曙光。

涡纹双耳彩陶罐

鹳鱼石斧图陶缸

彩陶双连壶

红陶釜、灶

图 1-6　仰韶文化出土文物

● 衣食之源

在大自然和黄河的馈赠中，除水之外最珍贵的莫过于黄土地了。但人类从认识它、依偎它到利用它却经过了漫长的历程。远古时期，华夏的先民们过着攀援、采集、狩猎的生活。“昼拾橡粟，暮栖木上”，“饥则寇略，饱则弃余”，“食草木之实，鸟兽之肉，饮其血，茹其毛”，就是他们原始生活的写照。在长期采集的过程中人类熟悉了周围的环境，了解了植物发芽、生长、开花、结果的过程，并且开始了人为的种植和驯化。当第一粒人工驯化的种子发芽之时，人们叩开了走向文明的大门。

从狩猎、采集走向农耕是人类历史上最伟大的革命之一,从此人类可以相对自主地筹集自己的食物,维持生存和繁衍的需求,不致因环境变迁、食物链断裂而导致种群的灭亡。农耕的发展、粮食的剩余又为社会分工创造了条件,成为养殖业、手工业、商业、科学技术、文化艺术形成与发展的前提和基础。直至今日农业在国民经济中仍占据重要的基础地位。以农为本的思想,在中国人的思想观念中也留下深深的烙印。

黄河中下游特别是黄土高原地区气候干旱,降雨偏少且不均衡,灌溉就成为发展农耕的必然选择。大禹治水就有“尽力乎沟洫”的传说,《诗经》中有“滮池北流,浸彼稻田”,“原隰既平,泉流既清”的诗句,描述了当时发展灌溉的情况和人们为此付出的努力。在农耕文明的早期,灌溉就意味着粮食丰收,食物充足,人民富裕,甚至国家的强盛。春秋战国时期,各诸侯国纷纷开始发展灌溉事业,兴修大型水利工程。

最早兴修大型水利工程的诸侯国当属魏国。魏文侯时李悝出任丞相主持变法,并大力兴修渠系工程,使魏国经济发展,成为当时的强国之一。其中,最有名的水利工程是西门豹治邺时兴凿的“漳河十二渠”。公元前422年西门豹受命治邺。邺地地处魏赵边界,地理位置十分重要,漳河流经邺地注入黄河。漳河西出太行进入平原,夏季水势汹猛,时常泛滥成灾。当地土豪巫婆相互勾结,诈称洪水由河伯主使,欲息河患,须择民间少女,嫁于河伯为妇,乘机残害百姓、骗取钱财,致使当地闾里萧条,百姓贫困不堪。西门豹治邺时将计就计,以河伯的新妇不美为由,将巫婆、三老投入河中,让其向河伯转达,太守将为其另择美妇,狠狠惩罚了祸害百姓的土豪恶吏。随后他查勘地形,缜密规划,率民开凿了漳河十二渠,使周边农田得到灌溉,薄卤之地得到改良,当地经济迅速繁荣,百姓安居乐业,魏国边境安定,国力日盛。西门豹及漳河十二渠也留下千古美名。

战国后期秦国逐渐强大起来,它占据着渭河流域八百里秦川沃土,又有渭、泾、洛河丰富的水资源,自然条件十分优越。自商鞅变法之后,秦国国力更加强盛,对东方六国构成巨大威胁。首当其冲的是与秦相连的韩国。韩为了减少来自强秦的压力,想出了一个“疲秦”之计:派水工郑国说服秦国兴建长达300余里的水利灌溉工程,以此消耗秦国的力量,使其无力向外扩张。秦国采纳了郑国的建议开始兴工建设。后来秦国发现了韩国的计谋,欲杀郑国。郑国对秦王说,兴建灌渠对韩国只能延长数年的寿命,而对秦国则是万世之功。秦王认为有理,于是仍命郑国继续主持工程。该工程从泾阳县邸瓠口凿引流水,向东经宜秋、池阳、曲梁、莲勺,横越冶峪水、清峪水汇浊峪水;沮水注入北洛河,全长300余里。其间横穿几条天然河流,当时在设计和施工上都具有较高的技术水平。工程经历十数年终于完成,并以“郑国渠”命名。该工程使郑国渠以南、渭河以北的大片土地得到灌溉,灌区面积达4万余顷,极大地促进了农业生产的发展,果如郑国所言,给秦国带来了万世之功。司马迁在《史记》中记载:“关中之地,于天下三分之一,而人众不过什三,然量其富,什居其六。”也就是说,秦国以占中国30%的人口,占据天下60%的财富,经济实力大大超出其他六国,为秦国东灭六国统一天下打下了坚实的基础。

秦统一中国后仅历二世就被汉取而代之。汉代大力开发利用渭、泾、北洛三河的水利资源。汉初兴建工程,扩大郑国渠的灌溉面积,又在郑国渠以北修建了六辅渠。随着人口的增加和农业的发展,仅靠一个郑国渠已经不能满足需要。汉武帝在太始二年(公元前95年)采纳了赵中大夫白公的建议,动员大量民夫“举锸为云,决渠为雨”,开发了另一条引泾工程“白渠”。它从郑国渠南面的泾河上开凿渠口,经栎阳,东至下封县注入渭河,全长200多里,使池阳、栎阳、下封、高陵几个县的农田得到灌溉。秦汉关中水利工程如图1-7所示。

渭河北岸形成了以郑国渠、白渠为干渠的灌溉体系,由于白渠的灌溉功效与郑国渠几乎相当,后世往往以郑白渠并称。在兴建引泾工程的同时还兴建了引渭和引北洛水的工程。引渭工程中最大

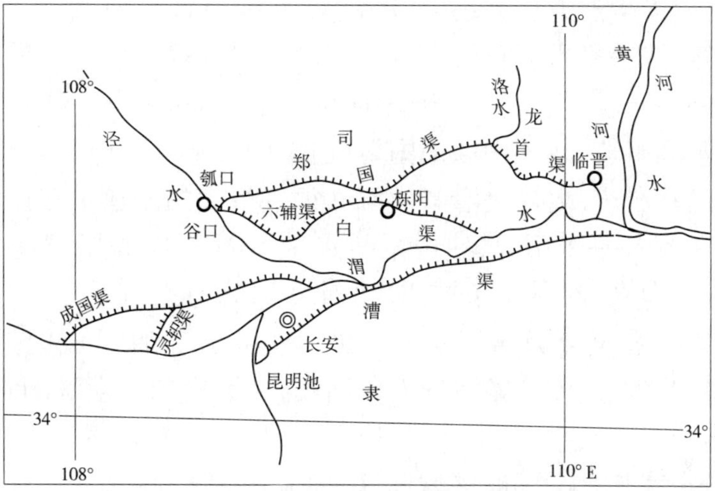

图 1-7　秦汉关中水利工程

的是汉武帝时兴建的成国渠，在渭水北岸与渭河平行，西起郿县引水东流浇灌郿县、美阳、槐里等县的土地。元狩至元鼎年间，汉武帝还采纳熊罴的意见，开凿龙首渠浇灌北洛河东岸的沙荒土地。泾、洛、渭河的水流都含有大量的泥沙和有机质，既能补充土壤水分，又能改良土壤，当时就有农谚说："泾水一石，其泥数斗，且溉且粪，长我禾黍。"灌溉工程大大增加了关中的财富，仅白渠就溉田 4 500 余顷，《汉书 · 沟洫志》记载："衣食京师，亿万之口。"背靠这块丰腴的土地，中国在汉王朝时成了强大的东方帝国，创造了历史的辉煌。汉武帝北击匈奴开拓疆域，为了巩固边防在河套、河西走廊一带屯田戍边。公元前 104 年达到了空前的规模，"自上郡、朔方、西河、河西开田官，斥塞卒六十万戍田之"[1]。在河套、河西走廊开发引黄灌区，兴修灌溉渠系，浇灌农田千顷，养育了数十万大军，使往日的边鄙之地变成欣欣向荣的雄关重镇。

经过三国魏晋南北朝数百年的割据和战乱，公元 589 年隋统一了中国。公元 618 年建立了唐王朝，唐王朝建立以后实行开明政

[1] 《史记 · 卷三十 · 平淮书》。

治，恢复发展生产，社会安定，文化繁荣，国力日益强盛，四海咸服、八方朝觐，成为举世瞩目的东方大帝国。中国的古代文明进入鼎盛时期，当时的经济发展离不开黄河的滋养和浇灌，唐王朝建立之初就大兴水利事业，在关中以郑国渠、白渠的改造和扩建为重点，当时郑国渠已经淤废，要恢复灌溉效益必须进行大的改建。在泾河上修建分水工程——将军翣，使白渠引水量大大增加，此后又将白渠改造为太白、中白、南白3条渠道，唐时又称此为三白渠，改建后灌溉面积恢复扩大至4万余顷。另一处大型扩建工程是成国渠，将苇川、莫谷、香谷、武安4条河导入成国渠，大大增加了灌溉的水量，灌区扩展到武功、兴平、咸阳、高陵等县，面积达2万多顷。此外，还从黄河干流龙门引水，开辟韩城灌区，灌溉面积6 000余顷，重修龙首渠引洛水灌溉2 000余顷稻田，史有“收获万斗”的记载。在长安周围小型水利工程不计其数。“八水绕长安”不仅是对帝都风貌的描述，也是对关中水利的称颂。

除关中地区以外，水利事业在黄河流域的其他地区如河东、河套、河西走廊等也得到很大的发展。河东（今山西）是唐王朝的业基，唐王朝对河东的灌溉十分关注。首先在太原开凿了晋渠，随后兴建文谷水引水工程。在此基础上又开凿甘泉渠、荡沙渠、灵长渠、千亩渠，使引水工程灌溉面积达数千顷之多。绛州一带的引汾工程至贞元年间达1.3万顷。河套地区在历代屯田兴修水利工程的基础上扩建、新建灌溉工程有许多新的建树。如丰州（内蒙古境内）的陵阳渠、咸应渠、永清渠，前套的光禄渠、薄骨律渠、御史渠等均可灌溉千顷以上，使河套地区获得“塞上江南”的美誉。河西走廊是唐代与西域各国联系的必由之路，也是军队戍边的重要地区，在此开发水利工程也是必兴之举。此外，陇东黄河干流及湟水、洮河等支流也都兴建了水利工程，给上游带来勃勃生机。鉴于水利在国家经济发展中的重要地位，唐代对水利管理也十分重视。在管理体制上设立了主管机构，在国家六部之一的工部下设水部，置水部郎、员外郎。另设都水监，负责“川泽津梁之政令”，凡“渠堰陂池之坏决，水田斗门灌溉，皆行其政令”。地方也有相应的管理责任。工程所在之处还设立渠长、斗门长负责具体管理事务。朝廷还颁行了水利工程兴建和维护的法规——《水部式》。正是这些水利管理的制度法规，使水利工程运行有序，大河浊流润泽万顷农田，换来千斛万石的丰收。

公元960年宋王朝建立。北宋中期中国封建社会已进入由盛转衰的阶段，土地兼并，贫富分化，社会矛盾尖锐，国家积弱不振。熙宁二年（公元1069年）宋神宗任用王安石为参知政事（次年任宰相）主持变法推行新政，历史上称为王安石变法。变法涉及的内容广泛，目的是限制高级官员的部分特权，减轻农民负担，缓和社会矛盾，发展生产力，改变积贫积弱的状况。新法推行十几年，收到了富国强兵的效果，农业生产发展，朝廷收入增加，军事实力增强，开始扭转对辽和西夏的被动局面。但新法触及了大地主、大官僚的既得利益，受到保守派的反对和阻挠，宋神宗死后新法即被废止。王安石的新法以发展经济为主旨，变法一开始就推出了《农田水利法》（又称《农田利害条约》）。该法的主要内容是鼓励兴修水利；规定决策程序，制定兴建水利工程的原则和方法；鼓励个人出资，国家给予支持，按效益大小进行奖赏。由于王安石推行新法坚决，很快在黄河流域以至全国兴起了持续的群众性的水利建设高潮。据《宋会要辑稿·食货》记载，王安石变法期间仅在北方的行政区开封府、河北西路、河北东路、京东东路、京东西路、京西北路、河东路、永兴军、秦凤路等地就建农田水利工程830余处，灌溉面积达13.28万顷以上。这在以前历史上是没有过的。变法前关中地区的引泾灌区由于地方豪强在干渠上争相建造硙碓，灌溉面积大受减损，剩余的灌溉面积还不及唐代的5%，变法期间对三白渠及引渭灌渠进行了大规模的维修改造，使灌溉效益得到恢复和发展。

王安石变法时期的另一壮举是引黄淤灌。黄河流经黄土高原后挟带大量泥沙。人们发现这些泥沙在泛区沉淀后可将泻卤之地变成良田，于是开始有意识地进行决口放淤改良土壤，并称之为“淤灌”。淤灌之法在《史记·河渠书》中就有记载。唐代就曾修建工程有计划地进行放淤。沈括在《梦溪笔谈》中记载:“唐人凿六陡门,发汴水以淤下泽,民获其利,刻石以颂刺史之功。”宋仁宗嘉祐年间河东路提点刑狱程师孟在兼管该路河渠事务时曾进行淤灌试验,引汾河淤灌农田500多顷,收效明显高于未淤灌区。然后又在河东路9州26县推广放淤,兴辟、改造农田1.8万多顷。王安石对此十分赞赏,把它作为一项重要措施加以推行。该措施得到宋神宗皇帝的支持,其先后在中央设置了“都大提举淤田司”、“总领淤田司”,制定了奖惩条例,并拨出专款帮助地方开展淤灌工作。宋神宗还曾亲临现场,并说:“大河源远流长,皆山川膏腴渗漉,故灌溉民田,可变斥卤而为肥沃。朕取淤土亲尝,极为润腻。”在其推动下,沿河两岸开展了规模宏大的引黄放淤。仅熙宁七年至熙宁十年(公元1074~1077年)的3年之中,从淤田司下拨的款项就达354万余缗。加上地方官吏和老百姓的积极性,淤灌活动就如火如荼地开展起来了。首先开展的是开封府,连续3年引黄河、汴河水淤灌沿黄农田,成效十分显著。主持淤灌工作的官员中,侯叔献、杨汲都得到宋神宗赏赐的淤田10顷。除开封及汴河沿岸的淤区外,还有河北洺州、冀州、沧州一带的淤区,山西汾河至关中平原东部的淤区等(见图1-8)。这一时期的淤灌工程规模宏大,效益可观。据《宋史·卷三三三·俞允传》记载:“沿汴淤泥溉田,为上腴者八万顷。”仅熙宁七年(公元1074年)十一月,淤田司在开封府的阳武、酸枣二县引河淤灌就动用了四五十万民工,当时的壮观场面可想而知。深州、永静军在黄河两岸淤田2.7万多顷。时任都水丞的程昉,在黄河、滹沱河、漳河、御河放淤,加上堵口退田就有4万顷之多。黄河中游的河中府、解州、同州的放淤规模也同样可观,熙宁八年(公元1075年)一次放淤就达2 000多顷。

此时的放淤技术也有了很大的提高,突出表现在两个方面:其一,更加注意控制放淤的范围,改变自然泛淤的办法。事先勘察地形,按地势修筑围堤,兴建斗门、涵洞、溢流堰、引水渠等工程,兴利除弊,防止造成重大的淹没损失。其二,对黄河来沙的规律性有了

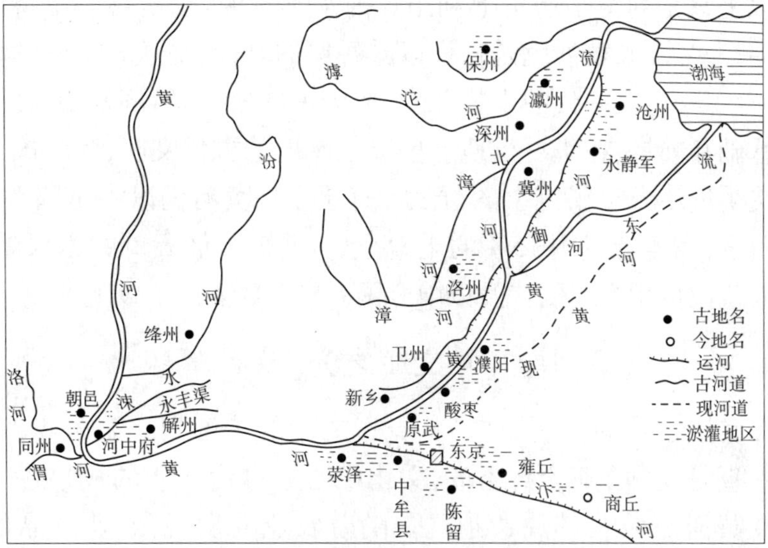

图 1-8　北宋熙宁时期放淤范围示意图

一定的认识，发现泥沙随季节的改变有一定的规律性。夏季淤淀的是“胶土”，土质肥沃，初秋为“黄灭土”，黏度小，有机质含量低，深秋为“白灭土”，霜降以后则成一滩沙❶，不仅不能改良土壤，还会加重沙化程度。因此，放淤须在夏季或初秋，初秋以后就不宜开闸放淤了。熙宁年间放淤活动取得了良好的效果，京东、京西、河北、河东以及永静军广大淤灌地区的泻卤不毛之地变成了良田，土地纷纷增值，产量大大提高。河东淤区的产量由原来的五六斗提高到二三石，地价上升 3 倍以上。汴河两岸“咸卤之地，尽成膏腴，为利极大”❷。仅开封府淤田每年就可增收数百万石，连反对者也认为黄河所淤“粟麦之利，比之他田，其收十倍”❸。此举发展了农业生产，扩大了国家的财政收入，真是“泾渭一石泥数斗，直至万顷黄金钱”❹。

❶《宋史·卷九十三·河渠志》。

❷《续资治通鉴长编·卷二七七》。

❸ 苏辙:《栾城集·卷四十二·论开孙村河札子》。

❹ 郑獬:《郧溪集·卷二十六·木渠》。

以上只是列举了历史上利用黄河水土资源,发展农耕维持国计民生的一些片断,黄河就是这样以其醇厚的乳汁,浇灌着丰腴的黄土地,养育了一代又一代的中华儿女,成为民族繁衍、经济发展、社会繁荣的基础和前提,在华夏土地上创造了辉煌的古代文明,为中国和世界的文明进步做出了巨大的贡献。直至今日黄河仍以占全国2%的水资源量,浇灌着我国15%的土地,承担着1.4亿人口的用水需求。这一人口数量相当于明代及以前全国人口总数的两倍以上。

• 文明之光

在我国古代的文明史中,从炎黄二帝的传说到北宋末年,黄河流域一直是我国的政治、经济、文化中心。古代文明的成果也大多产生在黄河流域及其周边地区。随着农业的发展,农业产品的富裕,促进了社会分工,手工业、制造业、建筑业、科学技术、文化艺术得到全面发展,许多领域取得巨大成就,处于当时世界的领先地位,创造了光辉灿烂的古代文明[8~11]。

1. 农业、养蚕、纺织、茶叶

经过考古学家对新石器时代文化遗存的分析,证明我国是世界上农业产生最早的国家之一,早在9 000年前华夏的先民们就栽培了水稻、粟、稷等作物,8 000年前就饲养了家禽、家畜,并且发明了纺织技术,5 000年前又学会了养殖桑蚕。

我国是世界上养蚕和丝绸织造最早的国家,而且在相当长的时期内是唯一生产丝织品的国家。我国古代丝绸织造的数量就十分巨大。据史书记载,汉武帝在一次巡猎中“用帛百余万匹”;宋高宗时期,每年征收的丝绸就有数百万匹之多。我国古代丝织生产不但规模大,而且工艺精湛。丝绸花色品种丰富多彩,如纱、罗、绫、缎、绢、丝绒、缂、丝等质地精美,万紫千红。公元前1世纪古罗马的凯撒大帝有一次穿着中国丝袍去看戏,引起全场轰动,那丝袍光彩夺目,令观众们赞叹不绝。中国丝绸受到世界人民的喜爱,被誉为“东方绚丽的朝霞”。从西汉开始我国的丝绸就通过“丝绸之路”源源不断地运往中亚、西亚和欧洲。后来我国的蚕种和养蚕技术也传到国外。目前，世界上所有养家蚕和柞蚕的国家，最初的蚕种和养蚕技术都是直接或间接从我国传去的。

黄河流域古代纺织技术源远流长，最早的纺织材料是麻、葛和蚕丝。在距今六七千年的西安半坡村遗址中，出土的陶器上已有麻布的印痕。世界上纺织技术的许多重要发明都是由中国完成或奠定基础的。在很长的时期内我国的纺织技术处于世界领先地位，而且很早就传到国外，对推动世界纺织技术的发展起了重要作用。

我国是世界上最早栽培茶树和利用茶叶的国家，汉代的《神农本草经》说，“神农尝百草，日遇七十二毒，得茶而解之”，表明我国在4 000多年前的原始社会就已经发现和利用茶叶，而且最早进行栽培和研究，2 000多年前就开始人工栽培，1 000多年前唐代的陆羽写出了《茶经》，这是世界上第一部关于茶的专著。茶叶是我国传统的出口商品，唐代时首先传到日本等亚洲的一些国家，17世纪传到欧美各国，受到世界人民的喜爱。饮茶风尚逐渐普及全世界。我国还向许多国家提供茶树、茶籽和植茶技术。现在，世界主要产茶国的茶树和植茶技术都是直接或间接从我国传出去的。

北魏时期我国杰出的农业科学家贾思勰，总结研究了我国黄河流域公元6世纪以前的农业技术和实践，写出了我国最早的农业百科全书——《齐民要术》。其内容包括农、林、牧、副、渔各个方面，是一部科学价值很高的农学巨著。有许多项目比世界其他先进民族的记载要早三四百年甚至1 000多年，初步建立了我国的农业科学体系。它不但是我国，也是世界上现存最早、最完整的农学著作，在中国和世界的农业科学发展史上占有重要的地位。19世纪英国伟大的生物学家，进化论的创立者达尔文曾说，他的人工选择思想是从“一部中国古代的百科全书”中得到启发的，从他引述的内容来看，很可能就是《齐民要术》。

2. 瓷器、冶炼、造船、航海

瓷器是我国的伟大发明之一，因而我国也获得“瓷器之国”的美誉。我国制作瓷器的历史可以追溯到3 000多年以前的商代。它是在制陶技术不断提高的基础上发明的。陶器以黏土为原料，烧制温度在1 000摄氏度以下。瓷器则是以瓷土作胎，表面施釉后经1 200摄氏度以上的高温烧制而成的。我国在4 000年前就可烧制质地坚硬的黑陶、白陶。到商代发明了玻璃质釉，烧制成了“原始青瓷”。南北朝时期出现了烧制难度很大的白瓷(白胎、白釉)。唐宋时代是制瓷工艺的繁荣和成熟时期，唐代的青瓷胎度细腻轻薄，釉色晶莹美丽；宋代的制作技术又有新的提高，釉色繁多，瑰丽多彩，许多名贵产品都各具特色；元代的青花瓷深受人们喜爱，直到现在还在生产。明清的制瓷工艺更上一层楼，制成细腻精致的白釉，瓷器上的彩绘烧制前后色彩完全一样，生产出许多极其精美的瓷器艺术珍品。汉、唐以后瓷器由海路和“丝绸之路”运销国外。公元11世纪后，我国的造瓷技术传到波斯，15世纪又传到意大利。欧洲到18世纪才造出真正的瓷器。

黄河流域冶炼技术有着悠久的历史和辉煌成就，很长时期内在世界上处于遥遥领先的地位。在春秋中期就掌握了炼铁技术，春秋晚期炼出了铸铁。战国时期出土的铁器中就有了白心可锻铸铁和黑心可锻铸铁。世界上有的地区开始炼铁的时间比我国早，但是直到公元14世纪才炼出铸铁，18世纪才出现白心可锻铸铁，19世纪才出现黑心可锻铸铁，比我国晚了1 000多年到2 000年。我国在战国时期就发明了炼钢技术，西汉后期发明了“炒钢法”，而国外到公元18世纪才掌握了这种方法，比我国晚了1 700多年。我国古代在有色冶金方面也处在世界领先地位。

黄河流域古代的金属铸造生产历史悠久，成就辉煌，在世界上有广泛的影响。我国发明了“泥艺”、“铁艺”、“熔模铸造”三大铸造工艺。早在商代就铸造出重达875千克的世界著名的“司毋戊鼎”。其他如沧州五代的铁狮，北京大钟寺的明代永乐大钟，它们的质量从几吨到几十吨，都是闻名世界的特大铸件。我国从战国就开始使用“叠铸法”，而叠铸法在国外是近代才发展起来的，目前仍在广泛使用。

黄河流域在原始社会就有了独木舟，商代已能够用木板造船。春秋时期出现了专门造船的工场——船宫。秦汉时期造船技术进一步发展，规模进一步扩大。秦始皇征伐南方时组织过一支能运输55万石粮食的大船队。汉武帝征伐南方时派遣过规模宏大的水军从海路进击，战船中的楼船高10余丈，有上下数层。唐宋时期可以造载重1 000吨以上的大船。当时中国船队经常遨游在波涛万顷的大洋上。中国船队数量之多，船体和载重量之大，质量之优，航海技术之先进，都在世界上首屈一指。明代郑和7次率领庞大的船队，乘风破浪，遍访亚非30多个国家，是当时世界上最伟大的航海壮举。其中有一次，船队由60多艘“宝船”和200多艘其他船只组成，共载27 000多人。最大的宝船长44丈，宽18丈，可容千人，“体势巍然，巨无与敌”，是当时世界上最大的海船（图1-9）。在船体结构和动力方面，中国古代也有不少发明创造，如汉代的船尾舵、唐代的桨轮船（也叫车船）、宋代的水密隔舱等，早于西方国家四五百年到七八百年。我国还是世界上最早将指南针应用于航海的国家。宋代时的海船就普遍使用指南针辨别方向。这是世界航海技术发展史上的一次飞跃。中国古代高超的造船和航海技术，对世界的造船和航海事业产生过重大影响，也是我国对人类文明的伟大贡献。

3. 四大发明

从春秋到北宋在黄河流域先后出现的指南针、造纸术、火药、印刷术是举世闻名的中国古代四大发明，对世界科学文化的发展有着十分重要的意义，在人类的文明史上占有重要的地位。

造纸术发明以前，人们曾把文字符号刻画在泥板上（苏美尔人）、镌刻在石头上（古埃及人），我国人们曾把文字记录在龟甲、兽骨、竹简、绣帛上。这些材料或笨重，或昂贵，或不易多得，而纸的发明使人们得到了既廉价又便捷的书写材料。数千年来纸成为人们交流思想、传播文化、发展科学技术的重要工具，直到今天仍然须臾不可缺少。1957年在西安灞桥的一座西汉墓葬里发现了公元前2世纪的一叠麻纸，这就是著名的“灞桥纸”，是迄今发现的世界上最早的纸。

图 1-9　郑和宝船

这说明我国早在公元前 2 世纪就已经发明了造纸术。但西汉早期的麻纸比较粗糙,不便于书写。到了公元 2 世纪,东汉宦官蔡伦吸收以前的造纸经验,用树皮、麻头、破布和鱼网做原料,生产出质地比较精良、便于书写的纸。由于原料易得,成本很低,深受人们欢迎,得到迅速推广。造纸术在魏晋时期首先传到朝鲜,7 世纪传到日本,8 世纪传到阿拉伯,12 世纪传到欧洲,16 世纪后逐渐传遍了全世界,有力地促进了世界的文化交流和发展。造纸流程如图 1-10 所示。

印刷术发明以前,书籍的流传全靠手工抄写,不仅速度慢,而且易出错误。初唐时期(公元 7 世纪初),出现了雕版印刷术,一次雕版,多次印刷,使印刷术前进了一步。但一部大部头的书也要花几年的工夫才能完成。北宋庆历年间(公元 1041 ~ 1048 年),平民毕升发明了活字印刷术(图 1-11),使印刷的效率大大提高,是印刷史上的一次重大革命。以后人们对活字印刷术不断改进,制成了木活字和锡、铜、铅等金属活字,使活字印刷术不断提高、完善。我国的雕版印刷术和活字印刷术,都在发明后不久传到世界各地,和造纸术一样对促进文化交流与发展起到了巨大的作用。

最早的指南针是春秋战国时期的“司南”(图 1-12),是用磁石琢磨成勺子的形状,勺头底部圆滑,放在铜制的光滑底盘上,可以自

图 1-10 汉代造纸工艺流程图

图 1-11 活字印刷术

由旋转,静止时勺柄指向南方。后来又发明了人工磁化的方法——用钢针在磁体上摩擦,使之产生磁性,并在北宋时制成了指南鱼和

图 1-12　司南

指南针。在 19 世纪现代电磁铁出现之前，几乎所有的指南针都是采用人工磁化法制成的。指南针的发明和应用，大大促进了航海事业的发展和世界的经济文化交流。

火药的原义是着火的药，是古代在炼制丹药时发明的。1 300 多年前唐初的医学家孙思邈最早记下了用硝石、硫磺、木炭配制火药的方法。唐代末年火药开始用在军事上，火药武器的出现又推动了火药的研究和发展。北宋时出现了蒺藜火球和火炮。公元 12～13 世纪又在世界上率先制成了能发射子弹的火枪和突火枪。元代制成了铜铸或铁铸的大炮。这种管式火器是近代枪炮的前身，是武器史上的一大飞跃。宋元之际，又利用火药燃烧喷射气体产生的反作用力，制成把箭头射向敌方的火药箭，产生了现代火箭的雏形（图 1-13）。北宋以后火药应用于生产生活的多个方面，如开山、采石、狩猎、制作爆竹及导火索等。在现代社会中火药得到更广泛的应用，成为人类生产活动中强大的生产力。火药于公元 13 世纪传到阿拉伯。欧洲 14

图 1-13　火箭

世纪才学会使用火药。火药的发明和应用在人类社会生产的发展中起了巨大的推动作用。马克思曾经这样评价中国的四大发明，说它们是“资产阶级发展的必要前提”。

4. **万里长城**

图 1-14 万里长城

万里长城是世界上最长的城墙，气势宏大，雄伟壮观，是世界建筑史上的奇迹之一，也是人类古代文明的一个奇观。它像一条巨龙绵延逶迤，腾跃于崇山峻岭之中，横亘在瀚海戈壁之上（图 1-14）。今天，当我们登临万里长城时，谁能不为我国古代劳动人民的伟大创举而赞叹呢！长城远在 2 000 多年前的战国时期就开始修建，用于诸侯国之间的相互防御。秦统一六国后把原燕、赵、秦等国北面的城墙加以连接和新建，形成了西起临洮（今甘肃岷县），东至辽东，绵延万余里的长城，用以抵御北部匈奴民族的侵扰。以后各朝代都对长城进行了规模不等的修建，其中规模最大的是明代。明代的长城西起嘉峪关，东至山海关，全长 12 700 里，全部工程经 100 多年才完成。长城的不同地段构筑方式不尽相同，山西以东外部用砖或条石砌筑，内部夯土，山西以西则大多用夯土筑成。长城由关隘、城台、烽燧（即烽火台）、城墙四个部分组成。城墙高大坚固，并附有比较齐全的防御措施。以北京居庸关和八达岭一带为例，城墙平均高 7.8 米，墙基宽 6.5 米，墙顶宽 5.8 米，可容“五马并骑，十人并进”。城上有宇墙、垛口、瞭望洞、射口等防御工事。城墙每隔数百米便有 1 座敌台，敌台分上下两层，上层可守卫、射击，下层可居住士兵和储存粮械。在山势险要或交通要冲筑有传递军情的烽火台。长城的关城如嘉峪关、山海关等建筑雄伟，关楼凌空，巍峨庄严，蔚为壮观。万里长城凝聚了我国古代劳动人民的智慧和血汗，是中华民族钢铁意志和伟大力量的象征。

5. **京杭大运河**

京杭大运河是我国古代伟大的水利工程之一，北起今北京通县，南迄浙江杭州，沟通了黄河与淮河、长江、钱塘江、海河水系，是我国也是世界上开凿最早、规模最大、里程最长的通航大运河。历史上大运河有两次较大的开凿工程，第一次是隋炀帝大业元年至六年(公元605～610年)，隋代统一全国后建都西安(定名大兴城)，为了解决南粮北运等问题决定开凿大运河，沟通黄河与淮河、长江、钱塘江的联系，形成通达全国的水运网络。工程分四段进行，一是修建通济渠，发民工100多万人从洛阳开始利用汉魏旧渠到浚仪(今开封)，而后直趋东南，在江苏盱眙入淮，渠宽40步，渠旁皆筑街道。二是修建山阳渎，公元605年发民工10多万人，利用古邗沟从山阳引淮水至江都入于长江。三是修建永济渠，公元608年发民工100多万人修永济渠，自沁河引水，南通黄河，北至涿郡(今北京)，渠宽170尺，深2丈4尺，又称御河。四是修建江南河，公元610年在长江以南从京口(今镇江)引长江水到余杭(今杭州)。这样用6年时间完成了大运河的全部工程，北起涿郡，南达余杭，全长2 700多千米，宽30～70米，形成了从京都西安过黄河并辐射全国的水运体系。

第二次大的开凿是在元代，元代定都大都(今北京)。隋代的大运河是以洛阳为中心向东北和东南伸展的。为了避免绕道洛阳，裁弯取直，元代修建了从山东临清至江苏清江的会通河、济州河，以及从今北京经通县到天津的"北运河"。这两段河与隋代的大运河相连接，形成了今天的京杭大运河，全长1 794千米，比隋代时缩短了900多千米。元代京杭大运河示意图如图1-15所示。

目前，世界上著名的大运河有苏伊士运河、巴拿马运河、土库曼运河等。这些运河不但长度比我国的京杭大运河短得多，而且都比隋代南北大运河的开凿时间晚1 000多年。我国京杭大运河展示了古代劳动人民的高度智慧和创造力，是古代人类文明的又一朵灿烂之花。

6. **天文历法**

我国的天文学历史悠久，成就举世瞩目。在望远镜发明之前我

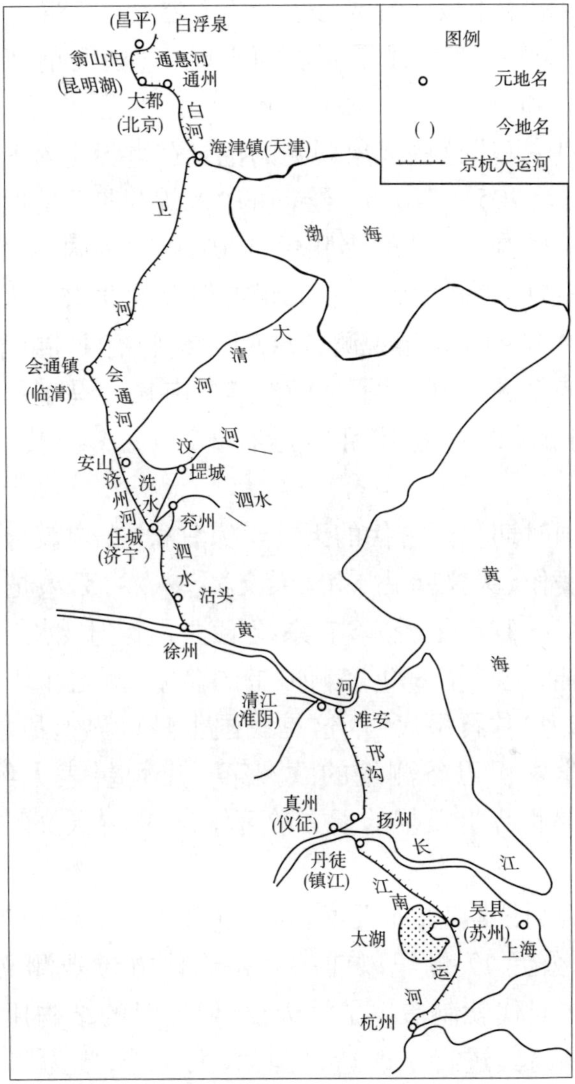

图 1-15　元代京杭大运河示意图

国天象观测的数量、质量、方法、仪器等在世界上都是无与伦比的。我国古代大量的天气记录年代连续，详细准确，而且时间上大都早于世界其他各国。早在距今 4 000 多年的夏代就有了日食的记载（《尚书·夏书》）；鲁文公十四年（公元前 613 年）就有了慧星的记录;《左传》中记录了发生在鲁庄公七年(公元前 687 年)的流星雨;《汉书·五行志》详细叙述了西汉河平元年(公元前 28 年)太阳黑子出现的时间和位置——“河平元年……三月己未,日出黄,有黑气大如钱,居日中央。”这些天象观测的记录在世界上都是最早的。唐中宗时期(公元 705 ~ 710 年)绘制的“敦煌星图”是世界上最早的星图。这幅图绘制了 1 350 多颗星,1907 年被帝国主义分子斯坦因盗走,现存于英国伦敦博物馆。苏州市保存的北宋元丰年间的石刻星图(公元 1078 ~ 1085 年观测,1247 年绘制)有 1 440 颗星,是我国最早的比较齐全的石刻星图。1973 年湖南长沙马王堆汉墓中出土了 29 幅不同形状的彗星图,距今已有 2 200 多年历史,是世界上最早的彗星图。

早在战国时期我国古代的天文学家甘德、石申就分别写出了著名的天文学著作《天文星占》和《天文》各八卷,后人把这两部著作合为一部,称为《甘石星经》。它系统记述了金、木、水、火、土五大行星的运行规律,记录了 800 多颗恒星的名字,测定了 121 颗恒星的方位,后人称为“甘石星表”。这是我国也是世界上最早的恒星表,比希腊天文学家伊巴谷测编的欧洲第一个恒星表大约早 200 年。《甘石星经》是世界上最早的天文学著作,在世界天文学史上占有重要的地位。

在天文观测仪器上,浑天仪和简仪(图 1-16)是我国古代科学家的伟大创造,公元 17 世纪以前一直是天体方位观测必需的仪器。我国约在战国时代就制造出了浑天仪,但当时的结构比较简单。东汉科学家张衡对其进行了改造,使其大大完善,成为当时世界上最先进的天文仪器之一。元代杰出的天文学家郭守敬创造出了测量天体方位的新型仪器——简仪。它比浑天仪使用更为方便,也更加精确,其最小分格刻度达 1/36 度。浑天仪和简仪使我国测量仪器的设计制造水平长期处于世界领先水平。很多现代的测量和导航仪器还在利用着它的一些结构和原理。公元 1276 年郭守敬还在元世祖忽必烈的支持下组织了一次大规模的天文观测活动,郭守敬为此制造了10多种先进的观测仪器,选择了27个观测站点。其范围“东至高丽,西极滇池,南逾朱崖,北尽铁勒(今西伯利亚)”。最北的北海观测站位于北纬64度5分,接近北极圈,最南到西沙群岛,南北长1万多里,东西宽5 000多里。此次天文观测活动是古代世界上最大规模的天文观测活动。

图1-16　浑天仪和简仪

我国古代曾制定过许多历法,如秦以前的《夏小正》(图1-17)、秦代的《颛顼历》等。西汉武帝太初元年(公元前104年)制定了《太初历》,规定一年为365.250 2天,与现代测量结果已十分接近。该历法将岁首由十月改为正月,调整了太阳周期与阴历纪月不相合的矛盾,设置了闰月,开始采用二十四节气,还根据天象实测和历史记录得出135个月为日食周期。这一历法是我国第一部比较完整的历法,也是当时世界上最先进的历法。

我国还有传承至今的世界上最古老的文字,有无数世代传承千古不朽的历史著作和历史文献,有许多为世人尊崇的思想家、政治家、科学家、教育家、文学家、军事家……其中的一些卓越思想成为华夏民族世代传承的民族之魂。以黄河流域为中心的古代中华文明是世界文明史上的一颗璀璨明珠,是中华民族对人类文明发展的巨大贡献。我们难以尽述中华文明的历史辉煌,只能择其要者略述二三。仅此也足以使我们为中华民族的先民们骄傲,为我们伟大的母亲河——黄河而自豪。

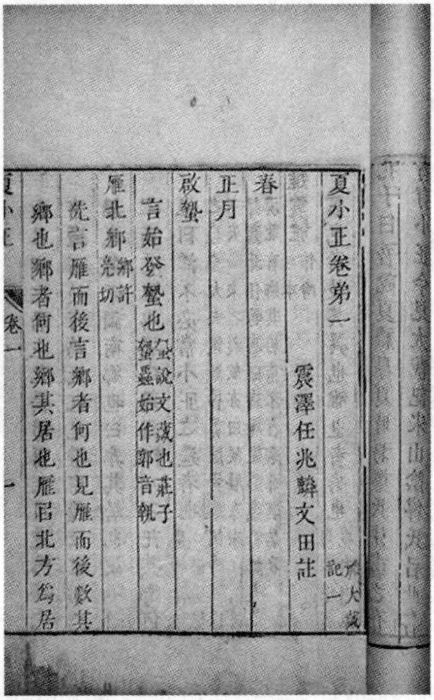
夏小正卷第一
震澤任兆麟文田註
春
正月
啟蟄
言始發蟄也說文蟄藏也莊子蟄蟲始作鄭音執
雁北鄉鄉許亮切
先言雁而後言鄉者何也見雁而後數其
鄉也鄉者何也鄉其居也雁以北方為居

图 1-17 《夏小正》

第三节 帝都兴衰

黄河流域作为中华民族的摇篮，在几千年的历史过程中形成了许多城邑。据《水经注》记载，从上古到北魏黄河流域就有城邑3 000多个。其中，做过都城的约有180个，这其中包括统一王朝的都城、诸侯国的都城和割据政权的都城。早期的都城规模较小，基础设施简约且多有迁徙。例如，夏王朝（公元前21世纪到公元前16世纪）始建都于阳城（今河南登封东），以后迁于安邑（今山西夏县）、帝丘（今河南濮阳南）、原（今河南济源西）、老丘（今河南开封东）、西河（今河南汤阴东）等地；商王朝（公元前16世纪到公元前11世纪）始建都于亳（今山东曹县南），以后迁于嚣（今河南荥阳东北）、相（今河南内黄南）、刑（今河南温县东）、庇（今山东郓城北）、奄（今山东曲阜）、殷（今河南安阳）、朝歌（今河南淇县）等地。这些传说中的古都有的已为当今考古发掘所证实[12]。

西周以后都城的建设已有记载。这一时期我国黄河流域的生产力有了很大的提高，人口有了较快的增长，物产丰富，经济繁荣。城市建设迅速发展，特别是都城建设，达到了相当高的水平。我国最著名的古都有 8 个，它们分别是北京、西安、洛阳、开封、南京、杭州、安阳和郑州。黄河流域是我国历史上都城最为集中的地方。从公元前 21 世纪的夏王朝开始直至北宋的 3 000 多年里，都城基本上都在黄河流域及其附近地区。这些都城特别是统一王朝的都城是全国最高统治者的所在地，不但是当时的政治、文化中心，也是最大的经济都会，是全国的精华所在地和社会缩影。我们仅以西安、洛阳、开封为例，通过它们的兴衰变化，了解一下黄河流域在我国历史发展进程中的地位和作用。

● 天下之中

鉴于首都在国家政治生活中的重要地位，历代统治者无不把国都选择作为“国之大事”全面权衡、慎重决策。《吕氏春秋·慎势》曰：“古之王者，择天下之中而立国。”那么，何处才是天下之中呢？

早期的天下之中，主要是一个地理概念。周公营建洛（雒）邑是因为它居“天下之中，四方入贡道里均”，也就是说它处于当时全国的中心位置，四方朝贡距离约略相等。在古代交通工具十分落后的情况下，位置居中的确是考虑都城的重要因素，但绝对居中是很难做到的。因为不同时期疆域不同，中心的位置也不同，即使处在中心位置，如果是崇山峻岭交通阻隔，或者穷山恶水不适于居住，也不能定为都城。都城建设必须综合考虑政治、经济、军事、地理等各个方面的条件。古代的都城都号称“天下之中”，但其实除洛阳、开封约略居中外，其他如北京、南京、西安均不居中。所谓“天下之中”，更多的是指政治上的中心，是至高无上的皇权的象征。

中国封建社会前期的都城集中在黄河流域不是偶然的,因为黄河流域气候温和,平原广大,土地肥沃,又有黄河及其支流的浇灌,非常适宜早期的农业开发,因而成为我国开发最早的经济区,也是当时唯一的经济区。墨子说:“食者国之宝也,兵者国之爪也,城者所以自守也。”❶管子说:“地之守在城,城之守在兵,兵之守在人,人之守在粟。故地不辟则城不固。”❷在一个以自然经济为基础的封建社会里,农业是决定一切的因素。粟多才能兵强,兵强才能战胜,战胜才能地广、城固。当时黄河流域的农业最为发达,自然成为建立都城最理想的地区。

春秋以后,关中地区依靠肥沃的黄土塬和泾、渭河的灌溉,农业经济迅速发展起来,具备了建都的优越条件,加上长安(今西安)既有“八水环绕”,又具“四塞之固”,因而长安成为我国建都时间最长、朝代最多的千年古都。但随着时间的推移,西安既为政治中心,也成了战争攻伐的主要目标,历史上屡遭战乱,多次受到毁灭性的破坏。从生产条件上看,由于黄土侵蚀,上游河道下切,下游河渠淤塞,农业生产条件逐渐恶化。如郑国渠汉代可灌地 4 万余顷,到唐永徽年间灌地不足 1 万顷。另外,统治阶级的消费欲望不断增大,机构膨胀,官员、军队及其家属人数大大增加。当地生产的粮食已不能满足供应,需从关中以外大量调集粮食和物资。唐代从黄河、渭河调集的粮食达数百万石之多。由于三门峡水势凶险,漕运十分困难,船毁人亡者不计其数。虽曾采取多种方案,试图疏通水道,均遭失败。唐高宗和武则天不得不率领文武百官长住洛阳。洛阳地处“天下之中”,号为“八方幅凑”,南望伊阙,北据邙山,洛水中贯,瀍涧环绕,尤其是漕运条件比西安便利,从西周至隋唐一直和西安交互为都,凡统一王朝都城不在西安就在洛阳。东汉以后全国的政治经济形势发生了重大变化。北方长期战乱,“兵燹遍地”、“无月

---

❶ 《墨子·七患》。

❷ 《管子·度地》。

不战”，破坏十分严重。人口大量减少，生产条件恶化，经济日渐萧条。而秦岭淮河以南相对比较安宁，北方的人民因避乱迁居南方，带去了北方相对先进的生产技术和科学文化，促进了南方的经济发展，从而使南方逐渐超越北方而成为全国的经济中心。这就造成了政治中心和经济中心的分离。隋文帝杨坚在统一中国后，敏锐地看到了这一历史性的变化，并且找到了解决的办法。他在渡江灭陈的前两年就以古邗沟为基础，“开山阳渎”，凿通了运河的江北段。隋炀帝又倾全国之力，凿通了纵贯南北的大运河。其意义之重大、影响之深远是无法估量的。大运河把相互分离的政治、经济中心又紧密地联系起来，成为以后许多王朝依靠江南贡赋补给的生命线。从隋唐直至明清，基本上维持着这种格局。开封在南宋以前一直处在大运河的咽喉之地，是水陆交通的枢纽，“岁漕江、淮、湖、浙米数百万斛，及至东南之产，百物众宝，不可胜计”[1]。汴道通则国兴存，汴道塞则国运衰。开封在全国的政治地位和经济地位日益显要，到北宋时终于取代西安、洛阳成为国家的首都。

● 辉煌帝京

黄河流域建都时间最长、经历朝代最多的古城是西安，其从西周的丰、镐二京开始，直到唐代先后有 13 个朝代共 1 000 多年的建都历史。因为战乱频繁，西安城屡建屡毁，近年来通过考古发掘，历史上的古城城址大多已经勘定，但现存的地面文物已经不多，我们只能通过文献记载来了解它昔日的辉煌了。历代的长安城中，隋唐长安城规模最大，此时也是长安的鼎盛时期。隋时称为“大兴城”，是隋文帝于开皇二年（公元 582 年）开始兴建，历经 12 年征调 10 多万人建成的。唐代时又进行了局部改造，直到唐高宗永徽五年（公元 654 年）完工，前后历经 70 多年。唐长安城平面示意图如图 1-18 所示。它北临渭水，南对终南，西有昆明（池），东界灞浐（水），不论

[1] 《宋史·卷九十三》。

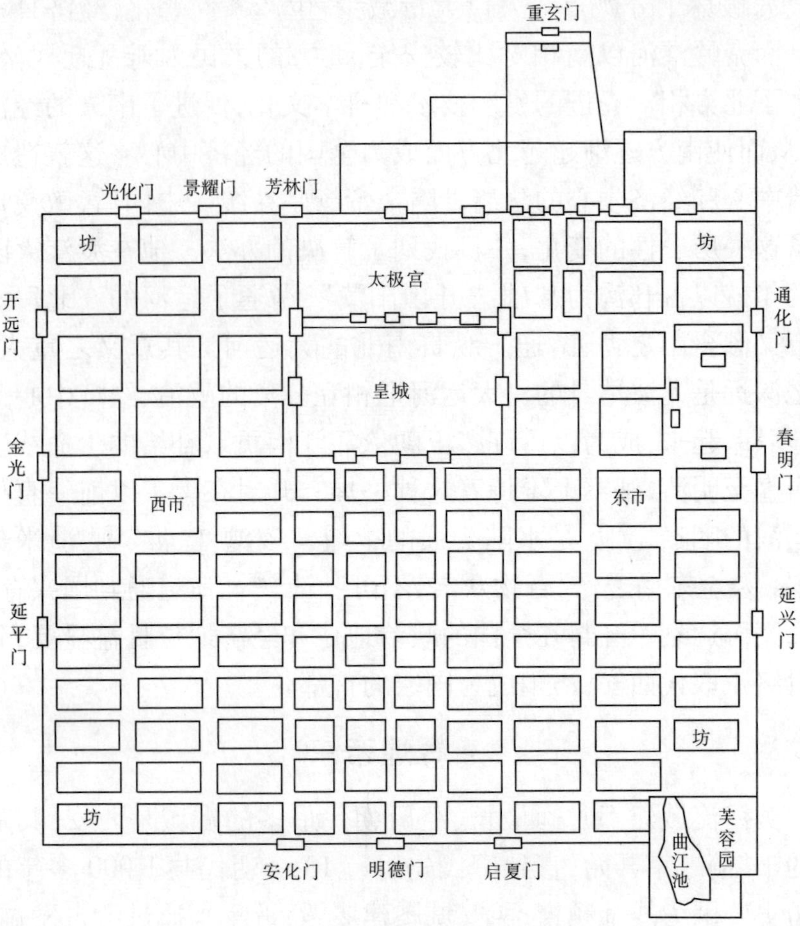

图 1-18　唐长安城平面示意图

地理位置还是建筑规模都远胜于西汉。《隋书·地理志》记载："城东西十八里一十五步,南北十五里一百七十五步。"根据遗址实地测量,其外廓城的面积达 84 平方千米,比现今西安市的面积要宏大得多。其中,皇城和宫城位于北部的龙首原上,面积约 1 000 公顷,内有太极、兴庆、大明三大宫殿区,居高临下,面南背北,象征皇权的至高地位。唐朝诗人王维有"九天阊阖开宫殿,万国衣冠拜冕旒"的诗句,足见其气势的盛大与恢弘。宫城是皇帝居住和理政的地方,皇城是百官和衙署所在地。如图 1-19 所示为含元殿复原图。宫城、

图 1-19 含元殿复原图

皇城之外,外廓城之内是民居和市场,拱卫于皇城的南、东、西三面,呈棋盘式格局。南北 11 条大街、东西 14 条大街将外城划分为东西对称的 108 坊和东、西两市,朱雀门大街为中轴线,街宽达 150 米,每坊均有城墙,除少数几个节日外均实行宵禁。白居易《登观音台望城中》的诗句"百千家似围棋局,十二街如种菜畦",就是这种格局的写照。东西两市为专门的市场区,各由纵横两条街将市场划为 9 个长方形,犹如井字。东市商户达 4 万余户 220 行之多。西市更为繁华,由于靠近永安渠可与漕渠相连,西域胡商和传教士也多居于此。李白诗"笑入胡姬酒肆中"的"胡姬酒肆"就是指边疆各族及各国的商人开的店铺。长安是当时世界上最大的城市之一,与当时 300 多个国家和地区有商业和外交往来。长安城宏伟的规划、壮丽的建筑、严谨的布局为当时许多国家羡慕和向往。后来日本平城京和平安京都是模仿长安城的形制建造的。

洛阳是我国历史上另一著名的古都,早在周武王灭殷时就拟在洛阳建都,命周公营建洛(雒)邑。东周时定为首都。秦和西汉虽建都长安,但都把洛阳作为陪都。此后,东汉、(曹)魏、西晋、北魏、隋(炀帝)、唐(武后)、后梁、后唐均定都洛阳。不计算陪都共有 9 个王朝在此建都,时间长达 800 多年。历史上逐鹿中原,战火不断,洛阳城屡遭破坏,目前遗留的地上建筑已经寥寥无几。经过近年来的考古发掘,历代都城遗址大多已经勘定。历史上的都城以北魏时建筑规模最大(外廓城东西 18 里,南北 15 里以上),但存续时间不长

(仅40余年)就遭到破坏。其次是隋唐的都城,规模较大,延续时间长,可谓洛阳的鼎盛时期。隋唐的东都基本是隋代所建,唐代进行了局部改造。如图1-20所示为唐东都洛阳城示意图。公元605年,隋炀帝即位,下诏营建东都。诏书曰:"洛邑自古之都,王畿之内,天地之所合,阴阳之所和。控三河,固以四塞,水陆通、贡赋等。……"当时洛阳位居天下之中,地处河、洛之间,又有永济、通济渠,漕运网络通达全国,便于控制关东和江南。这才是建都洛阳的重要考量,而隋炀帝的好大喜功、巡幸游乐并非唯一的原因。公元605年炀帝命宇文恺营建东京,春三月动工,"每月役丁二百万人,徙洛州郭内居民及诸州富商大贾数万户以实之"。

隋唐洛阳城地跨洛河两岸,洛河纵贯城中,由洛河可通达全国的漕运网络。都城有宫城、皇城、外廓城三个部分。宫城也叫紫微城(后称洛阳宫、太初宫),是皇帝居住和处理政务的地方,宫城以南建皇城,为官衙所在之地,两城位置均在洛河以北,面积约7平方千米,周围有城墙防护,城墙高10余米,厚16米。两城北倚邙山,居高临下,城内宫殿巍峨,气势恢弘,巨栋雕梁,蔚为壮观。宫城两侧还筑有东城和上阳宫,规模也十分宏大。东城以北筑含嘉仓城,东西宽600米,南北长700米,面积42万平方米,内筑400座窖仓(已探明259座),大窖可存粮一万数千石粮食,小窖也可存数千石,总计储粮食百万石,是当时全国最大的粮仓,足见洛阳在粮食储备和转运中的重要地位。洛阳的外廓城规模宏大,南抵伊阙,北依邙山,东出瀍水之东,西至涧水以西。根据遗址勘探结果,北城墙长6 138米,东城墙长7 312米,南城墙长7 290米,西城墙长6 776米,总面积47平方千米,与文献记载基本相符。外廓城内由纵横街道分割为"坊"、"市"。据《旧唐书·地理志》记载:"都内纵横各十街,街分一百三坊、二市。"《唐六典》记载:"凡一百三坊,三市居其中。""坊"为居民居住之地,"市"为商业区。三市即大同市(南市)、通远市(北市)、丰都市(东市),当时商贸繁荣,"其内一百二十行,三千余肆,甍宇齐平,四望如一,榆柳交阴,通渠相注。市西壁有四百余店,

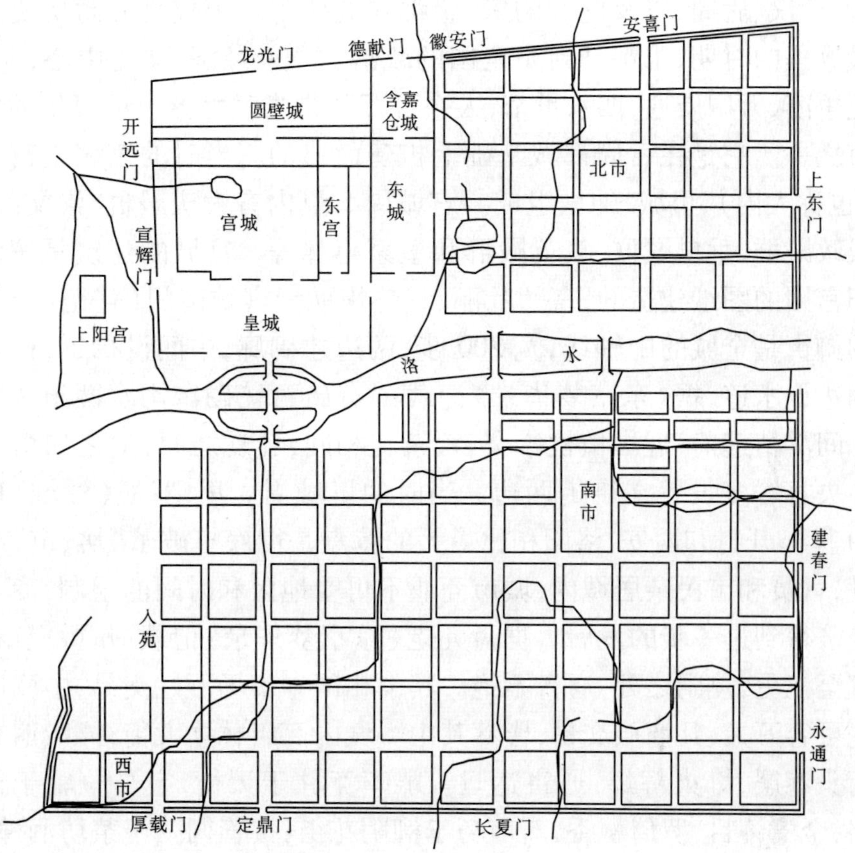

图 1-20　唐东都洛阳城示意图

重楼延阁，互相临映，招致商旅，珍奇山积”，一派繁华景象。都城西又有西苑，周 200 里。苑内沿龙麟渠建有 16 所宫苑，征集各地奇花异草，珍禽异兽。苑内凿大池，称之曰“海”，周长 10 余里，有蓬莱、方丈、瀛州诸山，高出水面百余尺。山上建有台观殿阁，穷极华丽。都城建设动用民工数百万人。建筑材料从全国各地调集，营造宫殿的梁柱多从江西采运，其中大的梁柱需 2 000 人拖运，运一根梁柱就需数十万工。如此浩大的工程仅用一年就全部完成，这的确是建筑史上的奇迹，也反映出隋炀帝的暴虐和奢侈。

开封是我国历史上的七朝古都，战国时期的魏，五代的后梁、后晋、后汉、后周,以及此后的宋、金都在此建都。宋代是开封历史上最繁华的时期,宋都开封是全国的政治、军事、经济、文化中心,“八荒争凑,万国咸通,四水贯都,人逾百万”,是当时世界上最繁华的城市之一。它是在后周都城基础上扩建而成的。当时的京城由宫城(也称大内)、里城、外城组成。宫城周 5 里内有大庆殿群、崇文院、崇政殿群、垂拱殿群、集英殿群和皇家苑林等。宫城的建筑是按洛阳宫殿的图纸建造的,宫阙壮丽、气势恢弘。宫城南门(宣德门)外的御街是全城的中轴线,宽 200 步,两边建御廊,中间设御道,御道两边设水道,据《东京梦华录》记载:“有砖石甃砌御沟水两道。宣和间尽植莲荷,近岸植桃李梨杏,杂花相间,春夏之间,望之如绣。”中央官署多设置在御街两边。当时的里城周 4 里,罗城(外城)周 50 里。开封和西安、洛阳相比最大的特点是彻底打破了“坊、市”制度,官员和市民杂居城内,城市商业不再受地区和时间的限制,商业经济得到进一步的发展。据孟元老《东京梦华录》记载:州桥夜市,直至三更,热闹之处,通宵不绝。其中相国寺市场万姓交易,中庭两庑可容万人,凡商旅交易,皆萃其中。城内商店林立大街,摊贩遍布街头巷尾,灯火辉煌,通宵达旦。雕车竞驻于天街,宝马争驰于御路,金翠耀目,罗倚飘香,新声巧于柳阴花街,按管调弦于茶坊酒肆。当时开封水陆交通的便利,国际交往的频繁,造船航海事业的发达都远非汉唐可比。《宋史·河渠志三》记载:“比汉唐京邑,民庶十倍。”宋代画家张择端所绘《清明上河图》虽然只画了城郊结合部的一隅,但生动地反映了当时商店林立、市招高悬、屋宇雄壮、门面广阔、汴河通达、行人不绝的繁华景象。如图 1-21 所示为北宋东京(开封)城复原示意图。如图 1-22 所示为《清明上河图》(片断)。

• 古都沧桑【13、14】

由于战争破坏、自然灾害等多方面的原因,黄河流域的古都饱经沧桑,有的屡建屡毁,有的彻底废弃,只有经过考古发掘,才能找到昔日的痕迹。唐代诗人章碣面对秦王朝的废都咸阳就曾发出“竹

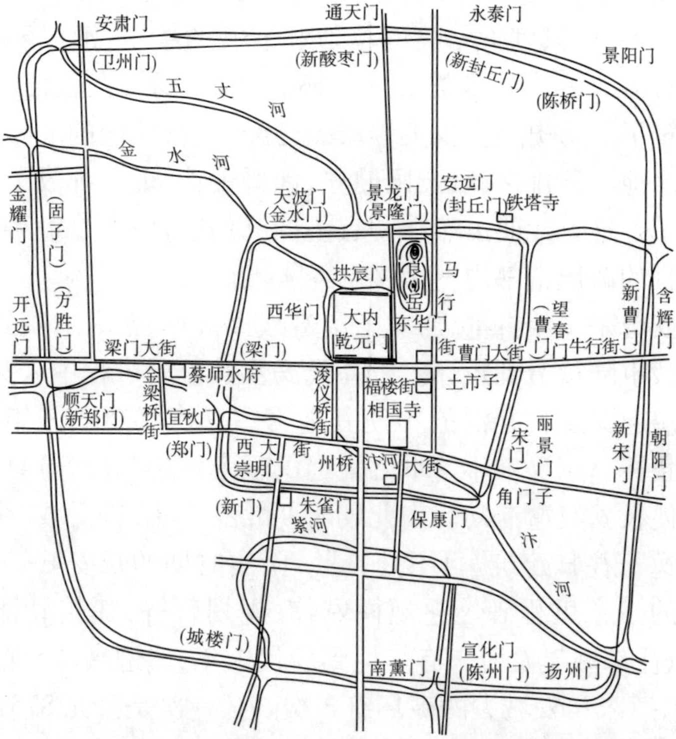

图 1-21　北宋东京(开封)城复原示意图

图 1-22　《清明上河图》(片断)

帛烟销帝业虚,关河空锁祖龙居"的感叹。元曲作家马致远更是把古今沧桑描写得淋漓尽致,他在《双调·夜行船》中写道:"百岁光阴如梦蝶,重回首往事堪嗟。……想秦宫汉阙,都做了衰草牛羊野,不恁么渔樵无话说。纵荒坟横断碑,不辨龙蛇。投至狐踪与兔穴,多少豪杰！鼎足三分半腰折，知他是魏耶？知他是晋耶？”秦宫汉阙都已无处寻觅，只剩下枯萎的草地和散漫的牛羊，渔民和樵夫偶尔议论往日的故事。纵然荒坟之间还有残断的石碑，也已字迹模糊，龙蛇难辨了。历史上多少英雄豪杰已经作古，他们的坟墓已变成狐兔出没之地。群雄逐鹿，三国鼎立，魏晋更迭，现在都成了无处寻觅的历史了。这首元曲虽然写得有些低沉伤感，但都是世事沧桑的写照。昔日的辉煌帝都现在大多已经灰飞烟灭。

长安曾是千年古都，历史上屡遭战火破坏，秦时宫阙毁于项羽，汉时宫殿也陆续遭到毁坏。王莽代汉及其覆灭过程中未央宫遭焚，绿林赤眉起义及相互混战中使其他宫室和西汉 200 多年的文物几乎全部毁坏。东汉末年董卓之乱逼汉献帝西迁长安，董卓死后其残部混战使长安又遭浩劫。南北朝时期战乱不断，长安城“街里萧条，邑居散逸”，往日建筑“百不处一”。隋唐时期的长安城是我国都城建筑中的一个里程碑。它规模宏伟，规划整齐，建筑壮丽，布局严谨，为以往都城建设所未有。但到唐代末年，屡遭破坏，现存建筑不足 1/10，唐末长安城大的破坏有 3 次。第一次是公元 875 年黄巢起义攻克长安，公元 883 年退出时长安城尚未遭到破坏，农民军退出后唐室方镇兵入城却大肆烧杀掠夺。《旧唐书·僖宗纪》记载：“争货相攻，纵火焚剽，宫室居市闾里，十焚六七。”“宫、庙、寺、署，焚荡殆尽。”大乱之后曾经修葺，公元 890 年又遭劫难。岐州军伐李茂贞举行兵变，进入长安后大肆焚烧。《旧唐书·昭宗纪》说：“时岐军犯京师，宫室廛闾，鞠为灰烬。”最彻底的一次破坏是公元 904 年，农民军的叛徒朱全忠劫帝迁都洛阳，据载：“车驾发长安，(朱)全忠以其将张延范为御营使，毁长安宫室百司及民间庐舍；取其材，浮渭河而下，长安自此遂丘墟矣。”迁都之后长安变成一片废墟。随后同州节度韩建驻此，不得已缩小旧城，将皇城作为新城，这就是现存西安古城的基础，其规模只有原长安城的 1/10。千年古都长安从此结束了作为国都的历史。

洛阳于西周时开始营建，东周时定为首都，东周时故城面积不大,约 10 平方千米,其中虽有宫室但大部仍为农作区,具有早期都城的特点,秦汉以后逐渐废弃。汉光武帝刘秀继位以后定都洛阳,历经 196 年,进行了较大规模的建设。东汉末年董卓专权,逼迫汉献帝迁都长安,虽遭群臣反对,但董卓一意孤行,离开洛阳前大肆焚烧掠夺。据《魏书·董卓传》载,"(董卓)焚烧洛阳宫室,悉发掘陵墓,取宝物",使洛阳"宫室烧尽,街陌荒芜"。此后(曹)魏、西晋、北魏均在此建都,北魏的建设规模还相当宏大,但因战乱频繁,屡建屡毁,破坏严重。隋唐时期洛阳虽作为陪都却进行了大规模的建设,隋炀帝和武后时洛阳曾为首都,这一时期是洛阳较为繁荣的时期。隋唐东都主要是隋炀帝时所建,它的破坏和废毁主要有 3 次。第一次是隋末唐初,由于战争攻伐洛阳遭到破坏。但唐代稳定以后得到恢复。第二次破坏是公元 755～762 年的"安史之乱",洛阳沦为战区。《旧唐书·郭子仪传》载:"东周之地,久陷贼中,宫室焚烧,十不存一……人烟断绝,千里萧条。"《旧唐书·回纥传》载,回纥兵重回洛阳时,"恣行残忍,士女惧之,皆登圣善寺及白马寺二阁以避之。回纥纵火焚二阁,伤死者万计,累旬火焰不止"。经此浩劫洛阳已遭严重破坏。第三次是唐末僖宗乾符元年(公元 874 年)到哀帝天祐三年(公元 906 年),30 余年攻伐混战洛阳遭到彻底的破坏。《旧五代史·李罕之传》记载:"光启元年(公元 885 年),蔡贼秦宗权遣将孙儒来攻,罕之对垒数月,以兵少备竭,委城而遁,西保于渑池。蔡贼据京城月余,焚烧宫阙,剽剥居民,贼既退去,鞠为煨烬,寂无鸡犬之音。"此后军伐刘经和李罕之又在此混战数年。"洛阳白骨蔽地,荆棘弥望,居民不满百户"。昔日辉煌,已付东流。后唐虽在此建都,但只存在 10 余年,还未整理出头绪就垮台了。洛阳就此结束了建都的历史,今天的洛阳旧城是金代洛阳城的旧址。

古都开封始兴于战国,发展于晚唐五代,至北宋达于极盛。公元 1126 年"靖康之变"以后,统一帝国分裂,宋、金南北对峙,汴河断流,开封失去了政治中心和水运枢纽的地位,自此日渐衰落。开封城的毁废一是由于战争破坏,二是由于黄河泛滥。公元 946 年辽兵入侵中原破开封城,纵兵大掠,杀人越货,都城为之一空。又“纵胡骑四出,以牧马为名,分番剽掠”,“丁壮毙于锋刃,老弱委于沟壑,自东西南畿及郑、滑、曹、濮,数百里间,财畜殆尽”❶。1125年金人攻陷汴京,“烧杀剽掠淫虐暴横,搜刮金银玉帛、珠宝、骡马殆尽,天文仪器、文物珍宝、书籍、礼乐器用、法物舆图、书画等物,被抢掠无遗。并掳徽、钦二帝,太妃、皇后、太子、公主、宗戚大臣三千余人北去,府库积蓄,洗劫一空”。更严重的是1132年,蒙古兵分南北两路,合力攻汴。攻城“连续十六昼夜,内外死者,以百万计”。同年5月,“汴京大疫,凡五十日,诸门出柩九十余万,贫不能葬者,不在是数”。当时“满城萧然,死者相枕,贫富束手待毙,遂至人相食”❷。

黄河泛滥也是开封城毁废的重要原因。北宋时黄河还在滑州城北,距开封200余里,对开封城威胁不大,1128年改向徐淮入海,且河道游荡、决口频繁,距开封越来越近。据《开封府志》载,自金明昌五年(1194年)河决阳武,改道经开封城北40里,东流入山东境,到光绪十三年(1887年)河决郑州石桥的600多年间,黄河在开封附近泛滥决口,凡五六十次,大水侵入城里者7次,淤没了原来的汴河、五丈河、蔡河、金水河和一些湖泽,致使沙荒遍地,环境恶化。黄水入城,冲毁了无数官衙、民舍,多次造成灭顶之灾。特别是1642年大水入城后开封损毁严重,从此日渐萧条。

从黄河流域古都的兴衰中我们可以看到,黄河流域曾是我国古代的政治、经济、文化中心,是全国的精华所在和社会缩影。这些古城虽然屡建屡毁,但又屡毁屡建,而且建设规模越来越宏大,城市建筑特别是宫殿建筑越来越雄伟辉煌。这一方面反映出封建统治者的穷奢极欲,另一方面也反映出我国人民的聪明智慧和无穷的创造能力。由于长期的封建统治我国在近代发展滞后,饱受帝国主义的侵略与欺凌,经受了空前的破坏与劫难。中华人民共和国成立后才

❶《资治通鉴·卷二八六》。

❷《宋史纪事本末·卷九十》。

结束了近代的屈辱历史，翻开了历史的新篇章，使许多千年古都焕发了勃勃生机。沉重的历史给我们留下了痛苦的记忆，也必将成为激励人们创造未来的宝贵财富。我国人民正在投入实现民族复兴的伟大实践，必将迎来中华民族历史上更加辉煌的时代。

第四节　千年河患

2 000 多年来，黄河以“善淤、善决、善徙”闻名于世。从周定王五年（公元前 602 年）有洪水决溢改道的记载以来，到 1938 年花园口决口的 2 540 年间，黄河共决口 1 590 多次，较大的改道 26 次，给黄河两岸的人民带来过巨大的灾难。

• 河道变迁

关于黄河河道最早的记载可见于《尚书·禹贡》和《山海经·山经》。谭其骧先生进行考证后认为，《山海经·山经》记载的河道是早于《尚书·禹贡》记载的另一条河道。这条河道自三门峡东行，纳洛水，东至大伾山，沿太行山东麓纳漳水入大陆泽，又东北流至天津北，东入于渤海，被称为“山经河道”。稍晚的河道是“禹贡河道”，即《尚书·禹贡》中记载的河道：“东过洛汭，至于大伾，北过降水，至于大陆，又北播为九河，同为逆河，入于海。”这条河道，在大陆泽以上和山经河道相同；过大陆泽以后，约在今河北深县以南分成多股，至天津以南流入渤海。也有人认为，山经河和禹河是同一时期黄河下游的两个分支。至于“九河”的具体位置以及山经河和禹河的演变情况，由于禹河下游的遗迹早已堙灭，又无史籍可考，已经无从知晓了。

山经河道、禹贡河道沿太行山东麓，从夏、商至春秋至少有 1 500多年，河道及其两侧的地面逐渐淤积抬高，加之太行山东麓诸河三角洲的发育，迫使黄河逐步向东、向南迁徙。直到清咸丰五年（1855 年）经历数千年的时间完成了由北向南的迁徙演变。1855 年铜瓦厢决口后黄河夺大清河河道入于渤海,又开始了由南向北的轮回。黄河自周定王五年有决溢记载以来,决口泛滥十分频繁。其中有些决口造成局部改道,有数次造成大的改道迁徙。对于黄河究竟有多少次大的改道和局部改道,相关学者有不同的看法[15~18],认识上产生分歧的原因主要有两个:其一,历史记载缺失或记载不详,难以确切认定;其二,划分大改道和局部改道的标准,难以掌握。事实上黄河下游是游荡型河道,常常呈现散乱分流的状态。每次洪水甚至每日每时河道都会发生游移变化。这些变化时间的长短、幅度大小各不相同。其中主河道较长时间和较长河段脱离原河道改行新道的是局部改道。更长时段更大范围脱离原河另行新道则可视为大的迁徙。由于河道的边界形态十分复杂,时间和长度变化的数量界限也难划定。对于某次河道变迁究竟算不算局部改道或大改道,产生不同的看法也就很自然了。笔者认为,确定黄河在历史时期究竟有多少次大改道和多少次局部改道并不重要,重要的是通过纷繁复杂的变迁过程了解其内在的必然性,以及这种必然性所蕴涵的客观规律。

清康熙年间的胡渭曾对黄河历史变迁进行过系统研究,他在《禹贡锥指》中提出,自周定王五年(公元前602年)黄河共有5次大改道(也称大徙),他的看法对后世的研究者有较大的影响。清阎若璩著的《四书释地续》提出黄河有4次大改道。1935年沈怡等编制的《黄河年表》中认为黄河有7次大改道,1959年黄河水利委员会编写的《人民黄河》一书提出黄河在历史上较大的改道有26次,并由此形成了"三年两决口,百年一改道"的说法。新中国成立后还有很多学者对黄河的历史变迁进行了大量的研究和考证,提出了对黄河历史上大改道的看法。这些看法虽然有所不同,但有5次大改道则为多数专家所认同。它们分别是:

(1)公元前602年河决宿胥口造成改道。

当年黄河自宿胥口(今河南省延津县北)决口至濮阳,迤逦东北经今河南濮阳、内黄、清丰、南乐,河北大名、馆陶东至黄骅一带入于渤海，这一河道逐渐夺流形成西汉时期的河道，史称大河故渎或王莽河。此后该河道又发生多次决口，其中较大的有公元前168年(汉文帝十二年)酸枣决口，公元前132年(汉武帝元光三年)瓠子决口，公元前109年(汉武帝元封二年)馆陶决口分出屯氏河，公元前39年(汉元帝永光五年)鸣犊口决口分出鸣犊河，公元前17年(汉成帝鸿嘉四年)清河决口等。其中，元光三年、鸿嘉四年两次决口均久决不塞，泛滥数十年之久。

(2)王莽始建国三年(公元11年)魏郡决河改道。

当年"河决魏郡(今河南濮阳西北)泛清河以东数郡"[1]。其流路大体是经濮阳、聊城、商河、惠民于利津入海。决口后因大河东去，王莽元城祖坟可不受水患威胁，故未予堵塞，以致在决口以下泛滥数十年，至东汉永平十二年王景治河时才修筑堤防形成了稳定的河道。

(3)宋仁宗庆历八年(公元1048年)河决商胡改道。

庆历八年六月河决商胡(今濮阳东昌湖集)，大河向北流经馆陶、临清、南皮、青县至乾宁军入海。公元1060年(嘉祐五年)又在魏郡第六埽决口，经平原，循汉代笃马河入海。初时呈二股并流之势，称"二股河"，北股称"北流"，东股称"东流"。北宋时曾数次决定堵塞"北流"，回河"东流"均未成功，直至北宋灭亡。这次改河从地域上讲是一次大改道。从时间上看仅有80余年，而且其间决口频繁，"北流"、"东流"交替行河。

(4)南宋建炎二年(公元1128年)杜充决河改道。

北宋末年，战争连绵，黄河堤防失修，河患严重。1128年(金天会六年、南宋建炎二年)，东京(今开封)留守杜充为阻止金兵南下，在滑县以上李固渡决河东流，经豫鲁之间至山东巨野、嘉祥一带注入泗水，由泗水入淮，造成一次人为的大改道。金大定六年(1166年)黄河在阳武(今原武)决口，水淹郓城东流汇入梁山泊。大定八

❶ 《汉书・王莽传》。

年河决李固渡,经曹州、单县、徐州合泗水入淮形成两股分流之势。南流(新河)占6/10,北流(旧河)占4/10。金明昌五年(1194年)黄河在阳武光禄村决口,灌封丘而东经长垣、东明、曹县、砀山、徐州夺泗入淮,经安东在云梯关入黄海。南宋端平元年(1234年),"蒙古军决黄河寸金淀之水以灌宋军",河道又一次发生较大变化,经开封入陈留,分三股汇淮入海。此后,虽多有决溢变迁,但徐州以下夺淮入海的形势没有变化。

(5)清文宗咸丰五年(1855年)铜瓦厢决口改道。

金元以后至明清期间,保运河漕运已成为治河的重要目标,在黄河堤防修守上重北轻南,北岸堤防强固,南岸常形成在颍、泗之间分流入淮的形势,因此南部淤积严重,经历200多年,南部大大升高,至今仍比明清故道以北高出4~6米。在此形势下,河势向北回归已成大势所趋。1855年7月,黄河发生大水,水位骤涨4米左右,7月5日在铜瓦厢溃决。主流先向西北又折转东北,淹及封丘、祥符、兰阳、仪封、考城、长垣等县,后流入山东,淹及曹州、东明、濮城等地,在张秋横穿运河,夺大清河河道至利津入海。

如图1-23所示为黄河下游河道改道流路示意图。

● 改道原因

上述5次大改道和多次局部改道具有以下特点:从地域上由山经河道、禹贡河道到西汉河道、东汉河道再到明清河道,总体上由北(西)向南(东)渐次摆动。其中也有短时和局部的逆向摆动(如北宋河道)。从1855年开始又由南向北逆向轮回。从时间上看,现行河道以北行河时间长,现行河道以南行河时间短。从改道的时间间隔看,越向近代间隔时间越短,摆动越频繁。若以公元1048年为界,以前的3 000多年较大的改道有9次,平均约300年改道一次。公元1048~1938年近900年较大的改道就有17次,平均五六十年就改道一次。

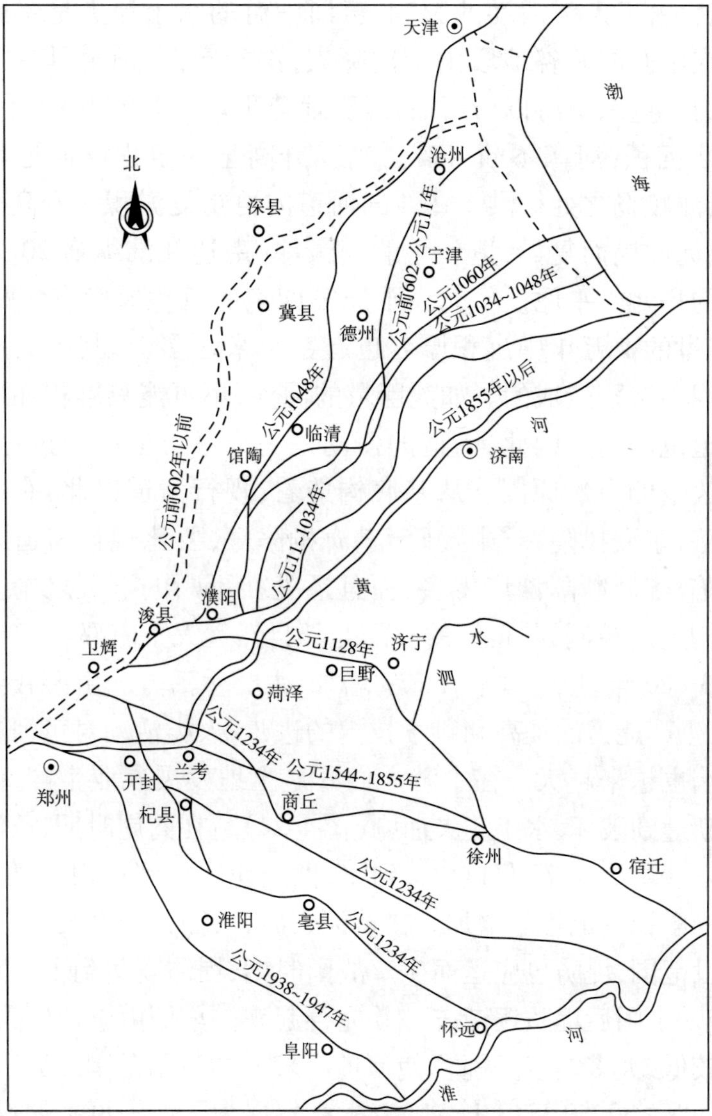

图 1-23　黄河下游河道改道流路示意图

黄河决溢改道有自然原因也有人为因素的影响。黄河流经黄土高原挟带大量泥沙,汉代就有“河水重浊”、“一石水而六斗泥”之说❶。此后由于人类活动的影响，黄河中游的水土流失呈不断加剧之势。在中游的峡谷地段由于比降大，沟谷窄深，河道具有极强的输沙能力。进入下游以后河面开阔，地势平坦，输沙能力大大降低，因而泥沙沉积，河床不断升高。当其升高至一定程度河道就会摆动，循低洼顺畅之处行洪。在新的河道内再重复淤积—升高—摆动的过程，如此周而复始，造就了北起天津、南达江淮纵横 20 多万平方千米的华北大平原。华北大平原第四纪的沉积厚度有 200～400 米，全新世的 1 万年中沉积厚度也有数十米之多[4]，其中大部分是黄河的泥沙沉积造成的。如此巨量的泥沙，不可能只堆积在一个狭长的河道范围内。因此，河道的摆动是一个不可遏制的过程，这就是黄河改道的自然原因。从基底构造看，现行河道以北，有巨大的开封拗陷、东濮拗陷、冀中拗陷、渤海拗陷等，要比现行河道以南的周口拗陷、郯庐断陷深广得多，而且还处在不断的下沉之中。黄河受基底构造的控制，其行河的时间北部自然远大于南部。

近 3 000 年以来，由于人口的增加，人类生活方式由游牧到农耕的转变，生产能力的提高和科学技术的进步，人类活动对黄河决溢改道的影响也越来越大。在中游人们开垦土地发展农业生产，使森林草场不断遭到破坏，水土流失加剧（图 1-24）。在商周时期，黄河下游的年均来沙量为 9.75 亿吨[19]，到 20 世纪初增加到年均 16 亿吨，下游河道的淤积量也相应增加。在黄河下游，人们为了发展生产，限制洪水淹没范围，堤防也应运而生。战国时期，堤防就达到了一定的规模，秦统一中国后堤防逐渐统一并完善起来。早期由于地广人稀，生产能力较低，大多“宽立堤防”使河道有较大的游荡范围。战国时，两岸堤防间距多在 50 里以上。随着生产发展为了保护更多的耕地，堤防间距越修越窄，河道堆积抬高的速度也越来越快。黄河变成了地上悬河，大洪水时水势居高临下，决溢改道也由此不绝。在战乱割据时期，统治者更是利用黄河互相攻伐，以邻为壑，以水代兵。无数生灵

❶ 《汉书·沟洫志》。

图 1-24　黄土沟壑水土流失状况

或死于刀兵，或溺于洪水，惨烈之状，屡见于史书之中。

泥沙淤积，河床升高，大水时河道从高处向低处摆动，这是黄河改道的自然原因。它也决定了黄河改道的必然性。黄河的来水来沙情况、人类对黄河的治理和防护、社会和经济状况等也对黄河的决口改道产生影响。这些因素具有一定的随遇性和偶然性。这种黄河自然规律和人类活动影响的组合，必然性和偶然因素的组合就形成了黄河的全部变迁史。

● 洪泛之灾

黄河在远古时期就有洪水泛滥的传说，后世文献记载尧之时"洪水横流，泛滥于天下"[1]。在有史料可考的 2 000 多年间，黄河决口达 1 500 多次。每次决口大多毁城邑，漂庐舍，洪水横流，哀鸿遍野，死于洪水者不计其数。一般大水决口当年难以堵复，少则一二年，多则数年甚至十数年，给泛区人民造成很大的危害。如遇改道

[1] 《孟子 · 滕文公上》。

特别是大的改道，常常有数十年的泛流期，人民颠沛流离，家破人亡，为害时间更长，范围更加广阔，给泛区带来极大的灾难。由于人口的增加，社会经济发展，河道日益缩窄，越向近代决口越频繁，人员伤亡、灾难损失也越加严重。

汉武帝元光三年（公元前132年）黄河在濮阳瓠子堤决口，“东南注巨野，通于淮泗”。河决口后20多年没有堵复，给当时的梁、楚之地，大概包括今豫东、鲁西南、皖北、苏北一带造成巨大的灾难。《史记·平淮书》记载：“是时山东被河菑岁不登数年，人或相食，方一二千里。”《汉书·食货志》记载：“是时山东（当时泛指太行山以东）被河灾，及岁不登数年，人或相食，方二三千里。”两者记载的受灾范围有些不同，但连续数年庄稼无收，出现人相食的惨状则是相同的。这次灾害发生后，朝廷也曾遣使安抚，“下巴蜀粟以振（赈）之”。但直至22年后汉武帝到山东巡视，亲眼看到泛区的灾害情况才下决心于元封二年（公元前109年）堵复了决口。

北宋神宗熙宁十年（1077年）黄河在澶州（今濮阳）曹村埽决口，洪水汇于张泽泺又分两股，一股汇南清河入淮，另一股汇北清河入海。据《宋史·河渠志》记载，这次决口“凡灌郡县四十五，而濮、齐、郓、徐尤甚。坏田逾三十万顷”。当时徐州被水围困70多天，时任徐州太守的苏轼曾留有“楚人种麦满河淤，仰看浮槎栖古木”的诗句，描写晚秋时节大水过后人们踏着遍地淤泥在抢种小麦，大树上还挂着洪水时漂来的木筏，情景十分凄凉。北宋另一著名文学家欧阳修在滑州做官时写的《葛氏鼎》中，也留下了描写黄河决口的情景：

> 鞳然岸裂轰云䨻，滑人夜惊鸟嘲啁。
> 妇走抱儿扶白头，苍生仰叫黄屋忧。
> 聚徒百万如蚍蜉，千金一扫随浮沤。

该诗句描写了洪水的猛烈与震撼，以及人民群众面对洪水的恐惧与无奈。

明崇祯十五年（公元1642年）九月，明王朝为阻挡李自成的农民起义军,扒开黄河大堤,黄河水汹涌澎湃,破开封城北门而入,城内哀号震天,百姓无处躲避,“及至半夜,水深数丈,浮尸如鱼”。城中能看到的建筑物仅有“钟鼓二楼,周府紫金城,郡王府假山,延庆观,大城止存半耳,至宫殿,衙门,民舍,高楼,略露屋脊”[1]。城中30多万人,只有3万人幸免于难。

清道光二十一年,开封又一次遭受重大劫难。六月十七日,开封城北张家湾大堤决口,洪水直冲开封城而下,将城垣包围。开封城官民奋力抢护,后因浸泡过久城墙坍塌,洪水破城而入,“历五昼夜,城内低处尽满,形如巨湖”[2]。除淹死和逃散者外,男女露宿城上,更加“大雨顷盆,日夜不绝,号哭之声闻数十里”。这次河决,开封城被黄水围困8个月之久。洪水下游的5府23州县也遭受巨大灾害,大溜所经之处,“人烟断绝,有全村数百家不存一家者,有全家数十口不存一口者”[3]。

1938年5月,日本侵略者由徐州沿陇海铁路向西进犯,为阻止日寇的进攻,国民党政府于6月9日扒开郑州花园口大堤。时值黄河水涨,破堤后,洪水穿堤而出,向东南泛滥,所经之处,庐舍荡然无存。“人畜无由逃避,尽逐波臣;财物田庐,悉付流水。当时澎湃动地,呼号震天,其悲骇惨痛之状,实有未忍溯想。间多攀树登屋,浮木乘舟,以侥幸不死,因而保全余生,大都缺衣乏食,魄荡魂惊。其辗转外徙者,又以饥馁煎迫,疾病侵夺,往往横尸道路,亦皆九死一生,艰辛备历,不为溺鬼,尽成流民”。守恋家乡不肯外逃者,“更迫于饥馑,无暇择食,每多以含毒野菜及观音粉(观音土)争相充饥。草根树皮,亦被罗掘殆尽,糠秕杂食,反为上馔。食后面目浮肿,肌肤绽裂……于是寂寥泛区,荒凉惨苦,几疑非复人寰矣”[4]。当时的泛区西至沙颍河,东到涡河,南达淮河长约400千米,宽30~80千

[1] 《汴围湿襟录校注》。
[2] 《再续行水金鉴·卷一五三》。
[3] 《祥符县志》。
[4] 《河南省黄泛区灾况纪实》。

米,其中泛区腹地灾情尤为惨烈,房屋倒塌殆尽,扶沟一县就死亡25.44万人,鄢陵死绝1 450多户。黄泛区共涉及河南、安徽、江苏3省44个县市,淹没耕地80多万公顷,受灾人口1 250万人,391万人背井离乡,淹死及灾后病饿而死者达89万人(图1-25)。这是中国近代历史上的一次大浩劫。

图1-25　1938年花园口决口难民图片

黄河的决溢泛滥在造成一次次灾难的同时,也一次次改变着华北平原的面貌,许多河湖堙灭了,许多城池掩埋了,斗转星移,面目全非。曹雪芹在《红楼梦》所写的"陋室空堂,当年笏满床,衰草枯杨,曾为歌舞场",也许正是这种沧桑变化的写照。曾几何时,号称四渎之一的济水已经堙没于黄河的泥沙之下,空留下济南、济阳、济源、济宁之类的地名。花柳繁华的古汴水也难觅踪迹了。华北平原在历史时期还曾是千湖之国,现在多数湖泊也已经消失。如河北的大陆泽,北宋时还存在,后被黄河泥沙掩埋。黄河冲积扇前沿的大野泽,曾是梁山泊的前身。北宋时梁山泊绵延数县,"烟波浩荡八百里",金元以后黄河南泛,梁山泊加速了淤淀,于明清时淤为平地。现在梁山周围向下挖四五米仍可见当年的湖泥,当地老乡称"宋江土"。湖泥中还曾挖出过北宋时的战船。虞城、夏邑一带的孟渚泽,定陶的菏泽,江苏丰县、沛县的丰西泽,郑州、中牟之间的圃田泽,以及郑州西北的荥泽也都因黄河的淤垫迁徙而无处寻觅了。

华北平原上许多历史名城都不见了踪迹,它们并不都是毁于战乱和迁徙,其中不少城池被黄河的泥沙埋入地下。北宋京都开封城曾是当时世界上最大的城市,《清明上河图》尽显当年的繁华景象。但是开封城曾经7次被黄河淹没,经考古勘察,北宋汴京城的州桥就在今日的开封城下,埋深10～12.5米。明代城市的地表埋深约7米。如果我们能拨开一层层淤积的黄土,也许能看到一个东方的"庞贝古城"。淤埋地下的古城仅河南省就发现了不少。如汉代到宋代的内黄古城,埋藏在9米的黄土之下;东昏古城埋在兰考地下8米;民权县有个村庄名叫"北关镇",经过勘察正是明代考城县城的北关,在其地下七八米处找到了当时的地面和建筑;沈丘县是明代项县的所在,挖河时曾经挖出了一个地牢,地牢中还有囚犯坐毙在数米的黄沙之下,这个地牢正是当时项县的县牢,因洪水骤至,官民各自逃生,囚徒们便被泥沙埋于地下。不管他们是十恶不赦的罪犯,还是无辜冤狱的良民,都随着这场洪水变成了无法解开的历史之谜。

第五节　人与黄河

●千秋功过

在新生代第四世纪,黄河由许多孤立的湖盆水系相互沟通,形成了奔腾入海的万里巨川。山西西侯度的考古发掘也发现了距今200万年左右的人类遗迹。这说明早在地质时期,我们的先人就和黄河同时出现在华夏大地上。黄河流域的水土资源,为他们提供了生存发展的基本条件,使他们从采集、狩猎,走上定居、农耕,又一步步走到今天的现代文明。在漫长的历史时期,中华民族依托黄河流域这个广阔的舞台,创造了无数的物质文明和精神文明成果,演绎了许多威武雄壮、可歌可泣的英雄史诗。许多诗人留下了赞叹黄河的不朽诗篇。他们用"九曲黄河万里沙,浪淘风簸自天涯"、"白日依山尽,黄河入海流。欲穷千里目,更上一层楼"赞叹黄河的壮美;用"逝者如斯夫!不舍昼夜"、"黄河之水天上来,奔流到海不复回"赞美黄河的执着;人们更用"中华民族的摇篮"、"中华民族的母亲河"颂扬黄河的恩泽。没有黄河就没有中华民族的历史文明,也就没有中华民族的今天。这是我们认识黄河的基础,也是认识黄河的基本结论。

但是由于黄河自身的特殊性和复杂性,也使它成为一个桀骜不驯、复杂难治的河流。历史上黄河曾经频繁决口改道,淹没过许多城市村庄,摧毁过许多文明成果,吞噬过无数人的生命。虽然经过数千年的治理,但至今仍未达到根治黄河的目标。那么,我们应当如何认识黄河的"忧患"呢?从本质上说,黄河的水土都是一种自然资源,这些资源是极其宝贵的,但是它也和其他一切资源一样有自身的规律和特性。人们掌握了这些规律,就可以利用它为人类服务,反之就可能造成各种灾害。风、火、潮、电等各种自然资源也莫不如此。几千年来人们与黄河相处的过程,也就是人们对黄河的认识不断深化、相互磨合的过程。随着人们认识的提高、科学技术的进步,这些"忧患"是可以消除的。本书认为,人与黄河的相处大体可以分为三个阶段:

第一个阶段约在春秋时期以前。这一阶段的早期,社会生产力水平低下,人们认识自然、改造自然的能力也很低下。为了生存的需要,人们依偎黄河,离不开黄河,必须临水而居之。为了安全的需要又必须避开黄河洪水的威胁"择丘而处之"。随着人类逐步从采集、狩猎而转向农耕,土地成为人类生存发展最重要的资源。当时黄河下游有广阔的冲积平原,气候温和,雨量充沛,最适宜原始农业的发展。距今4 000多年前黄帝、炎帝等部落相继从中游的河谷地区来到黄河下游。广袤的平原给农业发展和部族的繁衍提供了优越的自然条件,但黄河的洪水也给人们带来了严重的威胁。为了保护居住安全和农业生产,人们学会了"堕高堙庳",即用修筑围堰的方法来阻挡洪水的侵害。这种方法对于局部的防洪来讲无疑是一种有效的措施,但对于大范围的洪水这种办法就难以奏效了。特别是围堰修筑不当,阻挡洪水出路时,不但不能达到预期的效果,而且会遭致更大的灾害。在灾害难以抵御时,人们就选择迁徙。当时氏族部落迁徙频繁,甚至当时的都城也不例外。经过长期的实践,人们渐渐认识和掌握"水性就下"的规律,采用疏导的办法使"水行地中"顺利宣泄,消除了广大地区的洪涝灾害。这在人们认识黄河的历史上是一个划时代的进步。大禹治水的传说就是这一历史性进步的集中表现。"疏川导滞"的治理方法,至今仍是治河防洪的基本原则之一。

第二个阶段是人们对洪水进行抵御和抗衡的时期。这一阶段约从春秋到封建社会末期。由于铁器的使用,社会生产力的提高,人口的增加,农业及整个社会经济的迅速发展,人们抗御自然灾害的要求更加强烈,抗御灾害的能力也大大增强了。过去单纯依靠疏导的方法并不能完全消除洪水灾害,汛期洪水暴涨之时,仍然洪水四溢,给人们造成巨大损失。为了保证居住安全和生产环境的稳定,堤防出现了。公元前651年齐桓公"会诸侯于葵丘"❶,达成了"无曲防"❷的协议,说明各诸侯国修建局部堤防的情况已较为普遍。到战国时堤防已有相当大的规模。西汉人贾让在其"治河三策"中说:"盖堤防之作,近起战国,壅防百川,各以自利。齐与赵、魏以河为竟(境),赵、魏濒山,齐地卑下,作堤去河二十五里。河水东抵齐堤,则西泛赵、魏。赵、魏亦为堤,去河二十五里。虽非其正,水尚有所游荡。"秦始皇统一六国后又"决通川防,夷去险阻"❸,对河道堤防进行统一的疏浚和整修。秦堤的情况虽然没有当时的史料记载,但从西汉的情况和后人的记述中可以看出,在黄河两岸已经有较为完整和系统的堤防了。堤防的形成与巩固是治理黄河历史上又一次巨大的进步。人们抗衡洪水最初用"堵"的方法,后来发展到用"疏"的方法。而这种完整的堤防实现了"疏"与"堵"的结合。堤防成为防御洪水的安全屏障,对于人们安居乐业、经济发展、社会进步发挥巨大的作用。这无疑是人们在与洪水灾害作斗争取得的

---

❶ 《史记·齐太公世家》。

❷ 《孟子·告子下》。

❸ 《史记·秦始皇本纪》。

又一个历史性的胜利。

堤防的修建对于保证防洪安全乃至整个经济社会的发展发挥了巨大的作用,但也带来了新的问题。黄河是一个多泥沙河流,进入下游以后河面展宽、比降变缓,大量的泥沙沉积在河道里,河床日益抬高,过洪能力不断下降。为了保证防洪安全,堤防也要随之加高,以满足防洪的需要。这样淤而复加,加而复淤,下游河道逐渐变成了地上悬河。河床越高,堤防越险,一旦决口,洪水居高临下,势不可挡,往往造成巨大的灾害,而且河床高悬不易堵复,有时就形成改道。随着人口的增长,城乡建设水平的提高和社会财富的增长,决口改道的代价十分巨大,甚至造成社会动乱,影响政治安定。长期以来统治者总是投入大量的人力、财力巩固堤防,防止黄河决口改道。即使发生决口也要尽力堵复,防止灾害的延续。这就形成了河道自身摆动规律和人们防止决口摆动的抗衡。这种抗衡在黄河的历史上延续了2 000多年。人们在斗争中也取得过无数次的胜利,但在一定的历史条件下河道摆动的规律是不可抗拒的,大大小小的改道还是不可避免地一再发生。斗争的实践使人们认识到黄河“善淤、善决、善徙”的特性,其根源不仅在于洪水,更重要的在于泥沙。泥沙淤积才是造成黄河决口改道的症结所在!这是人们在认识黄河的过程中又一个重要的进步。为解决泥沙淤积问题,治河人士提出过许多方略和主张。例如“沟洫治理”、“疏浚河道”、“分流放淤”、“束水攻沙”等。限于当时的历史条件和经济技术水平,有些方略未能实施。有些虽经实施,甚至取得一时的成效,但最终也未能解决河道淤积问题。

第三个阶段是近现代以来的人们对黄河实施全面治理的阶段。经过长期的治河实践,人们逐渐认识到黄河是一个上下关联的整体,仅在部分河段采取单一的治理措施是难以奏效的。过去治河在范围上着重治理下游,对上、中游基本没有什么治理措施。在方法上侧重于防御洪水,而对泥沙的治理关注不够,或者说对泥沙虽然有所关注,却未找到很好的治理办法。2 000多年来虽然投入了巨大的人力、物力，取得过阶段性的治理成就，在一定时期内保证了黄河的安澜，但从总体上看黄河淤积抬高没有得到遏制，决口改道时有发生，黄河威胁经历数千年的治理没得到根本的解决。新中国成立以后国家对治理开发黄河高度重视，投入了大量的人力、财力对黄河的上、中、下游进行全面的治理，取得了60多年岁岁安澜的巨大成就，发电、灌溉、供水事业飞速发展，取得了巨大的经济效益和社会效益，治黄事业进入了一个新的历史阶段。但是我们对黄河的认识和治理并不是一帆风顺的，经历过许多曲折和反复。新中国成立初期，为了控制洪水、处理泥沙，曾经提出了“节节蓄水，分段拦泥”的治理方略，并形成规划，付诸实施。但由于对水库淤积数量、速率及由此造成的环境影响估计不足，工程建成后出现许多问题。有些工程不得不改建，有些工程不得不废弃。再如，为了开发水力资源和控制洪水，在上中游建设了大量的水库，这些水库在防洪、灌溉、发电等方面都发挥了很好的作用，但在另一方面它又改变了天然洪水的演进过程，使水流输沙能力降低，造成了河道萎缩、下游出现“二级悬河”等问题。人类对自然界的认识是一个实践—认识—再实践—再认识，循环往复、不断深化的过程。人类在认识、改造客观世界的过程中，常常出现这样的情况：“有些事情从短期效果看，从第一步看，人们胜利了，也就是说‘取得了我们所预期的结果’。但是在第二步和第三步却有了完全不同的、出乎预料的情况，常常把第一个结果又取消了。”[1]恩格斯把这种现象叫做自然界对人类的一种报复，是自然对人类的反作用。从认识论的角度看，这种现象的产生，是人类对自然规律缺乏全面认识造成的。人们认识事物总是首先了解事物的本身及其外在的规律性，从而得到初步的认识，这种认识是不全面的，根据这种认识采取的行动，往往会出现失误或部分失误。经过实践，人们就会认识某一事物和其他事物的相互关联和相互影响，从而了解到更深层次的规律性，如此循环往复，人

[1] 恩格斯：《自然辩证法》。

们的认识就得到不断深化,达到新的更高的阶段。人们对黄河的认识也是这样。通过实践人们首先认识到洪水及其规律性,但对洪水和泥沙之间相互影响、相互制约的关系却了解得不够;虽然竭尽全力,水沙灾害却不能完全消除。经过长期实践人们认识到,人类既要利用自然规律使其为经济社会的发展服务,又必须尊重自然规律,实现人与自然和谐相处。随着对黄河认识的深化、社会生产力的提高和科学技术的进步,黄河的“忧患”终将成为历史,黄河将伴随中华民族走向美好的明天。

● 关爱黄河

黄河丰腴的水土资源,养育了我们的先人,创造了中华民族的历史文明,支撑着今天的创新与发展。但是黄河的负担也日渐沉重,人口暴增、资源紧缺、环境污染已经使黄河不堪重负。如果人类不能约束自己的行为,实现人与自然的和谐相处,不但会限制自身的发展,甚至会给人类的生存带来严重的威胁。

人口膨胀是17世纪以来,特别是20世纪50年代以来世界上许多国家面临的严重问题。我国是世界上人口最多的国家,近年来一直把计划生育作为基本国策,在人口控制方面取得了巨大的成绩。但由于基数太大,人口增长仍然给资源、环境、社会发展造成巨大的压力。17世纪以前我国人口最多的时候,也不超过六千万人(见表1-3)[22],还不到现在人口的1/20。17世纪以后人口呈现迅速膨胀的趋势。18世纪初到抗日战争前增加1亿人口所用的时间是34~101年,平均为58年。从1954~1995年增加1亿人口所用的时间则为5~10年,平均不到7年(见表1-4)。

黄河流域的人口也有了很大的增长,以历史上人口较多的西汉为例,汉平帝元始二年(公元2年)全国的人口为5 959.5万人,而当时黄河流域8省区(不计四川省)相对应的人口为3 359.2万人,约占当时全国人口的56%。据1995年公安部公布的人口统计资料,黄河流域8省区人口之和为29 574.6万人,是汉代人口的8.8倍。

黄河流域大多为干旱半干旱地区，水资源总量为719亿立方米（其中地表水为580亿立方米，地下水不重复计算量139亿立方米），约占全国水资源总量的2%，是水资源相对贫乏的地区。但是它却承载着全国15%的土地和12%的人口的供水需求。

表1-3　我国17世纪历代统一王朝人口数量

朝代	年份	户数（户）	人口数（人）	材料出处
西汉	平帝元始二年（公元2年）	12 233 062	59 594 978	《汉书·地理志》
东汉	顺帝永和五年（公元140年）	9 698 630	49 150 220	《唐汉书·郡国志》
隋	炀帝大业五年（公元609年）	8 907 546	46 019 956	《隋书·地理志》
唐	玄宗天宝元年（公元742年）	8 525 763	48 909 800	《旧唐书·玄宗纪下》
	宪宗元和十五年（公元820年）	2 375 400	15 760 000	《旧唐书·穆宗纪》
宋	哲宗元符三年（公元1100年）	19 960 812	44 914 991	《宋史·地理志》
	高宗绍兴二十九年（公元1159年）	11 091 885	16 842 401	《宋会要辑稿·食货十一》
金	章宗明昌六年（公元1195年）	7 223 400	48 490 400	《金史·食货志》
元	世祖至元二十八年（公元1291年）	13 430 522	59 848 964	《元史·世祖东纪》
明	太祖洪武二十四年（公元1391年）	10 684 435	56 774 561	《明太祖实录·卷二一四》
	神宗万历三十年（公元1602年）	10 030 241	56 305 050	《明神宗实录·卷三七九》

表 1-4　我国 18 世纪后人口增长

人口数（亿人）	起止年份	经历年限（年）	说明
1～2	1704～1760	56	
2～3	1760～1800	40	
3～4	1800～1834	34	
4～5	1834～1935	101	鸦片战争、英法等侵华战争、捻军起义、太平天国运动、辛亥革命
5～6	1935～1954	19	抗日战争 、解放战争
6～7	1954～1964	10	
7～8	1964～1969	5	
8～9	1969～1974	5	
9～10	1974～1981	7	实行计划生育
10～11	1981～1988	7	实行计划生育
11～12	1988～1995	7	实行计划生育

注：摘自《生活时报》1999 年 10 月 20 日。

中国古代由于人口数量较少，生产力水平不高，对水资源开发利用的能力也比较低。水资源问题很少引起人们的注意，人们甚至认为水资源取之不尽，用之不竭，不患其少，唯患其多。近现代以来由于人口暴增，生产力提高，科学技术进步，对水资源的需求也与日俱增。新中国成立前黄河上没有水库和枢纽工程，到 20 世纪末已建成大、中、小型水库 3 100 多座，总库容 574 亿立方米，已与黄河的天然径流总量相当。在黄河干支流共修建引水工程 4 600 多处，提水工程 29 000 多处，下游修建引水涵闸、虹吸 120 多处。供水范围，新中国成立初期主要集中在宁蒙的河套地区、陕西的关中地区和山西的汾河流域，现在扩大到流域 9 省区和河北、天津。灌溉面积由

1950 年的 80 万公顷，发展到 753.33 万公顷，新中国成立初期耗水量为 90 亿立方米，到 90 年代年均引水 395 亿立方米，耗水达 307 亿立方米，已经达到河川径流量的一半以上。目前，流域内外还不断向黄河提出强烈的供水需求，黄河水的供需矛盾日益尖锐，据黄河水利委员会预测，到 2010 年黄河将缺水 100 亿立方米，2050 年将缺水 290 亿立方米。

由于用水量的不断增加，从 1972 年起，黄河开始出现断流，此后断流频繁出现，愈演愈烈。从 1972 年到 1998 年的 27 年间，下游利津水文站有 21 年发生断流，累计断流 1 050 天，年平均断流 50 天，1997 年断流达 226 天。断流范围最长延伸至河南开封附近，长达 704 千米。频繁的断流使河槽萎缩，淤积严重，破坏了河道及河口地区的生态平衡，沿黄地区出现了严重的用水困难。1998 年中国科学院和中国工程院的 135 名院士联名，发出了"行动起来，拯救黄河"的倡议。不断膨胀的用水需求已经使黄河不堪重负[23]。

对黄河而言，需要拯救的不仅是水量的消耗，还有水质的污染。1998 年黄河水资源保护局选择了部分水质参数（共 16 项）对干支流重点河段共 7 247 千米进行了监测评价。其结果为：水质较好、能满足高功能需要的Ⅱ类、Ⅲ类水质的河长 2 118 千米，占评价河段的 29.2%；因污染失去饮用水源功能，只能用于低功能的Ⅳ类、Ⅴ类水质的河长 3 350 千米，占评价河段长度的 46.2%；受严重污染丧失水体功能，劣于Ⅴ类水质的河长 1 779 千米，占评价河长的 24.5%。也就是说，能作为饮用水源地的河段已不足 1/3，完全丧失水体功能的河段则接近 1/4。如果我们把 1985 年和 1998 年的监测资料加以比较，就会发现 1985 年Ⅱ类水质的河长占 50.9%，Ⅲ类水质河长占 17.9%，Ⅳ类、Ⅴ类和劣于Ⅴ类水质的河长占 31.2%；到 1998 年，Ⅳ类、Ⅴ类、劣Ⅴ类水质的河长已占到 70.8%，比 1985 年增加了 39.6 个百分点。黄河水体污染迅速加剧，带来了严重的影响。首先是城市生活用水。如兰州市原以黄河作为水源地的两个水厂均因黄河水污染而被关闭。1999 年 1～4 月黄河下游发生了大范围的污染事件。从潼关直至济南均为劣Ⅴ类水质,水体呈红褐色并散发难闻的气味,已经完全丧失水体功能。沿黄城市均被迫全部或部分停用黄河水,启用有限的备用水源,给数百万人的饮水和生活用水带来困难。由于水体污染,水生态环境破坏,黄河原有的150多种鱼类已有1/3绝迹,现有鱼类体内发现不同程度的有毒有害物质残留,有些已威胁沿河群众的健康。据调查有些以黄河为饮用水源的地区,癌症等疾病发生率明显增高,已严重威胁沿河群众的健康。产生上述问题的原因是沿黄人口增加,工业化和城镇化的进程加快,有些城市生活污水和工业废水未经处理,直接排入黄河。20世纪80年代初,废污水年入河量为21.7亿吨,到1993年即达41.7亿吨,10年间就约翻了一番,工业污水处理量占排放量的69%,而城市污水处理量仅占排放量的8.8%。一方面污水排放量逐年增加;另一方面引水量增加,径流量减少,使河流污染愈加严重[24]。

泥沙淤积,水资源短缺,河流污染,已经对黄河的健康构成了巨大的威胁。这条伴随中华民族走过漫长历史的母亲河,已经遭遇前所未有的危机。现在是我们重新审视自己的行为,善待黄河、关爱黄河、拯救黄河的时候了。多年来国家已采取立法、行政和技术的手段,有计划地逐步解决黄河的防洪减淤、水资源节约及合理开发利用、水污染防治等问题。近年来又提出要坚持科学发展观,建设社会主义和谐社会,防止以污染环境、浪费资源为代价换取一时的经济利益,实现经济社会的全面、协调、可持续发展。相信在这一正确路线、方针、政策的指引下,黄河的治理开发也将开创新的局面,使千古黄河永葆青春。

第二章　历代重大河事及主要治理方略述评

第一节　先秦时期

我国有许多远古时期的治河传说，这些传说大多发生在距今4 000多年前的尧舜禹时期。当时黄河泛滥、洪水横流，氏族的领袖们带领民众与洪水进行顽强的斗争。其中，大禹治水的传说集中表现了我国古代劳动人民的治水业绩和艰苦卓绝的奋斗精神。大禹治水的方法是我国古代治水经验的概括和总结，对后世的治河防洪有着深远的影响。

● 治水传说

相传在距今4 000多年前的尧舜时代，曾有一个黄河泛滥、洪水横流的时期。这一时期文字尚未出现，只有后人根据传说的记载。这些记载最早可见于《尚书》。《尚书》的成书距离尧舜时期已有1 000多年。但根据后世地质、考古和文献记载综合分析，当时的洪水泛滥还是可以相信的。

第一，地质和古气候的研究认为，大理冰期以后地球进入了全新世。在全新世的1万年间，地球的气候转向温暖的间冰期，但是仍存在冷暖相间的周期性变化。其中距今8 500～4 000年是黄河中下游的温暖湿润期，气温高出现今平均气温2～3℃。特别是距今7 000～5 800年与距今5 000～4 000年是两个较突出的高温时期，发现的动物遗骸有象、獐、竹鼠、貘等。降雨量也远较现今为多，有发生大洪水的客观条件（详见本书第四章第一节）。第二，在河南、陕西、山西仰韶文化遗址的发掘中，发现许多鹿、箭齿猪及鱼的遗骸，殷墟发掘中也有小水鹿、竹鼠、貘、水牛、象的遗骨。在甲骨刻辞中，有连绵阴雨和田猎的刻辞。田猎所获的动物有鹿、麋、麃、麑、象、虎、狼、猪等。这些发掘的结果证实，当时确是一个"草木畅茂，禽兽逼人"的温暖湿润时期[18]。第三，在后世众多的文献里有大体相近的记载，如：

《尚书·尧典》："汤汤洪水方割，荡荡怀山襄陵，浩浩滔天，下民其咨。"

《孟子·滕文公》："当尧之时，水逆行，泛滥于中国，蛇龙居上，民无所定。上者为巢，下者为营窟。""当尧之时，天下犹未平，洪水横流，泛滥于天下，草木畅茂，禽兽繁殖，五谷不登，禽兽逼人，兽蹄鸟迹之道，交于中国。"

《史记·夏本纪》："当帝尧之时，洪水滔天，浩浩怀山襄陵，下民其忧。"

《淮南子》："往古之时，四极废，九州裂，天不兼覆，地不周载，火滥炎而不灭，水浩洋而不息。"（卷六·览冥训）"舜之时，共工振滔洪水，以薄空桑，……四海溟涬，民皆上丘陵，赴树木。"（卷八·本经训）

这些出于不同年代的典籍，虽然记载零星，缺乏系统性，但在尧舜时期洪水泛滥，禽兽逼人，人民流徙、饱受洪水之灾这一点都是相同的。

尧舜时期，农耕已是人们的主要生产方式，黄河泛滥、洪水横流对人们的生产生活构成巨大威胁。先民们也同洪水灾害进行了长期不懈的斗争，出现过许多治水的英雄人物，积累了宝贵的治水经验。除神话中的女娲外，最早的治水英雄当属共工。共工是人名，也是氏族的名称，居住于共地，即今河南省辉县一带，位于黄河冲积扇的上部，北靠太行，南临黄河，是进行农业生产的理想地带，但也面临着黄河洪水的威胁。共工治水的方法是"壅防百川，堕高堙庳"，意思是用高处的泥土壅堵低洼的漫溢通道。共工用这样的方法取得了很好的治理效果，受到人们的拥戴和尊敬。帝尧时曾有人推举他作为部落首领的接班人。后世的水官也曾用"共工"命名。

远古时期的英雄人物在后世的传说中常常被神化。《淮南子》中就有“共工与颛顼争为帝，怒而触不周之山，天柱折，地维绝。天倾西北，故日月星辰移焉；地不满东南，故水潦尘埃归焉”的神话故事，可见共工在远古时期有着很大的影响力。

共工以后的另一个治水人物是鲧，鲧的居地在崇，有人认为在今河南嵩山一带。鲧治水是由部落内群众推荐，帝尧任用的。鲧治水仍然沿用共工的办法，“鲧障洪水”[1]，“作三仞之城”[2]。他不能根据实际情况对原有的治理方法加以改进，所以治水“九载，绩用弗成”[3]。舜继位后认为鲧治水损失极大，对他进行制裁，在羽山把他处死了。鲧死后大水仍浩荡不息，舜让部族推荐能够治水的人，大家都举荐鲧的儿子禹。舜委任禹为司空，平治洪水。禹则数次推让，举荐契、后稷、皋陶等人。最后舜还是决定让禹担当此任。大禹受命后感伤其父因治水失败受诛，因此焦思竭虑，不敢有丝毫懈怠，甚至其儿子出生时也没有回家看望。《史记·夏本纪》载：“禹伤先人父鲧功之不成受诛，乃劳身焦思，居外十三年，过家门不敢入。”禹吸取鲧治水失败的经验教训，不辞劳苦，不避艰难，足迹踏遍九州，勘察山川地势，制定治水规划，“陆行乘车，水行乘船，泥行乘橇，山行乘檋（登山的鞋子）”，“左准绳，右规距”[4]。攀山越岭，测量地势，用（树）木标示地形高低，对山川流路作出选择，并以身作则，率先垂范，“亲执耒锸，以为民先”[5]。他改变了鲧单纯壅堵的治水方法，利用水流趋下的特性，实行以疏导为主的治理方法。“开九州，通九道，陂九泽，度九山……导河自积石，至于龙门，南至华阴，东下砥柱……入于渤海”[6]。由于他因势利导收到了事半功倍的成效，终于

---

[1] 《国语·鲁语上》。
[2] 《淮南子·原道训》。
[3] 《尚书·尧典》。
[4] 《史记·夏本纪》。
[5] 《淮南子·要略》。
[6] 《史记·河渠书》。

"地平天成",完成了平治洪水的大业。大禹因而成了世代传诵的治水英雄(图2-1)。

图2-1　大禹像

• 商周河事

殷商西周时期有关黄河洪水的记载极少,由此可以推断,殷商西周时期是黄河水患较少的时期。尧舜时代距离遥远,又没有文字,那时的洪水灾害和治水情况尚能流传下来,商周距离较近,又有了文字,如有重大水患,也应当在传说或文献中有所反映。那么,殷商西周时期为什么水患较少呢? 笔者认为可能出自如下原因:一是治水方法的改进,避免了大的洪水灾害。从古代治水传说中可以看出,帝尧时期的水灾主要是河道壅堵、洪水大面积漫溢造成的。大禹治水以后疏川导滞,又利用湖泊和济、漯二水滞蓄分流,黄河河道已经疏通,过量的洪水又有湖泊调蓄,大面积漫溢的情况就不会发生,或者大大减轻。二是殷商西周时期人烟稀少,基础设施简陋,没有堤防可守,也就没有悬河的威胁。人们防洪的重要方式是迁徙躲避,择高地而居之,只要不发生大面积漫溢,一般不会造成重大灾害损失。三是古气候研究表明,殷商西周虽然仍属湿润时期,但寒冷气候已经出现,不像尧舜时期雨量丰沛。由于灾害的减少,洪水也就不那么引人关注了。

春秋战国时期黄河水患的记载逐渐增多。这些水患中,有不少是诸侯之间利用洪水互相攻伐造成的。如魏惠王十二年(公元前358年),楚国出师伐魏决黄河水灌长垣[1];赵肃侯十八年(公元前

[1] 《竹书纪年》。

332 年)，齐、魏攻打赵国，赵国决河水灌敌；赵惠文王十八年(公元前 281 年)，赵国又派军队至卫国东阳，决河以淹魏军[1]；秦王政二十二年(公元前 225 年)，秦将王贲率军攻打魏国，引河沟水灌大梁[2]等。由于自然原因造成灾害的有：魏襄王九年(公元前 310 年)“洛入成周”，即洛水漫入当时的成周(洛阳)城；次年“河水溢酸枣郛”。春秋战国时期最重要的河事是公元前 602 年(周定王五年)黄河发生的改道。《汉书・沟洫志》记载：“禹之行河水，本随西山下东北去。《周谱》云，‘定王五年河徙，则今所行非禹之所穿也’。”这是记载周定王五年黄河第一次大改道的最早资料。虽然也有些学者对改道时间提出质疑，但上述记载得到古今大多数学者的认同。经后人考证，这条河道大致流经今天的滑县、浚县、濮阳、内黄、清丰、南乐、大名、馆陶、临清、高唐、德州、沧州等地注入渤海。春秋战国时期另一重要的河事是堤防的形成和发展。堤防的形成应是一个渐进的过程，初期用于局部防守，是断续的、不具备整体防洪功能的堤防，后来逐步连接起来。关于堤防的发展过程没有专门记载，但可从相关的史料中了解一些情况。《史记・齐太公世家》记载，齐桓公三十五年(公元前 651 年)“会诸侯于葵丘”达成了“无曲防”的盟约。由诸侯中的霸主，召集有关诸侯国，就堤防修筑进行会谈，要求堤防修筑不要以邻为壑，危害他国利益。这说明当时各诸侯国修筑堤防已是普遍的现象。有关堤防的详细描述可见于贾让的“治河三策”，他指出：“盖堤防之作，近起战国，壅防百川，各以自利。齐与赵魏，以河为境，赵、魏濒山，齐地卑下，作堤去河二十五里。河水东抵齐堤，则西泛赵、魏。赵、魏亦为堤，去河二十五里。虽非其正水尚有所游荡……”[3]这就是说，齐因地势低洼，距河 25 里修筑堤防，洪水时威胁对岸的赵国与魏国，于是赵、魏两国也如法修堤自保，两堤

---

[1] 《史记・赵世家》。

[2] 《史记・秦始皇本纪》。

[3] 《汉书・沟洫志》。

间距在50里以上，可见当时堤防规模已相当宏大，具备了总体的防洪作用。秦统一六国后“决通川防，夷去险阻”[1]，对堤防进行了改造和调整。关于当时是否大规模地修筑新堤，没有史料记载，但民间有“秦始皇跑马修金堤”的传说。明代万恭的《治水筌蹄》中也有“始皇堤二，屹寿张、范县之中，南北相距数里，厚可三十丈，崇可五、六丈。始皇筑，以象天之二河”的记载，并说当时堤防既为堤防又作交通驰道使用。战国时期筑堤技术也有提高。《管子·度地》中对筑堤方法有详细记载，叙述不同季节修堤的利弊，认为春季修堤最好。修堤时位置在“大水之旁，大其下，小其上，随水而行”，“春冬取土于中，夏秋取土于外”，堤防做成后还要注意修守，“岁卑增之”、“令下贫守之”……当时也有一些筑堤名人，如白圭修堤能达到“无水难”，他注意堤防质量，指出“千里之堤，以蝼蚁之穴溃”，筑堤技术达到较高水平。

• 疏堵之辩

秦以前虽然处在我国人民治理黄河的早期，但积累了丰富的经验，对后世治河有着深远的影响。共工“壅防百川，堕高堙庳”，显然是一种局部的防洪措施。在共地背山面水的形势下，保护面积不大的聚居地，完全有可能通过壅堵的方法，保证防洪安全。那时筑的堤与后世的堤防不同，它只是局部的挡水堤埂或围堰，不具备导引洪水的功能。随着人口的增加、活动范围的扩展和客观环境的变化，仅用这种方法，已经不能适应防洪的需要。鲧治水的失误就在于没有根据客观情况的改变采取适宜的治理措施，而是墨守成规一味壅堵，结果遭致失败。大禹治水的进步在于他从更广阔的范围观察洪水成灾的原因，采用疏导的办法排泄洪水，从而消除洪水的威胁。《史记·夏本纪》记载：“禹曰：予决九川致四海，浚畎浍致之川。与稷予众庶难得之食。”这里的“决”、“浚”都是开挖疏通的意

---

[1] 《史记·秦始皇本纪》。

思（图 2-2）。畎为田间的沟道，浍为小流域较大的干沟（古书载，一里之间，广尺，深尺，曰畎；方百里之间，广二寻，深二仞，曰浍）。大禹说，他治水的方法是，疏通田间的小沟进入干沟，疏通干沟进入河川，疏通河川进入大海。水退之后又和益稷教庶民种庄稼，获得来之不易的食物。这种方法符合水流的自然特性，至今仍是治河防洪的基本方法之一。自古的典籍无不颂扬大禹治水的功绩。说他开九州，通九河，陂九泽，度九山，导河自积石至于渤海。治水的范围遍及江、淮、河、济，九州各地。事实上以当时的交通状况和生产力水平，在短短几年到十几年的时间内，完成如此巨大的治水任务是根本不可能的。可以说，后人是把古代劳动人民治水经验和治水业绩集于大禹一身，将他作为勤劳智慧、艰苦奋斗、勇于创新的民族精神的象征。

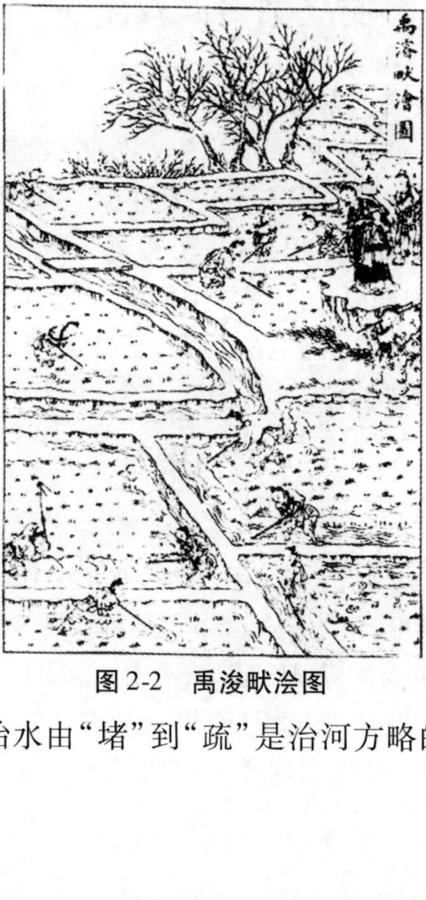

图 2-2　禹浚畎浍图

有人说大禹治水由“堵”到“疏”是治河方略的重大进步，这句话只说到问题的一个方面。大禹从前人一味壅堵到采用疏通的方法治理洪水,确实是一个历史性的进步,但不能因此就忽视了堵的作用。“堵”也是治水的基本方法之一。后世的堤防就有“堵”的作用,现代的水库大坝、防渗工程都是“堵”的延续和发展。“疏”和“堵”是相互对立又相互依存的两个方面,相反相生,相辅相成,各有各的功效,不可或缺,不能偏废。事实上,大禹治水是根据当时的情况,以疏通为主,并不是没有“堵”。陂九泽就有堵的成分。春秋战国时期堤防的出现就是疏堵结合的产物,它既有疏的功能又有堵的成效。沿河道两侧修筑堤防,既可以导引水流迅速排泄,又能保护河道以外的广大地区安居乐业。这种方法几乎成为古今中外最基本的治河方法之一。

第二节 两汉隋唐

汉代是我国历史上最强盛的时期之一。黄河流域作为当时的政治、经济、文化中心,更是呈现出生产发展、社会繁荣的景象。汉代的科学技术包括水利技术有了很大进步,在黄河上、中、下游兴建了许多大型漕运和灌溉工程,河防工程规模也很大,一次修堤曾达1 000余里。西汉中期以后随着河道淤积,河患逐渐增多,在治理河患的过程中,各种治河思想空前活跃,有些治河思想和治理方略在治黄历史上占有重要地位。

• 河情概要

1. 河道变迁

西汉的河道是公元前602年(周定王五年)改道后形成的,在西汉建立时已有约400年的历史。当时黄河呈分流入海之势,黄河主河道大致流经今河南的荥阳、延津、滑县、濮阳、清丰、南乐,山东冠县、馆陶、平原、德州,河北吴桥、沧州至黄骅县附近入海。其他入海的主要分支有济水(与汴水沟通)、漯水等。这些分支当时都是漕运通道,大水时可分减部分洪水。如图 2-3 所示为战国秦西汉黄河下游示意图。汉武帝元光三年(公元前 132 年),河决瓠子,20 多年没有堵复,黄河"东南注钜(巨)野,通于淮、泗"[1],从今濮阳、鄄城县南冲出一条河道夺泗水入淮。到汉武帝元封二年(公元前 109 年),瓠子决口堵复,大河重归故道。此后不久在馆陶又发生了冲决,"东北经魏郡、清河、信都、渤海入海"。实际上在渤海郡的东光县又归入大河本流。这条河当时称"屯氏河","广深与大河等,故因其自然,不堤塞也"[2],此后六七十年间形成屯氏河与大河两股并流的局面。大水时分减水势,在一定程度上减轻了洪水威胁。在此期间屯氏河曾出现过一个分支,流入漳河,名为张甲河。汉元帝永光五年(公元前 39 年)屯氏河口下游灵县鸣犊口决口,向北出现一个分支,至修县入屯氏河,史称鸣犊河。鸣犊河过流后,屯氏河淤塞,形成鸣犊河与大河并流的局面。但鸣犊河仅行水六七年就淤塞了,每遇洪水不能畅泄,从此河患明显增多。王莽始建国三年(公元 11 年)河决魏郡"泛清河以东数郡"[3],这是黄河历史上又一次大的改道。由于决口后没有完备的堤防,黄河在东郡、平原、济南等郡漫流,至千乘郡入海。直至王景治河修筑了从荥阳至千乘的千余里的堤防,黄河又进入了一个稳定的时期。

2. 堤防状况

西汉时期的堤防虽然没有系统完整的记载,但从有关文献记载分析,下游已经有了较为完备的堤防。第一是根据当时决口的记载,南岸决口的位置有酸枣、瓠子、平原等,分别在今河南延津、濮阳,山东平原及河北吴桥附近。北岸决口的位置有馆陶、黎阳、灵县等,分别约在今河北馆陶、河南浚县、山东高唐一带,这些决口位置

---

[1] 《史记·河渠书》。
[2] 《汉书·沟洫志》。
[3] 《汉书·王莽传》。

图 2-3　战国秦西汉黄河下游示意图

已占据了相当长的河段。当时的堤身“高四五丈”[1]，合 8 ~ 10 米，规模相当宏大。第二，从当时的堤防岁修费用看，《汉书·沟洫志》记载：“濒河十郡，治堤岁费且万万。”当时的河内、东郡、平原、魏郡、清河、信都、渤海等郡已占据下游的绝大部分河段，如果沿河 10 郡皆有岁修开支，可见堤防已遍及下游两岸。第三，据清代《一统志》对古汉堤的考证记载，古汉堤在今新乡的获嘉、卫辉一带，汉代没有决堤记载的河内郡也是有堤防的。从以上情况可以判断汉代黄河下

[1] 《汉书·沟洫志》。

游两岸除分支出口和河口地区以外,已经普遍修筑了堤防。除官堤外,滩区还修筑了民埝。《汉书·沟洫志》记载:"时至而去,则淤田肥美,民耕田之。或久无害,稍筑室宅,遂成聚落。大水时至漂没,则更起堤防以自救,稍去其城郭,排水泽而居之,湛溺自其宜也……东郡白马故大堤亦复数重,民皆居其间。从黎阳北尽魏界,故大堤去河远者数十里,内亦数重,此皆前世所排也。"这段话较为生动地描述了滩区内民埝的情况和形成的过程。洪水过后,滩区淤出了肥美的土地,民众就在土地上耕作,遇到长期无大水,就在上面建起房屋宅院,逐渐形成村庄群落。由于再来洪水时还会受灾,于是就修筑堤防保护,即使上水,大水过后将水排除,仍可继续生活,南岸东郡的白马大堤内就形成了多重堤防。其间都有居民。北岸从黎阳直到魏郡下界,大堤距河数十里,中间也形成多重堤防。今天的滩区状况和汉代如出一辙。汉代对河道在大堤内的游荡摆动采取两种应对方法:一种方法是裁弯取直,以防止冲决堤防。例如西汉宣帝地节年间(公元前69~前66年),黄河从清渊折转向东,在贝丘(今临清县南)以上北岸形成三处急弯,"水流之势,皆邪直贝丘县"。光禄大夫郭昌"乃各更穿渠,直东,经东郡界中,不令北曲"[1],即分别开直河裁去弯道,以防止畸形河势继续发展。几处裁弯均取得了效果,说明当时的河工技术已有相当高的水准。另一种防止河道摆动冲决堤防的方法是修筑石堤。据《汉书》记载,当时河内郡、魏郡、东郡的黎阳、平刚、观下、津北、昭阳等处都有石堤存在,大约相当于现在的护岸或石护坡,以增加堤防的抗冲能力。到了东汉安帝永初七年(公元113年),卷县(今原阳西)修筑了八激堤。据《水经·河水注》记载:"谒者太山于岑,于石门(即荥口石门)东积石八所,皆如小山,以捍冲波,谓之八激堤。"八激堤比之西汉石堤又进了

[1] 《汉书·沟洫志》。

一步，不仅防止冲刷还有控制溜势的作用，已和今天的坝垛相似。

3. **河床淤积**

西汉时黄河已有“浊河”之称。关中一带就有“泾水一石，其泥数斗”的民谣，《汉书·沟洫志》中也有“河水重浊，号为一石水而六斗泥”的记载。现代有的学者研究认为，当时黄河的年输沙量有11亿~12亿吨[4]。由于含沙量较大又有堤防约束，河道发生淤积，这时的黄河已经成为地上悬河。贾让在其“治河三策”中记述，黎阳一带“从堤上北望，河高出民屋，百姓皆走上山”。大司马史张戎也指出，堤内河床“益高于平地，犹筑垣而居水也”，就像筑墙贮水一样。另据文献记载河堤之外多为泻卤之地，也是悬河形成的表象。

● 重大河事

1. **水利开发**

汉代高度重视农田灌溉和漕运，兴修了大量的工程，取得丰硕的成果。关中地区是西汉封建统治的中心，也是兴建灌溉工程的重点，在秦代兴建郑国渠等水利工程的基础上又兴建了白渠、六辅渠、成国渠、灵轵渠、渭渠、蒙茏渠，以及灌溉通漕两用的长安漕渠，使关中成为当时灌溉最为发达的地区。仅白渠就增加灌溉面积4 500余顷，合现制8 600多公顷。当时流传一首歌谣：“田于何所，池阳、谷口。郑国在前，白渠起后。举锸为云，决渠为雨。泾水一石，其泥数斗。且溉且粪，长我禾黍。衣食京师，亿万之口。”可见，这些工程对关中农业发展发挥着巨大作用。西汉时为了巩固边防，实行屯田制度，在黄河上中游也兴建了灌溉工程，如青海、甘肃境内的湟水中下游就曾“缮乡亭，浚沟渠”，开田2 000多顷❶。在宁夏、内蒙古的河套地区兴建了汉渠、汉延渠，洛河、汾河等地兴建了龙首渠等。西汉时期，京师非农人口增多，特别是汉武帝时与匈奴关系破裂，战事连年不断，军需物资大大增加，因此漕运数量不断增长。汉文帝以前漕

---

❶ 《汉书·赵充国传》。

运粮食“岁不过数十万石”，汉武帝时增至 400 万石，最多时曾达 600 万石。汉成帝时一次河决就“发河南以东漕船五百艘，徙民避水居丘陵”❶，可见当时漕船数量之大。为了解决渭河航道弯曲、险阻较多的问题，汉武帝“令齐人水工徐伯表，悉发率数万人穿漕渠，三岁而通”，缩短了航程，增加了运量。此后，其还想打开三门峡砥柱段的险阻，以及开辟“褒斜道”等新的漕运通道，但未获成功。

2. 决溢泛滥

汉代是历史上黄河决溢开始增多的时期。在两汉的 400 多年间，黄河决溢见于史书记载的有 15 年 16 次。平均二十五六年出现一次，较之前明显增加，但远低于后世统计的平均水平。这些决溢大多出现在西汉中后期和东汉前期，重大决溢见表 2-1。

两汉时期决口次数虽然不算很多，但有的决口灾害却相当严重。如汉成帝建始四年东郡河决“泛溢兖、豫，入平原、千乘、济南，凡灌四郡三十二县，水居地十五万余顷，深者三丈，坏败官亭室庐且四万所”❷。特别是汉武帝元光三年、王莽始建国三年两次河决，没有堵复决口，洪水横流几十年，给泛区人民带来极大的灾难。

3. 瓠子堵口

汉武帝元光三年（公元前 132 年），黄河在濮阳瓠子决口，向东南注入钜野泽，而后经泗水进入淮河，沿程淹及 16 个郡，汉武帝令汲黯、郑当时率人前往堵塞，但堵复后当即又被冲开。这时外戚田蚡为丞相，田蚡的封地在黄河以北的鄃地，决口后鄃地免除了黄河威胁，于是田蚡上奏武帝说，“江河之决皆天事，未易以人力为彊塞，塞之未必应天”❸，一些观象的术士也附和他的意见，于是汉武帝就不再安排堵口。以后 20 多年中任由黄河泛溢，洪水横流，受灾地区达一两千里，梁、楚之地（今豫东、鲁西南、苏北、皖北一带）受灾尤其

---

❶ 《汉书・河渠志》。

❷ 《汉书・沟洫志》。

❸ 《史记・河渠书》。

表 2-1　汉代黄河下游重大决溢

年代	决溢地点	灾情
文帝十二年（公元前 168 年）	酸枣	“河决酸枣，东溃金堤，于是东郡大兴卒塞之。”（《史记·河渠书》） “十二年冬十二月，河决东郡。”（《汉书·文帝纪》）
武帝建元三年（公元前 138 年）	平原 顿丘	“三年春，河水溢于平原，大饥，人相食。”（《汉书·武帝纪》） “三年春，河水徙，从顿丘东南流入渤海。”（《汉书·武帝纪》）
武帝元光三年（公元前 132 年）	濮阳瓠子堤	“（孝武）元光之中，而河决于瓠子，东南注钜野，通于淮、泗。”（《汉书·沟洫志》）
成帝建始四年（公元前 29 年）	馆陶 东郡 金堤	“泛溢兖、豫，入平原、千乘、济南，凡灌四郡三十二县，水居地十五万余顷，深者三丈，坏败官亭室庐且四万所。”（《汉书·沟洫志》）
安帝永初元年（公元 107 年）		“郡国四十一县三百一十五雨水，四渎溢，伤秋稼，坏城郭，杀人民。”（《后汉书·天文志》）

严重，许多年欠收或绝收，以致发生“人相食”的惨象。大量无家可归的百姓，漂流乞讨于江淮之间，为了安抚百姓，曾经从巴蜀调运粮食进行赈灾。直到 20 多年后的元封二年（公元前 109 年），汉武帝封禅巡祭山川，看到了泛区灾害的严重，才令汲仁、郭昌率数万士卒堵塞瓠子决口。汉武帝还亲临现场督促，并令随行官员自将军以下都搬运柴草参加堵口。这次堵口的方法是用淇园的竹子为楗（桩），在决口处插入竹桩，逐渐加密，然后在竹桩间充填柴草土石，不断加固堵塞决口，与现在的平堵法十分相似。在堵口过程中和堵复后，汉武帝颇有感慨，写了两首词赋名为《瓠子歌》。其中一首词的大意是：瓠子决口啊，将如何？浩浩荡荡啊，州闾全成了河！决口还没堵住啊，大山已经挖平。黄河脱离正道啊，大地不得安宁。钜野泽溢出啊，鱼儿四出游动。河道乱流啊，蛟龙远游驰骋。神仙保佑河归

故道吧，不封禅我怎么知道外边的情形。我问河伯呀，你为何不仁？泛滥不止愁煞吾人。树木漂浮啊，淮河泗水已满，决口难以堵塞啊，望河水变缓。另一首词的大意是：河水汤汤啊，激流滚翻，堵河北去呀实在艰难。备足了竹索又沉美玉祭祀河伯，薪柴接济不上仍不能堵复，伐了淇园竹林作为楗，又加上石头才堵住了决口。决口堵复万民的福分就来了。

这次瓠子堵口在黄河治理的历史上有很大的影响。其一，黄河堵口皇帝亲临现场，并让将军以下的随行官员和士卒一起搬运薪柴参加堵口，引起各级官员对治水事业的重视。据《史记》记载，从此之后，各级掌权的官员争着讲水利的事情。朔方、西河、河西、酒泉都引黄河和川谷的水灌溉田地；关中兴建六辅渠、灵轵渠引泾、渭河水，汝南、九江引淮河水，泰山脚下引汶水，灌溉农田都超过万顷。其他小的灌溉渠系不可胜数。其二，太史公司马迁随同汉武帝巡视山川，登庐山看到禹疏的九江，到会稽太湟，上姑苏山看到五湖；东游看了洛汭、大邳、迎河，行经淮、泗、济、漯、洛诸水，西游看到蜀地的岷山和都江堰；北游自龙门到朔方郡，从而体验到河流利害的巨大。特别是随从汉武帝在宣房背负薪柴填塞决口，又看到了汉武帝的《瓠子歌》，颇有感伤，因而写成《史记·河渠书》，不但记述了自大禹以来的治河历史，为我们留下了黄河治理的宝贵资料，而且对后世的史学家有很大的影响。此后的史书对治河、水利大都有专门记述。其三，记述了瓠子堵口大体的经过和方法，为我们研究古代的治河技术、堵口方法提供了宝贵的资料。

4. 王景治河

西汉中晚期由于河道淤积，悬河形势日渐发展，滩区垦种堤距不断缩窄，因而河患日渐增多。汉元帝永光五年（公元前 39 年）以前，平均 25 年多决口一次，而此后的 50 年间平均每 7 年就决口一次。到平帝时荥阳县境内河道发生剧烈变化，河道向南摆动，使黄河与汴渠、济水分流处堤岸崩塌，黄河、汴河、济水各支派串通乱流。王莽始建国三年（公元 11 年）下游魏郡又发生决口，此后数十年没有堵复。魏郡以东，洪水泛滥，灾害不断。进入东汉以后，河、济、汴交败的局面愈演愈烈，光武帝建武十年前后，黄河以南淹没的范围已达数十县之多。当时阳武县令张汜上书光武帝刘秀，要求“改修堤防，以安百姓”，刘秀当即安排修堤事宜。这时浚仪县令乐俊当即上书反对。他认为汉武帝元光三年决口时人烟稠密，决口后尚且20多年没有堵口，而今居家减少，地广人稀，虽有灾害，尚可承受，当前兵乱刚刚平息，如果兴师动众，可能引起民怨，还是暂时搁置，以后再议为好。刘秀认为乐俊讲得有道理，修堤的事就被搁置下来。到了明帝即位，黄河向东摆动，过去汴渠的引水口门都塌入河中。水灾也日益严重，兖、豫受灾百姓怨声不断，认为县官无视百姓疾苦，不急百姓所急。永平十二年（公元69年）汉明帝为了修治汴渠召见王景，向他询问有关河、汴的治理问题。王景应对如流，明帝非常高兴，赐予他《山海经》、《河渠书》、《禹贡图》等有关书籍、史料，并赐予钱帛衣物，命他与王吴负责修治汴渠。

王景字仲通，好学深思，多才多艺，有人推荐他有治水的才能，曾应诏与将作谒者王吴共同修作浚仪渠。王吴采用王景的“墕流法”，使浚仪渠得到治理，不复为害。王景接受治理汴渠的使命后，发兵卒数十万人对黄河和汴渠进行治理，一方面修筑了从荥阳东到千乘（今山东利津一带）的千里黄河大堤，使河汴分流，各行其道；另一方面“十里立一水门”，修建了由黄河进入汴渠的节制闸门，使黄河引水入汴得到控制。他测量地势，开通险阻，对险要河段进行防护，淤塞部位予以疏通，经过一年的治理消除了黄河、汴渠的溃漏之患。王景虽然尽力节省费用，支出仍以百亿计（当时十万为一亿）。永平十三年工程完工，明帝亲自上堤巡视并下诏书说：“……今既筑堤理渠，绝水立门，河、汴分流，复其旧迹，陶丘之北，渐就壤坟，故荐嘉玉絜牲，以礼河神。”王景等受到嘉奖，升迁为侍御使之职，永平十五年又“拜河堤谒者，赐车马缣钱”[1]。

---

[1] 《后汉书·王景传》。

• 方略述评

西汉中晚期至东汉初期，因河患增多，引起朝野的广泛关注。汉哀帝刘欣和王莽都曾下诏，向官吏和民间广泛征集治河方策，不少人提出了种种治河主张，因此该时期是我国历史上治河思想较为活跃的时期之一。

1. 治河思想

汉代治河以分流和筑堤为主要治河手段，在不同时期有改道、分流、以水冲沙、裁弯取直等不同的治河主张。

第一，改道。除著名的“贾让三策”力推改道外，提出改道主张的还有延年、孙禁等人。

汉武帝太始年间，汉王朝与匈奴战事频繁，齐地人延年上书言：“河出昆仑，经中国，注渤海。是其地势西北高而东南下也。可案图书，观地形，令水工准高下，开大河上领，出之胡中，东注入海。如此，关东长无水灾，北边不忧匈奴……此功一成，万世大利。”[1]也就是说，黄河流域总的地势是西北高、东南低，可以从胡中（即今内蒙古托克托一带）向东另开河道直接注入渤海。这样既可使关东（函谷关以东）免受黄河泛滥之灾，又可以黄河为堑防范匈奴的侵扰。当时提出这种主张，主要是对黄河水、沙的来源和在下游决溢泛滥的原因缺乏了解，今天看来当然是不可取的。

汉成帝鸿嘉四年（公元前 17 年），黄河决溢泛滥渤海、清河、信都诸郡，造成重大灾害。淹没 31 县，毁坏官亭民舍 4 万余所。成帝命河堤都尉许商和丞相史孙禁现场察看，提出治理方案。察看后孙禁提出：“今河溢之害数倍于前决平原时。今可决平原金堤间，开通大河，令入故笃马河。至海五百余里，水道浚利，又干三郡水地，得美田且二十余万顷，足以偿所开伤民田庐处，又省吏卒治堤救水，岁三万人以上。”孙禁认为，当时决溢灾害严重，主张在平原郡破堤改

[1] 《汉书·沟洫志》。

道，进入笃马河故道。那里距海近，水道畅通，可使渤海、清河、信都三郡受淹土地涸出，得良田20多万顷，足以补偿开新河改道的损失，又省去了防汛救灾每年3万多人的费用。在河道严重淤积、决溢频繁的情况下，另辟距海较近、水流顺畅的流路是符合黄河的自然规律的。他所说的河道和后来东汉的河道比较接近，事实证明是一个比较好的河道，如果不考虑社会政治等其他因素，这一主张是基本可行的。但许商却反对他的意见。许商认为："古说九河之名，有徙骇、胡苏、鬲津……今河虽数移徙，不离此域。孙禁所欲开者，在九河南笃马河，失水之迹，处势平夷，旱则淤绝，水则为败，不可许。"许商的意见是，大禹治水时开了九河，九河中有徙骇、胡苏、鬲津等。现行河道虽多次迁徙，但都在徒骇河与鬲津河之间，没有超出九河的范围，而孙禁要开河的河道在九河以南，已经离开了大禹治水的河道，旱了会淤积，大水会决口，因此是不可取的。其他公卿都赞成许商的意见，如谷永、李寻、解光等认为，河流决溢像月圆月亏一样都是天意，不须堵塞，顺天心而为之，既省财力又必能成功。因此，汉成帝决定不堵，派使臣进行赈灾，任黄河自由泛滥，百姓深受其害。今天看来许商等人的主张未免迂腐可笑。但在当时顺应"天命"、迷信古人、迷信圣贤的思想盛行，提出这种主张也不足为怪。

王莽时大司空掾王横也提出过改河主张。他不同意把河道改至滨海低洼之处，认为在滨海低洼处易受海水顶托造成淤塞，主张恢复禹河故道"缘西山足乘高地而东北入海"。实际上禹河故道经过长期淤积，河床十分高仰，改行禹河是行不通的。

第二，分流。汉代有不少人提出分流的主张，如汉成帝时的冯逡、王莽时的韩牧等。

汉成帝初年，时任清河都尉的冯逡上奏朝廷，提出疏浚屯氏河、分流大河洪水的主张。他认为清河郡和对岸的东郡地势都很低洼。过去之所以没有大的灾害，主要是因为屯氏河通畅，分流了大河的洪水。当时屯氏河淤塞，下游分出的鸣犊河也不通畅。由主河道承接以往数河的洪水,虽然高筑堤防,仍难以容纳。如遇连日霖雨,堤防必将决溢,两处分流河道中鸣犊河位居下游,即便疏浚,也难以减轻魏郡、清河的水害。屯氏河居于上游,断流70多年,时间不算太久,容易疏浚,分流洪水效果好。因而,他提出:“可复浚以助大河泄暴水,备非常。”也就是说,重新疏通屯氏河,以备洪水暴涨时分杀水势,保证堤防安全。

王莽时御史韩牧也提出分流的主张,建议在《禹贡》九河范围内多开分流河道,“纵不能为九,但为四、五,宜有益”,长水校尉关并提出在平原、东郡常受水淹的低洼地带,约百八十里,迁出百姓,勿建官亭民舍。大水时分流滞蓄洪水,以减轻其他地区的灾害威胁,类似于今天的分滞洪区。以上主张都比较笼统,加之王莽王朝为时极短,不具备进一步探讨实施的可能。

在我国古代,人们还没有拦蓄控制洪水的能力,在出现大洪水的时候,常常采用分流的办法缓解防洪的压力。当时的济水、汴水、漯水等都是黄河分泄洪水的通道。黄河本身也常有多股并流的情况。当时黄河中游开发程度尚低,水土流失相应较轻,泥沙淤积问题不像后世那样突出。加上那时人口较少,明代以前全国不过五六千万人口,黄河流域尽管占全国人口的半数以上,但比起今天仍然是地广人稀。另外,当时华北平原湖泊、洼地众多,分流是一种合理的防洪策略。但是,分流也有不利的影响:其一,分流之后各分支流量减少,输沙能力下降,从而加重河道的淤积;其二,加重了分流河道的防洪负担。总之,分流的方法适合于水流含沙量不大,地广人稀、经济开发程度较低的时代和地区。随着人口的增多,经济的发展,分流的代价也相应提高。从明代晚期以后采用分流的办法越来越少。除有计划地利用湖泊洼地建设滞洪区外,逐步转向强化堤防、合流输沙的防洪策略。

第三,以水冲沙。王莽时,大司马史张戎提出以水冲沙的治河主张,他是我国历史上最早提出这种主张的人。《汉书·沟洫志》记载,张戎言:“水性就下,行疾而自刮除,成空而稍深。河水重浊,号为一石水而六斗泥。今西方诸郡,以至京师东行,民皆引河、渭、山川水溉田。春夏干燥,少水时也,故使河流迟,贮淤而稍浅;雨多水暴至,则溢决。而国家数堤塞之,稍益高于平地,犹筑垣而居水也,可各顺其性,毋复灌溉,则百川流行,水道自利,无溢决之害矣。"这段话的意思是:黄河浑浊,号称一石水有六斗泥。水有就下的特性,流速快时就会冲刷,河道就会变深。现在京师以西各郡,乃至京东的百姓都引黄河、渭河的水灌溉田地。在春夏水少时,水流变缓,河道也就淤积变浅,雨水多时河水猛涨就会发生决溢。国家往往又会筑堤堵口,使河道高出地面。这无异于筑墙蓄水,更加重了河水的威胁。解决的办法是,顺应水性,不要引水灌溉,而是利用水流冲沙,保持河道畅通,决溢灾害自可消除。在当时的科学技术条件下,他对河道冲淤的观察和认识是十分难得的,比潘季驯提出类似的看法早了1 000多年。但限于当时的技术条件,他不能提出合理的治理方法,用禁止灌溉的方法治理黄河,显然是无法接受的。这也给了我们一个重要的启示,治河必须兴利除害兼顾,用限制发展的办法治理黄河,再"好"的方略也是不能实现的。

第四,裁弯取直。黄河由于泥沙淤积,河床松软,河道易发生游荡摆动。河道摆动或弯道发展,常常会造成堤防冲决。汉宣帝地节年间,清河郡、贝丘县境内河道有 3 处向北弯曲,直趋堤防。为了避免冲决,光禄大夫郭昌受命进行治理。他在 3 个弯道处分别开挖引渠裁弯取直。渠成后,河道顺直向东,解除了对堤防的威胁。但 3 年之后,在第二弯道处,河湾又向北发展,再次形成威胁堤防的形势。河湾发展是河道的自然趋势。单靠裁弯取直,难以长期维持,而且在多数情况下,裁弯也不易取得成功。

2. 贾让三策

贾让是西汉哀帝时的待诏,关于他的生平,史书上鲜有记载,但他提出的治河三策在治黄历史上却有很大的影响。汉哀帝时期"河从魏郡以东,北多溢决",黎阳、白马一带屡受其害。汉哀帝采纳平当等人的建议,要求"部刺史、三辅、三河、弘农太守"等举荐能够治河的人。贾让应诏上书，提出了三种治河方策[1]，后世称为“贾让三策”。贾让认为魏郡、东郡一带黄河河道淤积，悬河之势明显。百姓开垦滩区，修筑重重民埝，严重缩窄河道，是造成水患的主要原因。他在上书中描述：“今堤防狭者去水数百步，远者数里……民居金堤东，为庐舍，往十余岁更起堤……东郡白马故大堤亦复数重，民皆居其间。从黎阳北尽魏界，故大堤去河远者数十里，内亦数重，此皆前世所排也”，“从堤上北望，河高出民屋。”他同时认为修筑石堤迫使水流改变方向也是造成水患的原因之一。他提出：“河从河内北至黎阳为石堤，激使东抵东郡平刚；又为石堤，使西北抵黎阳观下；又为石堤，使东北抵东郡津北；又为石堤，使西北抵魏郡昭阳；又为石堤，激使东北。百余里间，河再西三东，迫厄如此，不得安息。”针对上述情况贾让提出了他的三种治理策略。

贾让提出的上策是改道：“徙冀州之民当水冲者，决黎阳遮害亭，放河使北入海。河西薄大山，东薄金堤，势不能远泛滥，期月自定。”也就是说，从黎阳遮害亭破除大堤，让河道由此向北入海，西至大山东到当时河道的西堤。在此范围内很快就会稳定下来，受水冲的居民可在改道前迁出。贾让进一步解释说，“若如此，败坏城廓田庐冢墓以万数，百姓怨恨”。怎么办呢？他认为要治理黄河付出一定的代价是难免的，过去大禹治水也是如此。况且当时临河的10郡每年岁修经费就以万万计，如果发生决口损失更是不可胜数。如果拿出数年的治河经费，安置迁出的移民，就可以各得其所，互不妨碍。他认为：“且以大汉方制万里，岂其与水争咫尺之地哉？此功一立，河定民安，千载无患，故谓之上策。”如图2-4所示为贾让三策上策示意图。

中策是分流：“多穿漕渠于冀州地，使民得以溉田，分杀水怒，虽非圣人法，然亦救败术也。”贾让指出，从淇水口到遮害亭相距18里，其地形西高东低。淇口附近堤高仅1丈，而到遮害亭处高四五

[1] 《汉书·沟洫志》。

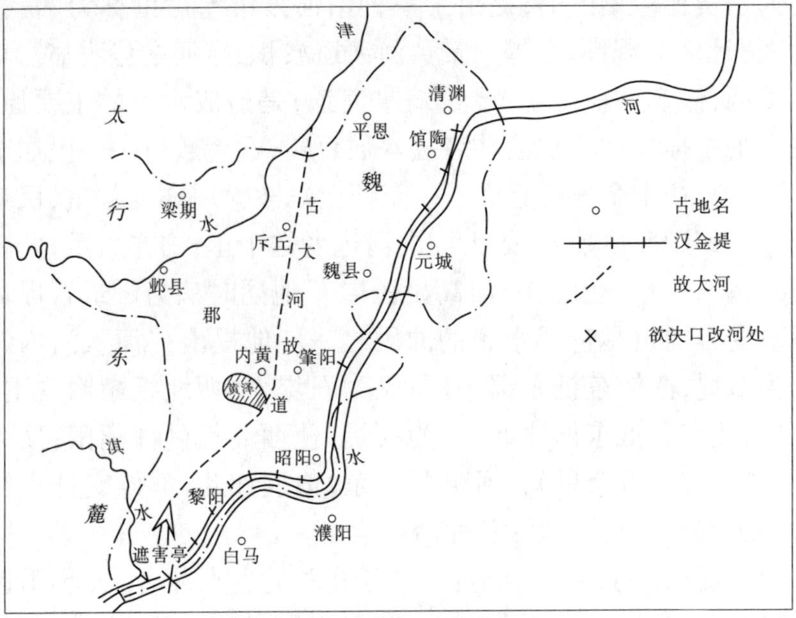

图 2-4　贾让三策上策示意图

丈，六七年前发生大水，淇口大堤超高尚有 5 尺，而遮害亭处超高仅余 2 尺左右。这一带河势稳定，土质坚硬，40 多年没有大的变化。可从淇口到遮害亭修筑石堤，并多开水门。西部高处的水门叫上水门，大水时用来分流洪水，减轻主河道洪水威胁；小水时则利用东方的下水门灌溉田地。他认为，荥阳汴渠的水门系土木结构，尚能保持稳定，在此处修筑石堤和水门安全是有保障的。渠道并不需要开挖，只需在东方向北修一道堤，上接水门下至漳河长 300 余里。这一带西方是山足高地，西高东低取水是有保障的。他进一步指出，通渠引水有三利，不通则有三害。其三害：一是忙于抗洪防灾，影响生产；二是水行地上造成两岸盐碱化，树木枯死，庄稼不能生长；三是一旦决口造成生命财产的损失。通渠分流的三利：一是淤灌土地、改良土壤；二是提高产量，淤改后高田可增产 5 倍，低田可增产 10 倍；三是可通舟船，方便交通。如果采用这个治理方案，可省去治河官吏每郡数千人，每年数千万计的费用，足够建水门及通渠的费用。因有灌溉之利，老百姓也有积极性，虽然劳苦也无怨言，民田得治之时，河堤也就完成了。此策可富国安民，兴利除害，可以维持数百年的时间，因此叫做中策。如图 2-5 所示为贾让三策中策示意图。

图 2-5　贾让三策中策示意图

下策，就是继续修筑完善堤防。不断加高培厚，投资投劳永无休止，而且时常发生决溢灾害。

对于贾让的“治河三策”历史上褒贬不一。有的认为“贾让三策”是治河的经典之作，它构思完善，统筹兼顾，可称为最早的治河规划。有人甚至认为他涵盖了所有的治河方略，治河唯此三策而已。也有人认为“贾让三策”不切实际难以实施，即便实施也不会达到贾让预期的结果。笔者认为贾让对黄河进行了细致观察、周密思考，提出了一些很有价值的治河思想和治河主张，对后世的治河有很大的影响，称得上古代的治河经典之一。但由于历史的局限和科学技术水平的限制，也有他的片面性和局限性，在具体方略上也有

不切实际和不够完善的地方。贾让在治河方略上的贡献有以下几个方面:

第一,他指出了修筑堤防的副作用。他认为从战国以来,齐、赵、魏等国在黄河两岸修筑堤防,各以自利。老百姓在两堤之间开垦土地、修筑民埝,使河道越来越窄,迫使主流"再西三东"不得安流。堤防修建后河道淤积抬高,河床高出两岸地面,不但增加了决溢的危险,而且使两岸滋生盐碱,卤不生谷。他认为修筑堤防是造成黄河决溢灾害的根本原因。

第二,他提出了"宽河治理"、"不与水争地"的治河思想。他认为"立国居民,疆理土地,必遗川泽之分",给河川留下必要的范围使其"左右游波,宽缓而不迫"。他指出"善为川者,决之使道;善为民者,宣之使言"。大汉朝有万里疆土,何必与水争咫尺之地呢?实行"宽河治理"、"不与水争地"是三策的核心。在古代人们没有能力控制黄河来水来沙的情况下,采取宽河治理是科学合理的选择。宽河能够舒缓水势,减轻堤防压力,而且有广阔的空间容纳泥沙淤积,减缓河道淤积抬升的速度。贾让的宽河思想对后世有较大的影响,直到今天"宽河固堤"仍然是我们治河的基本方略之一。

第三,他提出了除害兴利、综合治理的思想。他提出的中策,除大水时分流洪水防洪除害外,还规划在小水时放淤改土、灌溉农田、发展漕运等兴利措施。在2 000多年前提出如此周密的设想是难能可贵的。

由于历史的局限和科技水平的限制,贾让三策也有他的片面性和局限性,有些具体方略也不具备可行性。具体表现在以下三个方面:

首先,关于堤防的利弊。贾让的方策名为三策,实为二策,他对第三策修筑堤防基本持否定态度。他认为修筑堤防只能是"劳费无已,数逢其害",是最下之策。事实上,合理地修筑堤防既能够疏导水流、排泄洪水,又能限制洪水漫溢范围,避免不必要的灾害,促进经济发展,保障社会安定。修筑堤防是黄河防洪史上的一大进步,虽有负面影响,但总体上利大于弊。在数千年的治河历史上堤防能够陈陈相因,传承不绝,充分说明它的合理性与必要性,完全否定堤防的作用是不全面的。这也是贾让的三策很少被采纳的重要原因之一。

其次,关于宽河。宽河虽然具有一定的合理性,但河道绝非越宽越好。贾让提出的上策是不修堤防。西自大山东到金堤(即改道前黄河的西堤),让黄河自由漫溢,自选其道。他的中策是只修一岸的堤防(东堤)使上策的漫溢范围有所缩小。战国时期两岸堤防的间距在50里以上,贾让的评价是:“虽非其正,尚有所游荡。”也就是说,虽然不是正确的治理方法,河道尚有一定的游荡范围。看来50里也不是贾让希望的河道宽度。宽河和窄河是相对而言的,只有宽窄适度,才能达到最好的治理效果。那么,多宽的河道才算适度呢?这要依当时的社会经济状况和河道的具体形势来确定。在上古时期地广人稀,土地资源丰富,人们居住的城邑、群落等基础设施简陋,即使被洪水毁坏,修复也比较容易。那时的河道就可以宽一些,堤防标准也可低一些,甚至可以不设堤防,采取迁徙避水的方式,水进人退,水退人进。但随着人口的增加、经济社会的发展、基础设施标准的提高,土地越来越成为宝贵的资源和人们赖以生存的基本保障。一旦遭遇洪水,对经济社会的影响十分巨大,灾后恢复也非轻而易举的事。这时就不能任意扩宽河道,以免影响经济社会的发展。充分利用一切自然资源为经济发展和社会进步服务,这是人类社会发展的永恒主题。舍弃或限制发展的治河方略是难以被社会接受的。当然违背自然规律,采取掠夺式的开发利用,杀鸡取卵,竭泽而渔,也会遭致大自然的报复,不能实现社会的可持续发展。

最后,由于历史的局限和科技水平的限制,贾让提出的具体治理方法也是值得探讨的。例如上策中提出的改道方案是改行禹河故道。该河道在公元前602年改行西汉河道以前,至少有1 000多年的行河历史,当时又几乎没有堤防约束,河道及其两侧已经堆积了大量的泥沙,加之太行山东麓诸河流的堆积,行河的潜力已经不大。

贾让认为改道之后可以“河定民安，千年无患”，似乎太过乐观了。中策提出在新河道东侧修筑堤防，小水时由此开水门灌溉冀州之田。但河道行河后河势必然游荡多变，难以保证水门靠河引水。今天有众多控导工程制导，引水口门尚且经常脱河，在没有工程约束的情况下要保证靠河引水，其难度可想而知。

3. 王景治河评析

王景是治理黄河的实行家，他在东汉永平十二年（公元69年）治理黄河、汴水取得成功，因此受到汉明帝的嘉奖。但他没有留下任何关于治河方略的论著，甚至没留下多少关于治河的言论。后人对王景治河的了解大都来自《后汉书》的明帝纪和循吏列传，而这些史料的记述又十分简约，有些说法含糊不清，以致后人解读时往往发生认识上的分歧。上述关于王景治河的记述不过四五百字，为便于分析不妨辑录于下：

《后汉书·明帝纪》：“（永平十二年）夏四月，遣将作谒者王吴修汴渠，自荥阳至于千乘海口。”“（永平十三年）夏四月，汴渠成，辛巳，行幸荥阳，巡行河渠。乙酉，诏曰：……今既筑堤理渠，绝水立门，河、汴分流，复其旧迹，陶丘之北，渐就壤坟，故荐嘉玉絜牲，以礼河神。东过洛汭，叹禹之绩。今五土之宜，反其正色，滨渠下田，赋于贫人，无令豪右得固其利，庶继世宗《瓠子》之作。”

《后汉书·循吏列传》：“永平十二年，议修汴渠，乃引见（王）景，问以理水形便。景陈其利害，应对敏给，帝善之。又以尝修浚仪（渠），功业有成，乃赐景《山海经》、《河渠书》、《禹贡图》及钱帛衣物。夏，遂发卒数十万，遣景与王吴修渠筑堤，自荥阳至千乘海口千余里，景乃商度地势，凿山阜，破砥绩，直截沟涧，防遏冲要，疏决壅积，十里立一水门，令更相洄注，无复遗漏之患。景虽简省役费，然犹以百亿计。明年夏，渠成。帝亲自巡行，诏滨河郡国置河堤员吏，如西京旧制。景由是知名。”

王景治河不像贾让那样有对治理效果的预期，如“河定民安，千载无患”等。但后人发现自东汉以后的数百年间有关河患的记载比西汉时期大为减少，而且河道基本保持稳定没有发生大的改道，于是有人认为是王景治河的成功，造就了数百年的安流局面。甚至有人说，“王景治河，千年无患”。王景治河以后是否出现了一个较长时间的安流期？是什么原因导致了黄河的安流？这些成为后世许多治河人士十分关注的重要问题。

首先，“王景治河，千年无患”的说法是不符合历史事实的。就在王景治河以后，东汉当朝就有延平元年、永初元年、建光年间、永兴元年等数次河水决溢。此后魏晋、十六国、北魏北齐时期也都有河水决溢的记载。唐代 290 年间有明文记载的河溢、河决年份就有 21 年，平均 13 年多就决溢一次[16]（其中重大决溢见表 2-2）。五代河患比唐更为频繁，55 年中有记载的决溢 18 年，平均 3 年就发生一次。还有人认为东汉和唐代末期长期战乱，政权更迭，战火纷繁，人民流徙，统治者无暇顾及黄河治理，史书中关于决溢的记载极有可能遗漏，而且有时决口后，长期无人过问，黄河每涨每溢，实际决溢和灾害比史料记载还要多。

不过，王景治河以后，尽管还有不少决溢灾害，但是比起西汉和以后的宋代河患还是少了很多。从王景治河到唐末的 838 年，有记载的决溢 35 次，平均 24 年发生一次，远低于历史上决溢发生的平均频率。王景治河后在史籍中没有迁徙改道的记载，从以后成书的《水经》（三国时期）、《水经注》（公元 515 ~ 524 年）、《元和郡县志》（公元 806 ~ 820 年）看，其中记载黄河流经的郡县基本一致。郦道元在《水经注》中记载的河道较为详尽。多数研究黄河历史的学者认为，从王景治河到北宋之间黄河没有发生过改道迁徙。综上所述，这一时期黄河处于相对安流时期的说法是可以成立的。如图 2-6 所示为王景治河后流经地区略图。

王景治河以后，为什么会出现一个较长的安流期呢？这和王景治河的措施有着什么关系呢？长期以来这些问题引起了许多专家学者的浓厚兴趣[16]。

表 2-2　隋唐五代黄河下游重大决溢

年代	决溢地点	灾情
唐永淳二年（公元 683 年）	河阳	“河水溢，坏河阳城，水面高于城内五尺，北至盐坎，居人庐舍漂没皆尽，南北并坏。”（《旧唐书·高宗本纪》）
唐乾宁三年（公元 896 年）	滑州	“河圮于滑州，朱全忠决其堤，因为二河，散漫千余里。”（《新唐书·五行志》）
后晋天福六年（公元 941 年）	滑州	“九月，河决于滑州，一概东流……兖州、濮州界皆为水所漂溺。”（《旧五代史·五行志》）
后周显德元年（公元 954 年）	杨刘	“春，正月……庚寅。诏前登州刺史周训等塞决河。先是河决灵河、鱼池、酸枣、阳武、常乐驿、河阴、六明镇、原武凡八口。”（《资治通鉴·卷二九一》） “河自扬刘至于博州百二十里，连年东溃，分为二派，汇为大泽，弥漫数百里。又东北坏古堤而出，灌齐、棣、淄诸州，至于海涯，漂没民田庐不可胜计。”（《资治通鉴·卷二九二》）

从以上辑录的历史记载看，王景治河并没有采取特别的治理措施，依靠这些措施能实现长期安流吗？首先这次治河的主要目标是汴河而不是黄河。明帝以前光武帝刘秀就曾决定修治黄河，但因为两岸的意见不一致而作罢。明帝时决心治理是和汴河的重要地位分不开的。东汉建都洛阳，京城数百万人口的供给主要依靠汴河漕运，汴河已经成了东汉时的交通命脉，河汴交败的局面不能不引起统治者的高度关注，所以才在永平十二年“议修汴渠”。汉明帝正是为此召见王景的，可见治理汴渠是这次治河的主要目标。在当时河汴交流的情况下，治汴又必须治河，因为黄河是汴河灾害的根源，要

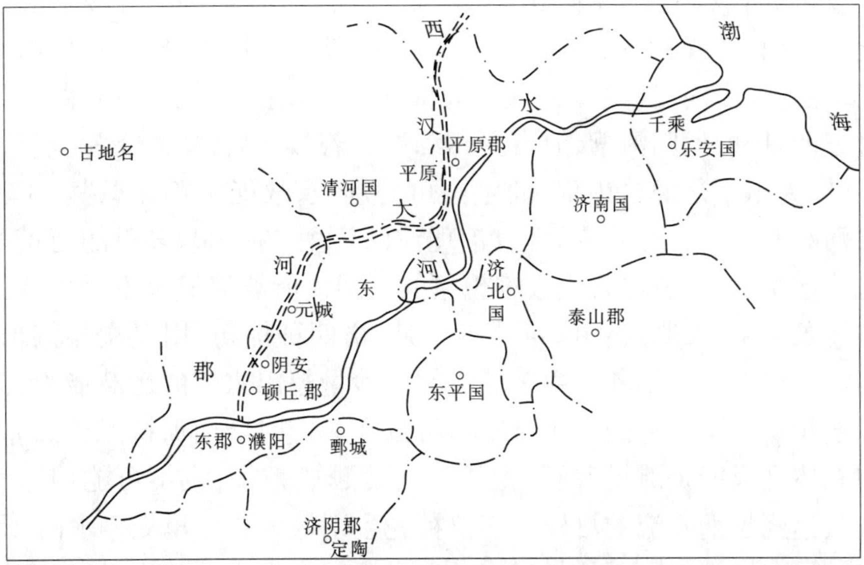

图 2-6 王景治河后流经地区略图

消除灾害就必须让河汴分流。在工程完成后,汉明帝的诏书中对工程的概述是:“……今既筑堤理渠,绝水立门,河、汴分流,复其旧迹……”这也显示出河汴分流、治理汴渠是这次工程的核心。《后汉书·循吏列传》中记载的略为具体,其中筑堤“自荥阳至千乘海口千余里”是治河措施,目的是为河汴分流创造前提条件。“商度地势,凿山阜,破砥绩,直截沟涧,防遏冲要,疏决壅积,十里立一水门,令更相洄注,无复遗漏之患”,主要是对渠首水门和汴渠而言。因为当时黄河河道已经形成,又在冲积平原上行河,似无凿山阜、破砥绩的必要,而汴渠引水则需穿过敖山等山丘地带。由于河汴交流之后造成汴渠淤塞,“疏决壅积,防遏冲要”也是必然的治理措施。从以上分析可以看出王景治河并没有特殊的治理方略,都是沿用传统的治河方法,仅仅依靠这些措施,很难解释长期安流的成效。

有人提出王景的“新方略”在于“十里立一水门”,这是实现长期安流的主要原因。这种意见较有影响,明代徐有贞,清代魏源、刘鹗,近代李仪祉、英国人李约瑟都是这一观点的赞成者,其中魏源、李仪祉的观点更具影响力。魏源认为,王景治河时已有缕堤和遥堤。闸门在"缕堤外,遥堤内"。"王景新河,初年渠身尚浅,伏秋二汛,往往溢出内堤(缕堤),漾至大堤,故立水门,使游波有所休息,不过三四日,即退归河槽,故言更相洄注。若数年后,新河涤深至五六丈,则大汛不复溢过内堤,而水门可为虚设,故能千年无患"。王景治河只有一年的时间,而且以治理汴河为主,在1 000多里的河道两侧修起缕、遥四道堤防是很难想象的。即使能够完成也不会出现魏源想象的结果,明代曾修筑缕、遥、月、格四种堤防,用以淤滩刷槽,但河道仍然决溢不断。由于黄河的总沙量超出水流的运载能力,河道淤积是无法避免的。淤滩刷槽可以在一定时期内保持滩槽高差,但总体上只能是滩槽并长,主槽不可能越刷越深,也不可能用这种方法达到长期安流的目标。李仪祉先生则认为,"十里立一水门"是在汴河左堤上,从黄河引出的浑水,经水门自上而下放出,淤高河汴之间的洼地,起到巩固堤防的作用,然后清水再由水门回归汴渠,起到冲刷渠道的作用。"奉此法也,故能使河一大治,历晋、宋、魏、齐、隋、唐八百余年,期间仅河溢十六次,而从无决徙之患"(《水利》月刊 1935 年第 9 卷第 2 期)。这种看法认为安流的原因是利用汴渠淤高河汴之间的洼地,从而巩固了黄河堤防。其实用这种方法淤高背河加固大堤只有在河汴分流处的局部河段才有可能。分流后两河渐行渐远,淤背加固就不可能了。即使可能也只能加固一岸堤防,另一岸堤防也难免发生决溢之灾。以此解释东汉以后 800 年相对安流也是说不通的。

既然上述工程措施都不足以说明东汉以后相对安流的原因,那么,这一时期为什么会出现安流局面呢?笔者认为可以从以下几个方面寻找原因:

第一,河道的自然状况是相对安流的主要原因。

黄河是一条多泥沙河流,其下游是一强烈堆积型的河道。随着泥沙的堆积河床不断抬高,河道不断延伸。河道的延伸又使得比降变缓、流速降低、输沙能力下降,反过来又加大河道的淤积强度。如此反复,形成恶性循环。当河道达到某一极限时,淤积速度迅速加大,河道也就难以维持了。因此,河道的寿命取决于它容纳泥沙的多少。容沙空间越大,行河年限越长;容沙空间越小,行河年限越短。东汉的河道是王莽始建国三年(公元 11 年)决口后形成的新河,较之西汉时所行河道地势低洼,河道长度也大大缩短。根据历史资料估计东汉河道比之禹河故道和西汉故道都要短 100 多千米,东汉新河为泥沙淤积提供了广阔的空间,这是东汉此后数百年相对安流的主要原因。随着河道淤积,河道延伸,容沙空间缩小,到唐代河患就渐多起来,五代以后河患迅速增加。

第二,王景治河时机比较有利。

黄河改道时,决口上下往往有很大的悬差。决口后,口门以上将发生溯源冲刷,形成高滩深槽,有利于上游河道的稳定。口门以下地面普遍较低,难以对河道形成有效的约束。河道将以口门为顶点在下游的扇面上游荡摆动,使下游地面不断抬高。在新老河道的地面比降大体平衡时,河道才有条件稳定下来。历史上每一次大的改道一般都会有数十年的乱流期,河道极不稳定,如果立即修堤治理将有很大的难度。王景治河时距离决口改道已有 58 年。乱流期已经或基本结束,新河道趋于稳定,这时修堤治理,可收事半功倍之效。

第三,王景治河采取了正确的策略。

两汉时期,许多治河者对黄河下游淤积摆动的规律还缺乏正确的认识,寻觅“九河”遗迹,恢复禹河故道的主张相当普遍,“贾让三策”中的上策选择的就是禹河故道。事实上,禹河故道经过1 000多年的淤积,河床高仰,已经不适宜行河。王景没有寻求回归故道,而是因势利导,在新河道两侧修堤,这是王景治河的成功之处。

第四,王景治河以后,经历了三国、魏、晋、南北朝长达 300 多年的战乱,堤防失修,决口后无人堵复,长期泛滥的情况必然发生。北魏崔楷在其奏书中描述:“顷东北数州,频年淫雨,长河激浪,洪波汨流,川陆连涛,原隰通望,弥漫不已,泛滥为灾,户无担石之储,家有藜藿之色,华壤膏腴,变为舄卤,菽麦禾黍,化作藋蒲。”[14]当时黄河泛滥,洪水漫流的情况可见一斑。又加上当时有汴水、漯水的诸多分流河道和周边湖沼洼地,扩大了黄河泥沙的堆积空间,这也是河道长期安流的原因之一。

第五,西汉及东汉末期战乱频繁,攻伐不已,一些人死于战乱,一些人流徙江南。黄河流域人口锐减。中游地区北方游牧民族向南扩张。水土流失区弃农改牧,地表植被有所恢复,水土流失相应减轻,这也是下游河道相对安流的一个影响因素。

综上所述,在王景治河后的数百年间,黄河能够相对安流,没有发生大的迁徙改道,既有自然原因,也有人为因素。笔者以为,当时的自然地理条件是主要的、决定性的因素。王景能够顺应河流的自然规律,采取正确的治理策略,也是实现相对安流的重要因素。

第三节　北宋、金、元

● 黄河形势

北宋、金、元时期黄河进入了多事之秋,河道迁徙不定,堤防决溢频繁,是我国有史以来河道变迁最多、水患最为严重的时期之一。北宋时虽然举全国之力修治黄河,但水患始终未能控制。

1. 频繁的河道变迁

从北宋建立(公元960年)到元代灭亡(公元1368年)的400多年中,黄河进入了最不安定的时期。黄河历史上5次大的改道,两次发生在这一时期。这一时期的主要河道包括京东故道、横陇河道、北流河道、东流河道及南泛夺淮诸河道。

京东故道:宋初的河道大体上仍是东汉王景治河后的河道。宋人称之为“京东故道”。它大体流经孟州、怀州、郑州、卫州(今卫辉)、滑州、濮州(今范县濮城)、澶州(今濮阳)、大名府、郓州、博州(今聊城)、齐州、清州、沧州、棣州(今惠民县)、淄州、滨州等地。

横陇河道:宋景祐元年(公元1034年)七月,河决于澶州横陇,因久不复塞形成一条新的河道,史称"横陇河道",行河14年。横陇河道的位置,史书记载不详,后人考证也说法不一。邹逸麟在《宋代黄河下游横陇北流诸道考》中认为:"经今清丰、南乐,进入大名府境,大约在今馆陶、冠县一带折而东北流,经今聊城、高唐、平原一带,经京东故道之北,下游分成数股,其中赤、金、游等分支,经棣(今惠民县)、滨(今滨县)二州之北入海。"

北流河道:宋庆历八年(公元1048年),澶州商胡埽大决,河水改道北流。这是黄河史上的一次大改道。河水从商胡流经大名府、恩州(今清河西北)、冀州(今冀县)、深州(今深县)、瀛州(今河间县)、永静军(今东光)至乾宁军(今青县)合御河入海。由于北宋朝廷在治河方案上分歧严重,这条河道时通时断,至北宋末年黄河南泛夺淮后断绝。

东流河道:宋嘉祐五年(公元1060年),北流大河在大名第六埽决口,向东分出一条支河,名叫二股河,宽200尺,下流魏(大名)、恩、德、博境内,叫"四首河",再下会笃马河入海。宋代人称之为"东流河道"。东流是北流大河的一个分支,宋时曾几次想堵塞北流,全河从东流入海,但都没有成功。

南泛夺淮诸河道:公元1127年金灭北宋,形成金和南宋南北对峙的局面,黄河流域归入金统治。建炎二年(公元1128年),南宋为了阻止金兵南进,东京(今开封)留守杜充,在滑县上流李固渡决开黄河,河水东流夺泗水入淮,这是黄河历史上又一次大改道,也是黄河长期南泛入淮的开始。

黄河南泛后,河道极不稳定,《金史·河渠志》记载:"金始克宋……数十年间,或决或塞,迁徙无定。"从总体上看,河道呈多股分流之势,并由北向南不断摆动。金大定八年(公元1168年),黄河在李固渡决口,淹曹州城(今菏泽),在单县附近分为两股,南流占6/10,北流占4/10。此后黄河在卫州(今卫辉)、延津和原武一带不断决溢,河道也屡有变化。金章宗明昌五年(公元1194年),"河决阳武故堤，灌封丘而东”。决水大致经由封丘、长垣、商丘沿徐州南下入淮。金、元两代黄河河道，史书没有明确记载，只能由决溢发生州、县，河防官吏设置等相关记载大体推定。《黄河水利史述要》参考上述资料绘出了金大定二十七年（公元1187年）前后黄河下游河道略图（图2-7），可以看出这时河道分为3股，至徐州以下合流入淮。

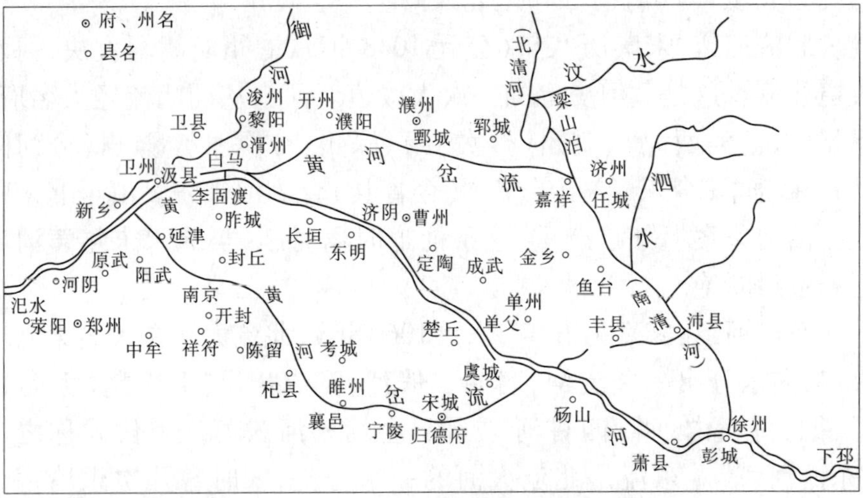

图2-7　大定二十七年前后黄河下游河道略图

公元1234年元灭金，当年在开封北的寸金淀决河灌南宋军队，大河经封丘南、开封东，至陈留、杞县分为3股：一股经鹿邑、亳州等地会涡河入淮；一股经归德（今商丘）、徐州合泗水南下入淮；一股由杞县、太康，经陈州会颍水至颍州入淮，这一股还有一个分支，由中牟经尉氏、洧川、鄢陵、扶沟等地至陈州与南股汇于颍水（图2-8）。

2. 严重的决溢灾害

北宋、金、元时期是历史上黄河决溢灾害最严重的时期之一，400多年间有121年有决溢记载，有时一年决口数次，一次决溢多处，甚至决口后长期不予堵复，任洪水恣意横流。

北宋初年大致还是东汉时的河道，经800多年淤积已处于行河晚期，河道壅塞，泄流不畅。从建隆元年（公元960年）起到太平兴

图 2-8　元代黄河下游河道流经地区示意图

国九年(公元 984 年)的 25 年内,只有 9 年没有明确的决溢记载,其余大部分年份都是多次溃决,到处泛滥。太平兴国八年滑州(今滑县)的一次大决,黄河泛滥于澶州(今濮阳)、濮州(今范县濮城)、曹州(今菏泽)、济州(今巨野)等地,"东南流至彭城(今徐州)界入于淮"。太平兴国九年以后,河道更不稳定。从淳化四年(公元 993 年)到天禧三年(公元 1019 年)的 20 多年间,黄河就两次南流夺淮入黄海,两次北流会御河在天津附近入渤海,在华北平原上大幅度摆动。特别是天禧三年,决口灾害十分严重。洪水漫滑州城,经曹、濮、澶、郓等州注入梁山泊,"又合清水、古汴渠,东入于淮,州邑罹难患者三十二"(《宋史·河渠志》)。景祐元年河决澶州横陇埽,决口后久不复塞,黄河改行横陇河道,庆历八年(公元 1048 年)商胡决口改行北流河道。从此宋代的高层开始了“北流”、“东流”之争，三次回河，三次失败，历时51年，其间决口不断，仅有明确记载的就有27年之多。北宋黄河下游重大决溢情况见表2-3。

表2-3　北宋黄河下游重大决溢情况

年代	决溢地点	灾情
宋太宗太平兴国八年（公元983年）	滑州	“五月，河大决滑州韩村，泛澶、濮、曹、济诸州，毁民田，坏居人庐舍，东南流至彭城界入于淮，此为黄河由淮入海之始。”（《宋史·河渠志》）
宋太宗淳化四年（公元993年）	澶州	“澶州河涨，冲陷北城，坏居人庐舍，官署、仓库殆尽，民溺死者甚众。”（《宋史·五行志》）
宋真宗天禧三年（公元1019年）	滑州	“漫溢州城，历曹、濮、澶、郓等，注梁山泊，又合清水、古汴渠，东入于淮，州邑罹难患者三十二。”（《宋史·河渠志》）
宋真宗天禧四年（公元1020年）	滑州	“六月望，河复决天台下，走卫南，浮徐、济，害如三年而益甚。”
宋仁宗景祐元年（公元1034年）	澶州	“河决澶州横陇埽，流入赤河，至长清仍入大河。”（《宋史·河渠志》）
宋仁宗庆历八年（公元1048年）	澶州	“河决商胡埽，决口广五百五十七步，直走大名，分二派，北流入卫河，流经今馆陶、临清、景县、东光、南皮至沧县与漳会流，穿六塔河合永济渠，注乾宁军（河北青县）入海。东流合马颊河至无棣入海。”（《宋史·河渠志》等）
宋仁宗至和二年（公元1055年）	澶州小吴埽	“至和中，河决小吴埽。破东堤顿丘口……”（《宋史·康德舆传》）

续表 2-3

年代	决溢地点	灾情
宋仁宗嘉祐五年（公元 1060 年）	魏郡	“黄河北流复决魏郡之第六埽，与原河分流，奔向东北，经南乐、朝城、馆陶，入唐故大河的北支，合笃马河，经东北经乐陵、无棣入海。”（《宋史·河渠志》等）
宋神宗熙宁元年（公元 1068 年）	恩州、冀州、瀛洲等	“六月，河溢恩州乌栏堤，又决冀州枣强埽，北注瀛。七月，又决瀛洲乐寿埽。”（《宋史·河渠志》）
宋神宗熙宁四年（公元 1071 年）	澶州	“八月，河溢澶州曹村，十月，溢卫州王供。时新堤凡六埽，而决者二，下属恩、冀、贯御河，奔冲为一。”（《宋史·河渠志》）
宋神宗熙宁十年（公元 1077 年）	澶州	“河大决澶州曹村，澶渊北流断绝。河道南徙，东汇于梁山张泽泺，分为二派，一合南清河入于淮，一合北清河入于海。凡灌郡县四十五，而濮、济、郓、徐尤甚，坏田逾三十万顷。”（《宋史·河渠志》）

公元 1128 年黄河南泛以后，一则处于战乱时期，二则黄河南泛正好以南宋为壑，金人未予修治，黄河处于失控状态，其灾害之重可想而知。金初几十年史书没有关于黄河的记载。《金史·河渠志》只有“数十年间，或决或塞、迁徙无定”的记述。大定六年（公元 1166 年）以后才有黄河决溢的具体记述。大定八年河决李固渡，卫州（今卫辉）、延津、原武一带成了黄河决溢的重灾区。从大定八年到金章宗明昌五年（公元 1194 年）的 27 年间，这一地区的决溢几乎占了半数，而且都造成极大的灾害，河势不断南移。如大定十一年（公元 1171 年）河决原武王村，孟、卫州多受其害。尚书省的奏书

说："水东南行，其势甚大。可自河阴、广武山循河而东，至原武、阳武、东明等县。"明昌五年（公元 1194 年）"河决阳武故堤，灌封丘而东"，决水大致经由封丘、长垣、东明，至徐州以南会淮。

元代黄河，由于长时期多股分流，河道淤积严重，黄河决溢更加频繁。从至元九年（公元 1272 年）有河患记载起，到至正二十六年（公元 1366 年）95 年中，史书记载决溢的年份达 40 年以上。有时一年就决口十几处甚至几十处，淹没数十州县，情况之严重达到前所未有的程度。金、元黄河下游重大决溢情况见表 2-4。

表 2-4　金、元黄河下游重大决溢情况

年代	决溢地点	灾情
金世宗大定八年（公元 1168 年）	滑县	"河决李固渡（滑县沙店镇南），经曹、单、萧县、砀山至徐州入泗汇淮。"（《金史·河渠志》等）
金世宗大定二十年（公元 1180 年）	卫州、延津	"河决卫州及延津京东埽，弥漫至于归德府。"（《金史·河渠志》等）
金章宗明昌五年（公元 1194 年）	阳武	"河决阳武故堤，灌封丘而东，经长垣、兰封、东明、曹县等地至寿张注梁山泺，循熙宁河决形势分二派，南派由南清河入淮（即泗水故道），北派由北清河入海（即济水故道）。"（《金史·河渠志》等）
金哀宗天兴三年（宋端平元年，公元 1234 年）	寸金淀	"八月朔旦，蒙古兵至洛阳城下……赵葵、全子才在汴。亦以史嵩之不致馈，粮用不继；蒙古兵又决黄河寸金淀之水以灌南军，南军多溺死，遂皆引师南还。"（《续资治通鉴·宋纪》）

续表 2-4

年代	决溢地点	灾情
元世祖至元二十三年（公元 1286 年）	汴梁、原武、开封	“河决汴梁路，水分两路，向东南而下，一支由陈留、通许、杞县、太康等地，注涡入淮；一支经中牟、尉氏、洧川、鄢陵、扶沟等地东南，由颍入淮。”（《元史·世祖本纪》等）
元世祖至元二十五年（公元 1288 年）	汴梁	“河决汴梁路，灌开封、陈、颍等州，襄邑、睢州、考城各县河溢。汴梁路阳武县河决二十二处。决口愈西，南流愈急，自是全河夺淮。”（《元史·河渠志》等）
元世祖至元二十七年（公元 1290 年）	太康	“六月，河溢太康，没民田三十一万九千八百余亩。”“十一月，河决祥符义唐湾，太康、通许二县，陈、颍二州，大被其患。”（《元史·五行志》）
元成宗大德元年（公元 1297 年）	杞县	“河决杞县蒲口，水直趋东北，行二百多里，在归德横堤以下，和北面汴水泛道合并。”（《元史·成宗本纪》等）
元泰定帝泰定元年（公元 1324 年）	汴梁	“河溢汴梁，由汴渠东入徐，合淮泗入海。同年曹丘、楚丘、开封河溢。”（金元两代利河南行，以南宋为壑）（《元史·泰定帝本纪》等）
元顺帝至正四年（公元 1344 年）	白茅堤、金堤	“黄河暴溢，水平地深二丈许，北决白茅堤。六月，又北决金堤。并河郡邑济宁、单州、虞城、砀山、金乡、鱼台、丰、沛、定陶、楚丘、成武以至曹州、东明、钜野、郓城、嘉祥、汶上、任城等处皆罹水患。”（《元史·河渠志》）

续表 2-4

年代	决溢地点	灾情
元顺帝至正二十三年（公元 1363 年）	寿张	“七月，河决东平寿张县，圮城墙，漂屋庐，人溺死甚众。”（《元史·五行志》）
元顺帝至正二十六年（公元 1366 年）	济宁	“二月，河北徙，上自东明、曹、濮，下及济宁，皆被其害……八月……黄水泛滥，漂没田禾民居百有余里，德州齐河县境七十余里亦如之。”（《元史·五行志》）

● 重大河事

1. 水利开发与治河管理

北宋时期对水利事业相当重视，特别是宋神宗时期以王安石为相，实行变法，励精图治，首先推出《农田水利法》，在全国范围内出现了农田水利建设和引黄放淤的高潮。北宋初年由于战争破坏、工程废弃、渠道淤塞等，关中地区灌溉面积大幅度下降。宋太宗至道元年（公元 995 年）度支判官梁鼎等上书中指出：“（郑、白）两渠溉田凡四万四千五百顷，今所幸存者不及二千顷，皆近代改修渠堰，浸隳旧防，繇是灌溉之利，绝少于古矣。”由此可见灌溉系统废弃之严重。北宋时对关中的灌溉系统进行过多次整修，使关中的灌溉得到一定的修复。例如，宋徽宗大观二年（公元 1108 年）对三白渠进行改建，在洪口开凿石渠、石引渠、输水涵洞，将泾河水导入三白旧渠使灌溉面积大大扩展，恢复灌溉两万余顷，宋神宗赵顼和宰相王安石大力倡导引黄放淤。放淤范围包括下游的京东、京西、河北、河东地区，放淤面积之广大前所未有，宋代以后也属罕见。《宋史·河渠志》记载，京东、京西的一些碱卤之地，经过放淤“尽成膏腴，为利极大”。开封府淤出的土地“岁增产数百万石”，取得了显著的成效。

汴河漕运是宋代的交通命脉，据《宋史·食货志》记载，宋真宗大中祥符年间（公元1008～1016年），汴河运米每年高达700万石，是汴河槽运史上的最高记录，此外还有金帛缗钱、薪炭等多种货物。北宋对汴河曾进行过多次维修、养护，特别是宋神宗元丰二年，为了解决汴河的淤积，兴建了引洛入汴工程，从巩县经汜水开引河入汴渠，开渠52里，两岸修堤100多里。渠成后汴河泥沙大大减少，漕运得到了可靠的保障。

金代战乱较多，史书很少有大型水利工程的记载。元灭金以后，北方局势渐趋稳定。元世祖忽必烈确定了以农为本的国策。他继位当年（公元1260年）就诏告天下："国以民为本，民以食为本，衣食以农为本。"先后设立了"劝农司"、"司农司"等主管农业水利的机构，黄河流域的水利建设有了一定的发展。元世祖中统二年（公元1261年）修建"广济渠"，开发沁河水利。翌年又任用著名水利专家郭守敬提举诸路河渠，扩大广济渠及丹河的灌区。1264年郭守敬到达宁夏，对"废坏淤浅"的古灌渠进行修复改造，先后修复唐徕渠400多里，汉延渠250里。其他正渠10条，皆长200里，支渠大小68处，灌田9万余顷，使宁夏灌区获得新生。元代的另一大型水利工程是创建新的南北大运河。宋代的大运河由于黄河改道已经淤塞，元代建都大都（今北京），利用原来运道运送南方的粮食和物资绕行距离过长，因而试图经由山东开辟一条贯通南北的新运道。于是在元世祖至元十九年（公元1282年）动工开凿济州河，长150里，利用闸坝工程沟通泗水和汶水，南方船只经由淮河、黄河、泗水、汶水进入济水，由济水入渤海运抵天津。后来济水河口壅塞，入济水后，由济水北岸的东阿，陆运200里到临清，再由御河北运到大都。但是东阿到临清一段地势卑下，"遇夏秋霖潦，牛车踧涉其间，艰阻万状"。于是在元世祖至元二十六年（公元1289年）又开挖会通河250里，由济州河的安山经由寿张、东昌（今聊城）到达临清，与御河（今卫河）相接到达通州（今通县）。元世祖至元二十九年（公元1292年），又根据郭守敬的建议开凿通惠河由通州进入大都，至此南来的船只可由杭州直达大都，基本上沟通了南北之间的水上运输。南北大运河的沟通显示了我国古代劳动人民的智慧和高超的水工技术。例如通惠河上就建有“堤闸一十处,共二十座”,会通河上“建闸三十有一,度高低,分远迩,以节蓄泄”,“启闭通放舟楫”[1],具有较高的技术水平。当然元代的运河也存在严重的缺点,主要是济州分水处地势较高,只能通小船,运量甚少,元代南北运输主要还是依靠海运。但是这条运道的沟通,为明代改造大运河、形成南北交通的大动脉打下了坚实的基础。

2. 北宋加强黄河治理的重要举措

北宋时期河患频繁,朝廷对黄河治理高度重视,皇帝和朝廷重臣大都亲自参与治河方策的讨论,推出了许多河防制度,采取了一些加强黄河治理的重要举措。例如:

(1)建立治河责任制度。宋太祖乾德五年(公元967年)赵匡胤“诏开封大名府、郓、澶、滑、孟、濮、齐、淄、沧、棣、滨、德、博、怀、卫、郑等州长吏,并兼本州河堤使,盖以谨力役而重水患也”。是为沿河印官兼理河务之始。开宝五年(公元972年)又下诏设置专管河务的官员,“自今开封等十七州府,各置河堤判官一员,以本州通判充”。宋真宗咸平三年(公元1000年)赵恒令“缘河官吏,虽秩满,须水落受代。知州、通判两月一巡堤,县令、佐迭巡堤防,转运使勿委以他职”(以上均见《宋史·河渠志》)。通过以上诏令,宋代对沿河州、县的主要官吏都明确了治河责任,规定了巡查堤防的制度,甚至规定任期届满的官员,也必须在水落之后,才能交接离任。这些都是宋代以前从未有过的。

(2)建立岁修制度。乾德五年(公元967年)赵匡胤以黄河堤防连年溃决,曾“分遣使行视,发畿甸丁夫缮治”,并从此形成制度。“自是岁以为常,皆以正月首事,季春而毕”,即年正、二、三月作为岁修施工的季节。对河工服役也作了规定,不能服役的要缴纳“免夫钱”。除堤防维修外还规定在堤上种植树木。针对不同情况按户分

[1] 《新元史·河渠志》。

为五等，一等每年植树 50 棵，以下每等减 10 棵。这些规定是黄河岁修制度的开始。

(3)广征治河人才。宋太祖开宝五年，下诏征求治河人才。诏曰："凡搢绅多士，草泽之伦，有素习河渠之书，深知疏导之策，若为经久，可免重劳，并许诣阙上书，附驿条奏，朕当亲览，用其所长，勉副询求，当示甄奖。"[18]也就是说，不论出身高下，只要有治河专长的，都要量才使用。治河方略建议可直接上奏皇帝，对治河有贡献的要给予奖励。

(4)河工技术的发展。由于宋代黄河决溢频繁，当政者对黄河治理十分重视，因此河工技术也有了很大的发展。在堤防设置上修筑遥堤(始于五代)，创修月堤，特别是埽工技术有了很大的发展。埽既用于堤岸防护，也用于堵口塞决。根据埽坝的作用和修筑方法的不同，当时的埽工有楼崖埽、鱼鳞埽、月牙埽、龙尾埽、门埽、边埽、面埽、套埽等十几种。在重要堤段设有规模较大的埽坝群。据《宋史·河渠志》记载，在宋真宗天禧年间的河道两侧就有阳武、濮阳、大吴、商胡、横陇、曹村、张秋等 45 埽，类似于今天的险工。公元 1048 年商胡北决之后，又在"北流"两岸先后修建了 59 处埽工。当时的卷埽体积相当庞大，"其高数丈，其长倍之"，常需几百人、上千人应号齐推，安放在需要之处。宋代的堵口技术也有长足的进步，其堵口的方法和今天的进占、合龙已十分相似。宋代还进行了机械浚河的尝试，在王安石的主持下，成立了"疏浚黄河司"，制造了"铁龙爪扬泥车"，进行机械浚河试验。这种方法当然起不了多大作用，但这种积极探索的精神是值得肯定的。

3. 回河之争

北宋的"回河之争"断断续续四五十年，上自皇帝、下至群臣许多人参与了治河方案的讨论和争辩，可谓北宋一代最重大的河事，也是史无前例的关于治河方策的大争论。

第一次回河之争:公元1048年河决商胡,由横陇河道改行“北流”河道。如图2-9所示为北宋黄河下游河道示意图。1051年黄河在馆陶决口,虽于次年堵塞,但河道壅塞不畅。北京(今大名)留守

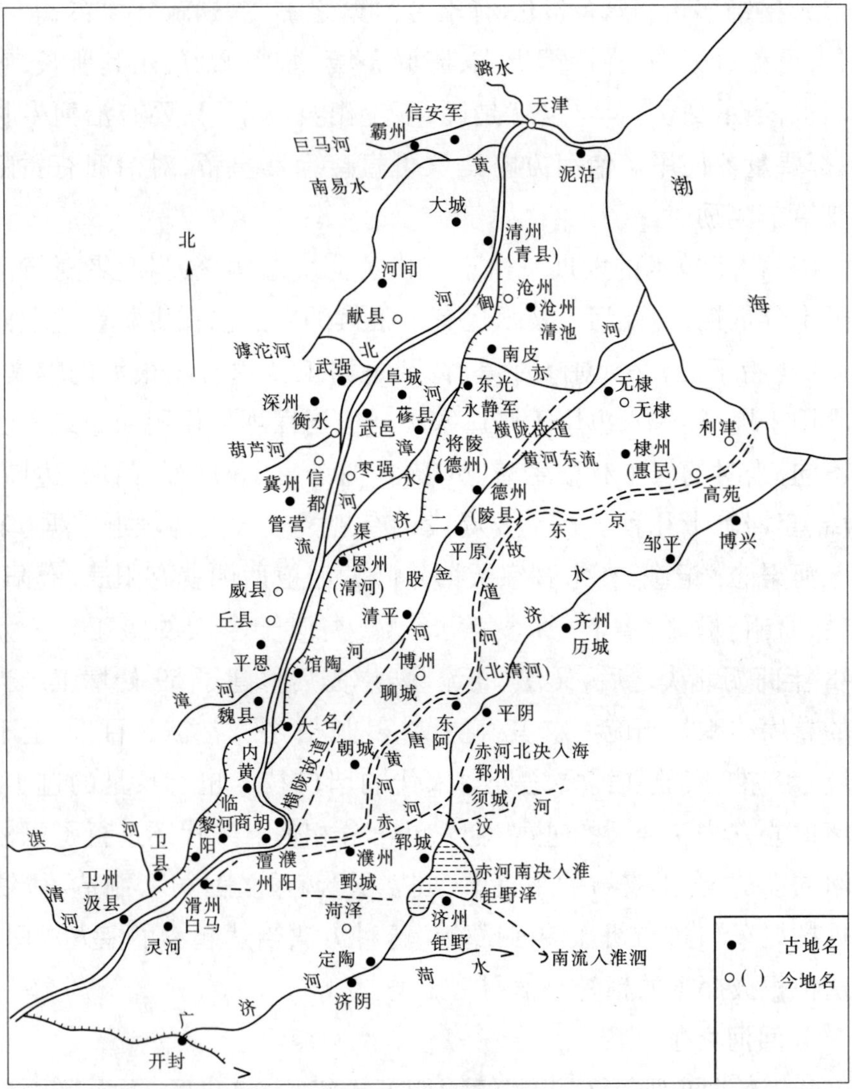

图2-9 北宋黄河下游河道示意图

贾昌朝提出堵塞“北流”回河横陇河道。河渠司李仲昌提出先开“六塔河”,导引大河回归横陇河道。翰林学士欧阳修、河北转运使周沆等则极力反对。他们的理由一是国力困乏,人民负担沉重,不宜大举兴工;二是回河故道违背水流趋下的自然特性,不会取得成功。为此欧阳修曾三次上疏陈述不宜回河的理由。第一次上疏中指出,“盖自去秋至春半,天下苦旱,京东尤甚”,“河北自恩州用兵之后,继以凶年,人户流亡,十失八九”。回河故道需以“三十万之众,开一千余里之长河”,工程浩大,而今“国困方乏,民力方废”,回河是不可行的。上疏中还指出,“今欲逆水之性,障而塞之,夺洪河之正流,使人力斡而回注,此大禹之所不能”。尽管欧阳修等极力反对,但当时的宰相富弼、文彦博以及众多大臣都赞成李仲昌的建议。嘉祐元年(公元1056年)终于按李仲昌的建议堵塞商胡决口,引水入六塔河。其结果是当年就被冲垮,“溺兵夫,漂刍藁,不可胜计”。治河官员因违背圣意、提前施工而被处罚,有的流放,有的贬职,第一次回河以失败告终。

第二次回河之争:公元1060年北流大河在大名第六埽决口,分出一条支河,宋人称为“东流”,经恩、德、博州合笃马河入海。都转运使韩贽认为应因势利导,疏浚二股河,维持分流入海的局面,以缓解防洪的压力。但此后不久,1062年、1068年北流连续决口,特别是1068年汛期连续决口3次,灾害十分严重。宋神宗赵顼召集群臣询问对策,于是东流、北流之争再起。都水监丞李立之、提举河渠王亚等认为北流河口宽深、入海通畅,主张维持此河,筑新堤367里以御河患。都水监丞宋昌言、屯田都监内侍程昉则认为北流河道梗塞,修新堤非长久之计,主张开二股河导水东流。双方争论激烈,相持不下。宋神宗命司马光、张茂则等亲往工地考察。司马光巡视以后,同意宋昌言改河东流的意见,但主张采用缓进的办法。先在二股之西修建控制工程,擗水入二股河,待东流渐大,过水占八成以上时再闭塞北流。公元 1069 年工程开始实施,修建控制工程并疏通二股河。后来宋神宗又采纳王安石的意见不再分步实施,命张茂则等彻底堵塞北流,使河水尽入二股河。工程结束后,当年就在许家港决口,泛滥于大名、恩、德、沧、永静五州(军)境。朝廷调集河夫卒 3.3 万人专门修治。公元 1071 年黄河决口,溢澶州、卫州。公元 1072 年 4 月决口刚堵塞,6 月又决口于夏津。公元 1074 年王安石采纳外都水监丞王令图的意见,于大名第四、五埽开引河使北流回归东流河道。但仅过了 3 年,公元 1077 年就发生了两次决口,特别是澶州曹村决口,全河南徙,分流为二,一由南清河入淮,一由北清河入海。公元 1078 年曹村决口堵塞,公元 1081 年又连续决口数次。公元 1081 年小吴埽大决,自澶州入御河,仍由乾宁军入海,北流又恢复了。

第三次回河之争:第二次回河失败后,宋神宗赵顼认为“水之趋下,乃其性也”,不主张再回复东流河道,下令李立之在北流沿岸“分立东西两堤五十九埽”。“东流”、“北流”之争暂时平息。但河归北流后连续数年几乎年年决口,有时一年决口多次。公元 1086 年宋哲宗赵煦继位。次年回河之争又起,朝廷大臣文彦博、安焘、吕大防、王岩叟、王觌、王令图、王孝先、吴安持、李伟等都主张回河东流,右相范纯仁和苏辙、曾肇、赵瞻、范百禄、王存、胡宗愈等则主张维持北流。参与这次争论的人员之多、时间之长都大大超过以往的两次。主张东流者认为:北流下游多湖沼洼地,是防御辽(契丹)国的天然屏障,北流之后湖沼淤为平地,辽军可长驱直入,危及国防安全;北流连年决口,灾害损失严重;北流横遏西山(太行山)之水,造成内涝等。主张维持北流的人认为:北方的湖沼洼地并不能阻挡辽国侵扰,“有限辽之名,无御辽之实”;东流高仰,北流顺下,强行回河,逆水之性;连年灾荒,劳役沉重,民力不堪重负等。双方各执一端,相持不下。宋哲宗赵煦犹豫不决,举棋不定,时而兴工回河,时而下诏停工。后来回河的意见占了上风，东流分水工程陆续兴修。公元1094年“创新堤七十余里，尽闭北流，全河之水东还故道”。但回复东流后不过5年，公元1099年黄河于内黄决口，东流断绝，向北冲出一条河道又入北流，仍至乾宁军入海。第三次回河又以失败告终。

4. 贾鲁治河

金代和元代初期，因政治上南北对峙，对北岸堤防十分重视，而对黄河南徙则采取较为放任的态度，元代中后期为了防止水患、稳定政局也做了不少治理工程。其中影响较大、效果明显的当属元顺帝至正年间的贾鲁治河。元顺帝至正四年（公元1344年）黄河在白茅（今山东曹县境内）决口，此后又北决金堤。“方数千里，民被其害”，淹及的州县有济宁、单州、虞城、砀山、金乡、鱼台、丰县、沛县、定陶、楚丘、成武、曹州、东明、钜野、郓城、嘉祥、汶上、任城等，洪水泛滥达7年之久，以致“老弱昏垫，壮者流离四方”[1]，而且泛水延入会通河，影响运河漕运，引起朝廷的重视。在丞相脱脱的大力举荐下，排除反对意见，于元顺帝至正十一年（公元1351年）任命贾鲁为总治河防使，征民工15万、军卒2万开始了这次规模浩大的治河工程。这次治理的总体目标是堵塞白茅等多处决口，将大河挽回归徐故道。

欧阳玄所著《至正河防记》中记载，贾鲁采取的方法“有疏、有浚、有塞”，也就是采取疏堵结合的治理方案。工程主要由三部分组成。第一是疏浚旧河道，由白茅决口处开挖新河道20里至刘庄接入故道。从刘庄开挖旧河道102里至专固，由专固开新河8里至黄固，又从黄固开挖旧河50余里到哈只口。为了在堵口后分泄洪水、保证堤防安全，又开挖分水河道近100里，包括干流及分水河，共开挖疏浚故道“长二百八十里五十四步而强”。第二是堵塞小决口并修筑堤防。为了保证回归故道后不出问题，对故道堤防进行修筑加

[1] 《元史·河渠志》。

固。首先堵复北岸缺口170余处，分水河南岸豁口4处。然后大修北岸堤防250多里，其中新修堤防130多里，缕水月堤6里。第三是堵塞白茅（也称黄陵）决口，这是整个工程的关键所在，也是我国古代堵口工程的一次空前壮举。堵口前先做刺水大堤3道，总长26里余，减缓口门滔势，再做截河大堤，北岸长10里41步，南岸长9里160步。截河大堤完成时正值秋汛，刺水大堤尚短，缓滔作用较弱，开挖的故道开始过水，约占水量的2/10，决河过水仍占8/10。河面宽400多步，中流水深3丈以上。贾鲁担心如不及时堵住决口，会导致故道淤积，甚至前功尽弃，于是“精思障水入故河之方”，决心“入水作石船大堤”。贾鲁命“逆流排大船二十七艘，前后连以大桅或长桩，用大麻索、竹絙绞缚，缀为方舟。又用大麻索、竹絙周船身缴绕上下，令牢不可破，乃以铁锚于上流硾之水中。又以竹絙绝长七八百尺者，系两岸大橛上，每絙硾二舟或三舟，使不得下，船腹略铺散草，满贮小石，以合子板钉合之，复以埽密布合子板上，或二重，或三重，以大麻索缚之急，复缚横木三道于头桅，皆以索维之，用竹编笆，夹以草石，立之桅前，约长丈余，名曰水帘桅。然后选水工便捷者，每船各二人，执斧凿，立船首尾，岸上搥鼓为号，鼓鸣，一时齐凿，须臾舟穴，水入，舟沉，遏决河。船沉后，立即卷大埽以压之，前排沉船后，后排也如法沉船，形成船堤，在船堤加修草埽三道。最后在合龙处下四五个两丈高的大埽，至十一月十一日丁己，龙口遂合，决河绝流，故道复通”。贾鲁这次治河动用的人力和料物数量惊人。由于他不恤民力，急于求成，甚至不顾民工死活，也招致一些怨恨。后人对贾鲁有过四句诗：“贾鲁修黄河，恩多怨亦多，百年千载后，恩在怨消磨。”《至正河防记》中赞扬他“能竭其心思智计之巧，乘其精神胆气之壮，不惜劬瘁，不畏讥评”，给他以很高的评价。总的来看，贾鲁不畏艰难，敢于创新，一举堵复了泛滥7年的黄河决口，解除了广大地区的洪水灾害，在元代治黄中做出了很大贡献，不失为一个有胆有识、勤奋敬业的治河专家。

5. 河源考察

元世祖至元十一年(公元1274年)忽必烈派都实为“招讨使佩金虎符”,带领一队人马对黄河源进行专门的考察与研究。汉代以来我国对河源地区就有一定的了解。唐代文献中也有不少关于河源的记载,隋代还曾在青海境内设立过“河源郡”。但由朝廷组织人员对河源进行专门的考察研究,这还是第一次。都实一行自河州(今甘肃临夏市)出发,越过甘肃南部的崇山峻岭,直插积石山东端,然后溯河而上,历时4个月到达河源地区,完成考察任务后于同年冬天回到大都,将其考察成果向朝廷汇报。根据有关内容元人潘昂霄写成《河源志》一书,其中记载“河源在吐蕃朵甘思西鄙,有泉百余泓,沮如散涣,弗可逼视,方可七八十里,履高山下瞰,灿若列星,以故名火敦脑儿,译言星宿也”。这次考察对星宿海以下的干支流情况,每条支流的名称、流向、清浊情况等都作了观察和记录,同时对河源地区的气候、动植物资源也进行了广泛的考察。《元史·河源附录》还记述,“水从地涌出如井,其井百余”,“东北流百余里汇为大泽,曰火敦脑儿(星宿海)”。这段描述和今天了解的约古宗列盆地很相似,说明都实考察的河源和今天了解的河源区已基本接近或者相同了。

● 方略述评

1. 3次回河的经验教训

北宋3次回河断续约50年,上至皇帝、下至群臣许多人参与了讨论和争论,争论时间之长、参与人数之多、参与者层次之高都是治河历史上所仅见的。但是争论的结果是并没有得到统一的认识和正确的结论,3次回河都以失败而告终。其中有很多经验和教训是值得汲取的。

3次回河失败,主要是对当时黄河的总体形势缺乏清醒的认识。

当时的形势,一是缺乏理想的行河流路。衡量河道优劣,主要看其有无广大的容纳泥沙的空间。北宋时有4条主要河道,即京东故道、横陇河道、北流河道及东流河道。京东故道从公元 11 年到 1034 年，先后行河已逾千年，河道淤积、河口延伸、河身高仰，行洪阻滞，已经进入河道的衰亡期。因此，从北宋初年到横陇改河的七八十年间频繁决口实属必然。从公元 1034 年到公元 1099 年的 60 多年，黄河先后改行横陇、北流和东流 3 条河道。这 3 条流路总体看来，都不是理想的河道。其中，北流河道位于禹河故道和西汉河道之间的狭窄区间内，横陇和东流河道则处在西汉河道和京东故道之间的狭长地带中。禹河故道行河至少一千四五百年，而且当时几乎没有堤防，河道两侧的广大地区多被泥沙淤垫抬高。西汉河道行河六七百年，当时堤防处于初创时期，很不完整，时有决溢，河道两侧自然也被泥沙严重淤积。北流河道处在这两个淤积带之间，容纳泥沙的空间较为有限，不可能成为理想的"长命"河道。同样，横陇河道和东流河道也处在西汉、东汉两个淤积带的夹缝中，所以横陇河道只行河 14 年就"寿终正寝"。东流河道也同样"命途多舛"。

二是修治的河道均处于初创时期。北宋对横陇、北流、东流 3 条河道的治理均在改道后的初创期。初创期的黄河除劫夺其他河流的现成河道外，一般都有一个塑造河道的过程。这个过程依照不同的边界条件少则需要几年、十几年，多则需要几十年。初创期的特点是水位偏高、泄流不畅、流势不稳、摆动剧烈，是河道最难驯治的时期之一。如果再加上新筑堤防布局不当、强度不足，发生决口泛滥是难以避免的。公元 1048 年改行北流河道之后就屡屡发生决溢灾害，这也是引发回河争议的重要原因之一。

鉴于上述河道的基本状况，可以看出 3 次回河失败的主要原因：

第一，对河道淤积和河道演变缺乏正确的认识。无数的历史事实证明，久行之河必淤，久淤之道必废。在黄河泥沙不能有效控制的时候，这是一个不可抗拒的自然规律。当时虽然有人看到了这一点，例如欧阳修等人就指出："河本泥沙，无不淤之理。淤常先下流，下流淤高，水行渐壅，乃决上流低处，此势之常也，然避高就下，水之本性,故河流已弃之道,自古难复。”这种说法虽不完全确切,但结论基本正确。宋人任伯雨也指出:“昔禹之治水不独行其所无事,亦未尝不因其变以导之。盖河流混浊,泥沙相半,流行既久,迤逦淤淀,则久而必决者,势不能变也。或北而东,或东而北,亦安可以人力制哉。”[4]这些看法在当时却不能形成共识,有些人过多地考虑政治因素和主观愿望,而不了解或者忽视了河流的自然规律,以致多次回河劳民伤财。从当时情况看,北流河道虽非理想的流路,但明显优于横陇和东流两个河道。每次回河后,大河都自动回归北流。北流河道虽然决溢频繁,却很少在决口后回归横陇和东流河道,这说明横陇和东流河道已经濒临衰亡,回河东流断无成功之可能。

第二,缺乏明确的治理方略和总体治理规划。头痛医头,脚痛医脚,朝秦暮楚,莫衷一是。3 次回河 3 次失败,50 年内数易其道,耗费了大量的人力财力,换来的却是连年决溢的后果。从公元 1034 年改行横陇河道,到公元 1060 年东流河道形成,短短 20 多年就改了 3 个新河道。其中,仅北流河道就修新堤 1 000 多里,其他两个河道的堤防长度也大体相当。北宋时全国人口不过 5 000 多万人,面对如此巨大的修堤任务,堤防的质量和标准都不会太高,难以抵御洪水冲击,徒然劳民伤财,却不能收到治理成效。河北转运使赵偁曾建议“统一河政,措置归一。聚三河工费以治一河,一二年可以就绪,而河患庶几息矣”❶。但这些建议并未引起决策者的重视。宋代谏官任伯雨曾直言不讳地指出:“河为中国患,二千岁矣。自古竭天下之力以事河事者,莫如本朝,而徇众人偏见,欲屈大河之势以从人者,莫甚于近世。”后人评论宋代治河“仅此筑堤、分水二策而已”[18]。虽然经历了长达 50 年的治河争论,但在治理方略上却没有什么建树。

根据当时的河道情况,北流河道是较好的行洪流路。在河道初创期有些决溢灾害是难免的。如能统盘规划,集中力量治理北流河

❶ 《宋史·河渠志》。

道，可望取得一个较长的安流局面。当时欧阳修“因水所趋，增堤峻防，疏其下流，纵使入海”，任伯雨“宽立堤防，约拦水势”，以及赵偁“聚三河工费以治一河”的主张或是可取的治理方案。

2. 金、元河道的启示

金、元两代都建都北京，金和元初又和南宋南北对峙，所以对黄河南徙都采取较为放任的态度。直到元代后期也还有重北轻南的倾向。譬如元末的贾鲁治河在北岸修了250多里的大堤，而在南岸却没有采取什么措施。

金、元两代黄河呈分流入淮的形势，在治河上虽没有明确提出“分流”的方略，但200多年中却是事实上的“分流”治理。一般说来“分流”有两个优点：一是分杀水势，减轻对河道堤防的威胁；二是分流放淤扩大了泥沙淤积堆放的空间，从而延长河道的行洪年限。但是分流也有其明显的问题：一是泥沙淤积严重，按照现代泥沙运动的理论计算，河道分为两股，其总体输沙能力大体上只有原来的1/2，如果分为3股，则总体输沙能力只有1/3，余可类推，因此泥沙淤积将大大加重，造成河道淤塞，水位壅高，也会引起决溢泛滥；二是由于泥沙淤塞，主溜游荡加剧，河道摆动频繁或造成局部改道，也会给沿河地区造成威胁。从当时的实际情况看，元代从至元九年（公元1272年）有河患记载起到至正二十六年（公元1366年）计95年中，有河患记载的年份就有43年，比北宋的决溢频率还高一些。金代虽然决溢的记载只有十几年，但从公元1128年到公元1166年的几十年间，黄河基本上处于自由泛滥、无人问津的状态，实际的决溢灾害比有关数字显示的要严重得多。由此可见，采取分流的治理方略，并未达到减少灾害的目的。分流的治理方略适合于含沙量较低或者地广人稀、经济开发程度低、基础设施简陋的时段和地区。远古时期，分流有其明显的实用性和优越性，随着人口的增长、经济的发展和基础设计的增加，分流的代价越来越大，它的实用性和可行性也随之消失。

第四节　明代治河

● 黄河形势

明代前期黄河治理仍沿用金元时期的治理方略，北岸筑堤、南岸分流，把保护漕运放在更加突出的地位。黄河本身的治理则较为薄弱。这一时期河道变幻无常，决溢频繁发生，灾害程度不次于金元时期。潘季驯治河以后，治理方略发生重大转变，由“分流”转向“合流”治理，决溢灾害有所减轻。总的来看明代黄河及治理有以下特点。

1. 河道极不稳定

明代黄河总体来看河道紊乱，变迁频繁，忽南忽北，游移不定。大部分时间夺淮入黄海，小部分时间北流经寿张穿过运河流入渤海。主流有时走元末贾鲁故道，在徐州以下经清河县汇淮入海，有时经颍水至寿县正阳关入淮，有时经涡河至怀远县入淮，有时又东北流至山东寿张冲入运河；而且在相当长的时间内都是多支并流，此淤彼决，在今豫东、鲁西南、皖北、苏北一带游荡摆动，形成异常复杂的局面。例如，弘治二年（公元 1489 年）黄河大决于开封及封丘金龙口，洪水四散奔流，“水入南岸者十三，入北岸者十七。南决者，自中牟杨桥至祥符县界析为二支：一支经尉氏等县，合颍水，下涂山入于淮；一支经通许等县，入涡河，下荆山入于淮。北决者，自原武经阳武、祥符、封丘、兰阳、仪封、考城，其一支决入金龙等口，至山东曹州，冲入张秋漕河，东决者由开封翟家口东出归德，直下徐州、合泗水入淮”。又如，嘉靖三十七年（公元 1558 年）在曹县决口后，分流达 11 支之多，东北经单家口的一支分为六股，“曰大溜沟、小溜沟、秦沟、浊河、胭脂沟、飞云桥，俱由运河至徐洪”；另外一支由“砀山坚城集下郭贯楼，析而为五，曰龙沟、毋河、梁楼沟、杨氏沟、胡店沟，亦由小浮桥会徐洪”。由于河道乱流，曹县至徐州故道 250 余里全部淤塞。自此“河忽东忽西，靡有定向”。至嘉靖四十四年（公元1565年）河决沛县，“全河逆流，自沙河至徐州以北，至曹县棠林集而下，北分二支，南流绕沛县戚山杨家集，入秦沟至徐；北流者绕丰县华山东北由三教堂出飞云桥。又分而为十三支，或横绝，或逆流入漕河，至湖陵城口（沛县北），散漫湖坡，达于徐州，浩渺无际，而河变极矣”（以上均见《明史·河渠志》）。由于河道极其散乱，变化十分频繁。明代史籍虽有大量记载，但要弄清楚河道演变的过程，也是十分困难的。

2. 河患频繁发生

明代是我国历史上黄河决溢最频繁的时代之一。从洪武元年（公元1368年）到公元1644年明代灭亡共276年，黄河发生决溢的年份有112年，平均2.5年就有一年发生决溢灾害，按年份统计和北宋大体相当。明代前期河患多发生在河南境内，尤其集中于开封上下，据《明实录》、《明史》和《明史纪事本末》的记载统计，洪武至弘治的130多年中，有决溢记载的年份就有59年。其中十之八九都在兰阳、仪封以上的河南各地，仅开封（包括祥符县）就有26年之多。弘治年间河南境内北岸堤防逐渐形成，随后南岸也修了堤防。黄河由颍河入淮的河道也逐渐淤塞，明代后期的河患向下游转移，尤其集中在曹县、单县、沛县、徐州等地。如图2-10所示为弘治二年黄河主要流路示意图。明代后期的130多年中有决溢记载的年份有53年，而且不少年份都是决口多处，洪水横流，其灾害程度也不亚于前期。黄河的每一次泛滥都给泛区带来严重的灾难。例如，天顺五年（公元1461年）“七月，河决汴梁土城，又决砖城，城中水丈余，坏官民舍过半……军民溺死无算”。嘉靖五年（公元1526年）河决沛县等地，“是年，黄河上流骤溢，东北至沛县庙道口，截运河，注鸡鸣台口，入昭阳湖……河之出飞云桥者漫而北，淤数十里，河水没丰县，徙治避之”。隆庆三年（公元1569年）“七月壬午，河决沛县，自考城、虞县、曹、单、丰、沛抵徐，俱罹其害，漂没田庐不可胜数”。崇祯十五年（公元1642年）九月，李自成的农民起义军与明军战于

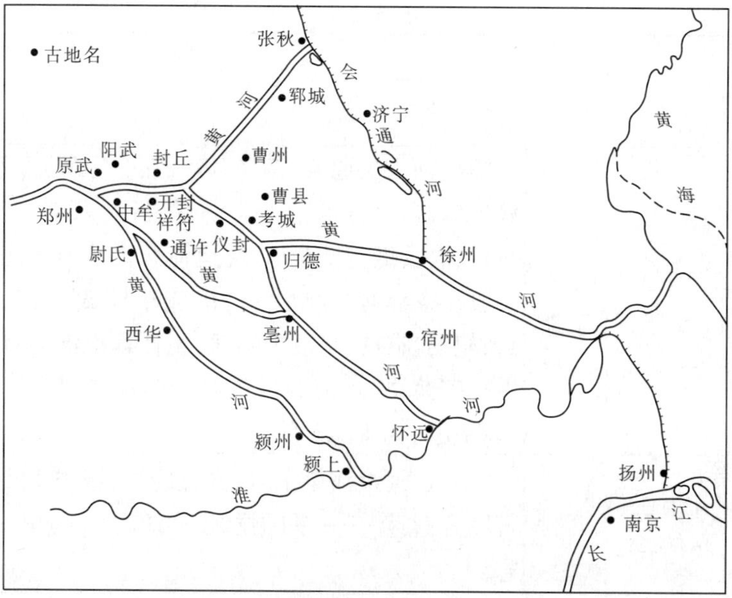

图 2-10　弘治二年黄河主要流路示意图

开封，明河南巡抚高名衡掘开开封城北的朱家寨及马家口，“至汴堤以外，合为一流，决一大口，直冲汴城以去，而河之故道则涸为平地”。这次开封城遭到灭顶之灾，城内 37 万居民，只有 3 万多人幸免于难（以上均引自《明史·河渠志》）。表 2-5 为明代黄河下游重大决溢。

表 2-5　明代黄河下游重大决溢

年代	决溢地点	灾情
太祖洪武二十四年（公元 1391 年）	原武	“河决原武黑洋山，东经开封北折向东南，过淮阳、项城、太和，经颍州，东至正阳关，由颍入淮。”（《明史·河渠志》）
永乐八年（公元 1410 年）	开封	“坏城二百余丈，民被患者万四千余户；没田七千五百余顷。”（《明史·河渠志》）

续表 2-5

年代	决溢地点	灾情
英宗正统十三年（公元 1448 年）	原武、荥泽	“秋，河大决原武、荥泽孙家渡，分三股：北股由原武决口，向北直抵新乡八柳树，折向东南，经延津、封丘、濮县抵聊城张秋，穿运河合大清河入海，中间一股在荥泽孙家渡决口，漫流于原武、阳武，经开封、杞县、睢县、亳县入涡河，至怀远汇淮河；南股亦由孙家渡决口，流经洪武二十四年老河道，入淮。”（《明史 · 河渠志》等）
天顺五年（公元 1461 年）	开封	“七月，河决汴梁土城，又决砖城，城中水丈余，坏官民舍过半……军民溺死无算。”（《明史 · 河渠志》）
孝宗弘治二年（公元 1489 年）	开封、封丘等地	“河大决开封，决口后水向南、北、东三面分流。南决者十之三，北决者十之七，南决者自中牟至祥符析为二，一经尉氏向东南合颍水，下涂山，入于淮；一经通许入涡河，下荆山，入于淮。又一支与贾鲁河故道平行，至归德经亳县，亦合涡河入淮。北决者自原武，经阳武、祥符、封丘、仪封、考城。其一支至山东曹县，冲入张秋运河。东决者，由开封翟家口东出归德，直下徐州，合泗水入淮。”（《明史 · 河渠志》）
孝宗弘治七年（公元 1494 年）		“春二月，河复决张秋，刘大夏筑北岸堤，自胙城历滑县、长垣、东明、曹单等县亘二百六十里名太行堤，北流遂绝。大河正流乃夺汴入泗合淮，遂以一淮受全河之水，为黄河之一大变局。”（《明史 · 河渠志》）
世宗嘉靖五年（公元 1526 年）		“黄河上流骤溢，东北至沛县庙道口，截运河，注鸡鸣台口，入昭阳湖。”（《明史 · 河渠志》）

续表 2-5

年代	决溢地点	灾情
世宗嘉靖三十七年（公元 1558 年）	单县	“大河北徙，自曹县城东北出，冲决单县之段家口，至徐沛分为六股，俱入运河至徐洪。另外又由阳山之坚城集趋郭贯楼，分为五小股，亦由小浮桥会徐洪。”（《明史·河渠志》）
世宗嘉靖四十四年（公元 1565 年）	萧县	“七月，河决萧县赵家圈，泛溢而北，沛县上下二百余里运道俱淤，全河逆流。浩渺无际，河变极矣。”（《明实录》）
穆宗隆庆三年（公元 1569 年）	沛县	“七月壬午，河决沛县，自考城、虞县、曹、单、丰、沛抵徐，俱罹其害，漂没田庐不可胜数。”（《明穆宗实录》）
万历三年（公元 1575 年）		“六月，霖雨不止，河淮并涨，河从崔镇等口北决，淮从高家堰东决，淮南北共成一湖，徐、邳至淮南，漂荡千里。”（《明史·河渠志》）
万历四年（公元 1576 年）	丰、沛等地	“河决韦家楼，又决沛县缕水堤，丰、曹二县长堤，丰、沛、徐州、睢宁、金乡、鱼台、曹、单田庐漂溺无算。”（《明史·河渠志》）
万历十五年（公元 1587 年）	祥符	“河决祥符刘兽医口，溢阳武、封丘及兰阳，又决荆隆口，挟淘北河，冲决长垣之大社集，直薄东明各县。”（《明史·河渠志》等）
万历十七年（公元 1589 年）	祥符	“黄河暴涨，决兽医口月堤，漫李景高口新堤坏田庐，没人民无算。”（《明史·河渠志》）

续表 2-5

年代	决溢地点	灾情
万历四十四年（公元 1616 年）	徐州、开封	“五月，复决狼矢沟，由蛤鳗、周柳诸湖入泇河，出直口，复与黄会。六月，决开封陶家店、张家湾，由会城大堤下陈留，入亳州涡河。”（《明史·河渠志》）
崇祯十五年（公元 1642 年）		“九月，闯王李自成围开封，巡抚高名衡掘黄河朱家寨马家口灌之，河骤决，排城北门入，穿东南门出，流入涡水。”（《明史·河渠志》等）

3. 治河重在保漕

元代南北交通主要依靠海运和陆上运输。为了摆脱海运的危险和陆运的艰难，曾先后开凿了济州河、会通河、通惠河，并借助黄河、卫河、淮扬诸湖，基本上沟通了南北漕运的通道。但由于山东分水点位置选择欠佳，向北水量很小，运道浅阻，只能通过小船。当时运输仍以海运为主，漕运只能起辅助作用。明代对山东段运河进行了改造，使运道大为改善，从而替代了海、陆运输，成为南北交通的大动脉。明代从明成祖朱棣以后建都北京，京都的供应主要依靠江南支撑，运河成了经济运行的生命线，受到统治者的高度重视。保护漕运也成了黄河治理的最高原则。所以，“北岸筑堤，南岸分流”成了明代大多数时间内主要的治河方针。当时黄河和运河的关系错综复杂，纠葛难理。就运河北段而言主要是“遏黄保运”。明代黄河决溢频繁，如果向北决口就会冲毁或淤塞运道，造成漕运中断。而南段运河与黄河的关系更为复杂，既要遏黄保运，又要引黄济运。徐州以南，河运合一。如果黄河水小，不能有效地补给徐州上下的运河水量，运道浅涩难行；如果水量过大，又会造成堤防决口、河道淤塞，使运河无法通行，明代为此采取过许多治理措施，但终其一世也未得到很好的解决。嘉靖年间的山东左布政使王轨在《处河患恤民穷以裨治河疏》中曾说："圣朝建都于西北，而转漕于东南，运道自南而达北，黄河自西而趋东。非假黄河之支流，则运道浅涩而难行。但冲决过甚，则运道反被淤塞。利运道者莫大于黄河，害运道者亦莫大于黄河。"工部尚书朱御也说，"古之治河惟欲避害，而今之治河又欲资其利，故河出境山以北则闸河淤，出徐州南则二洪涸。惟出自境山至徐州小浮桥四十余里间，乃两利而无害"❶，"茶山以北，当防黄河之决而入，茶城以南，当防黄河之决而出"❷。

明代除保漕外还有"护陵"的任务，即保护凤阳皇陵、寿春王陵和泗州祖陵不受洪水侵犯，这使得治河操作更加错综复杂。明代人谢肇淛在论及治河时曾说："至于今日，则上护陵寝，恐其满而溢；中护运道，恐其泄而淤；下护城廓人民，恐其湮汩而生谤怨。水本东而抑使西，水本南而强使北……今之治水者，既惧伤田庐，又恐坏城郭，既恐妨运道，又恐惊陵寝；既恐延日月，又欲省金钱；甚至异地之官，竟护其界，异职之使，多争其利。"❸这个评论说明了明代治河的复杂性，也道出了明代治理难以取得很大成就的症结所在。有人评论："明代疏于治河，而注重运道，砀徐以上之大河，惟崇北岸堤防，卫山东运道也，陈瑄筑淮安大河南堤卫淮南运河也，而大河本身之理乱，未遑顾及，终明之世，中州河患不息，半由于此。"[27]

● 重大河事

明代治河在指导思想上虽有偏颇，但对黄河治理还是很重视的，先后组织过多次重大的治河行动，在河防制度、河工技术上也有长足的进步。另外，在疏通南北大运河、开发黄河水利等方面取得

❶ 《明穆宗实录》。

❷ 《明史·河渠志》。

❸ 《北河记》。

了显著的成就。

1. 改建大运河

明代运河与黄河关系十分密切，既要借助黄河保证漕运，又时常受到黄河淤积变动的干扰，保证运河畅通成了治黄的一项重大任务。元代南北大运河虽已沟通，但由于山东段道窄水浅运量不大，加之洪武二十四年（公元 1391 年）黄河在原武决口，漫安山湖而东流，使会通河严重淤塞、无法通行。此后，南北运输“一仍由海，而一则浮淮入河，至阳武，陆挽百七十里抵卫辉，浮于卫”[1]。由于“海运多险，陆挽亦艰”，改建疏通大运河就提上了重要日程。朝廷决定修浚会通河并命工部尚书宋礼等主持这一工程。宋礼受命后亲临工地，反复勘察并接受汶上老人白英的建议，在汶河下游东平县修建戴村坝（见图 2-11），横亘 5 里拦截汶河水流入济宁以北的南旺。南旺地势高，南北分水都很便利，被称为“水脊”。在此将汶水分流为二，南流接徐邳者十之四，北流达临清者十之六[2]。为了节制水流，又“相地置闸，以时蓄泄”。分水工程完成后，宋礼又自汶上袁家口至寿张沙湾之间开挖新河道，把会通河东移 50 里，在河南境内疏浚黄河故道，引水至鱼台县塌场，“会汶水，经徐、吕二洪南入于淮”[3]，接济运河南段的水量。此后平江伯陈瑄，又“自淮安城西管家湖凿渠二十里，为清江，导湖水入淮，筑四闸以时宣泄”[4]，使南来漕船经由湖水直接进入淮河，南北大运河全线畅通，“自是漕运直达通州，而海陆运俱废”[5]。大运河改建以后取代了海上和陆地运输，成为明代南北交通的命脉。但这条运输线路时常受到黄河的威胁。其一，黄河决口改道，屡屡冲毁运道；其二，徐州以南数百里借助黄河通航，“河运合一”，黄河的决口改道常使运道淤塞，无法通行。嘉靖以后虽然竭尽全力采取多种措施，并两次另开新河，使“河运分离”，避

---

[1][3][5]《明史·河渠志》。

[2]《明史·宋礼传》。

[4]《明史·陈瑄传》。

开黄河之险，但直到明代灭亡，始终未能摆脱黄河的困扰。

图 2-11　戴村坝

2. 徐有贞、白昂、刘大夏治河

明正统十三年（公元 1448 年），黄河在河南两处决口，一决南岸由荥泽经颍水入淮，一决北岸由新乡八柳树经延津、封丘、濮阳至张秋沙湾冲入会通河，将运道冲毁。不仅运河北段临清以南运道艰阻，而且南段徐州上下也因决口而淤浅难行。朝廷受到很大震动，先后派多人前往督治，但屡堵屡决，均未取得成功。景泰四年十月，派合都御史徐有贞到沙湾进行治理。徐有贞从山东到河南对决河的形势进行了勘察。勘察后认为："水势大者宜分，小者宜合，分以去其害，合以取其利，今黄河之势大，故恒冲决，运河之势小，故恒干浅。必分黄河水合运河，则可去其害而取其利。"也就是说，黄河水量大，极易冲决，而运河水量小，又难以保证运河通行，可以用黄河之水补充运河水量的不足，以达到去害兴利的目的。为此，他采取了三项治理措施：第一，疏导。沿决河两岸修筑堤防，"设渠以疏之，起张秋金堤之首……以接河、沁，筑九堰以御河旁出者，长各万丈，实之石而键以铁"，总长数百里，保证引黄济运，防止河道摆动乱流。第二，分水。在入运河之前修建分水工程，一为水门（可能是溢流堰），其顶部高出正常水位 5 尺。大水时溢流分水，小水时导入运河。二为分水河，导广济河注入博陵二泊及八百里梁山泊，大水时分滞超量洪水。另修闸门两座对水量进行控制，使洪水不至泛滥。第三，疏浚。对沙湾至临清间的运河进行疏浚，并于东昌之龙湾、魏湾建闸 8 座,以启闭宣泄,然后汇入古河道,入渤海。工程于景泰六年(公元 1455 年)完工。沙湾决口前后近 10 年,至此得到治理,“河水北出济漕,而阿、鄄、曹、郓间田出沮洳者百数十万顷”(以上均引自《明史·河渠志》)。山东河患少息,漕运也得到恢复。

弘治三年(公元 1490 年),黄河在河南境内大决,再次冲入张秋漕河。朝廷命户部侍郎白昂前往修治,并赐以特敕,令“会山东、河南、北直棣三巡抚自上源决口至运河,相机修筑”。这次白昂采取了不同于徐有贞南北分疏的治理策略,而是采取南分北塞的治理方法。“南岸疏浚以杀河势”,从中牟决河引河出荥泽杨桥汇入淮河;疏浚宿州古汴河入泗水;疏浚睢河自归德饮马池经符离桥至宿迁汇漕河。北岸筑堤塞口以防止运河受到破坏。堵塞决口 36 处,修筑阳武堤防,“使河流入汴,汴入濉,濉入泗,泗入淮,以达海”❶。

白昂治理后不过两年,黄河又自河南的祥符、兰阳等地决口,均向北冲入运河,形势十分严重。弘治六年(公元 1493 年)任命刘大夏为副都御史治理决河。在任命刘大夏的圣谕中指导思想非常明确。圣谕说:“朕念古人治河,只是除民之害,今日治河,乃恐妨运道,致误国计,其所关系,盖非细故。”并要求“即移文总督漕运、巡河、管河等官约会,自济宁循会通河一带,至于临清,必使粮运通行,不至过期,以失岁额。粮运既通,方可溯流寻源,按视地势,商度工用,以施疏塞之方,以为经久之计……其勉之慎之”❷。也就是说,保证运河畅通是第一要务,其他治理事项可以从容处置。根据圣谕要求,刘大夏采取坚决遏制北流、分水南下入淮的治理策略。首先,在张秋运河“决口西南开挖月河三里许,使粮运可济”,恢复了漕运。然后,“浚仪封黄陵岗南贾鲁旧河四十余里”,“浚孙家渡,别凿新河七十余里”,并“浚祥符四府营淤河”,使黄河水分别进入颍河、涡河和归徐故道入淮。最后,于弘治七年(公元 1494 年)十二月堵塞张

❶ 《明史·河渠志》。

❷ 《明孝宗实录》。

秋决口。堵塞张秋决口采取了类似贾鲁沉船筑堤的方法，工程浩大。为了纪念堵口成功，明孝宗还下旨把张秋镇更名为“安平镇”，张秋堵口以后刘大夏又先后堵塞了黄陵岗、荆隆口等7处口门，并在北岸坚筑堤防，严防黄河北犯。修筑了西起胙城经滑县、长垣、东明、曹州、曹县到虞城长360余里的“太行堤”，以及由于家店经铜瓦厢到小宋集160里的堤防。这使河南黄河北岸有了强固的防洪屏障，此后河南北岸决口大为减少。

3. 刘天和、朱衡、万恭治河

明代后期的正德至隆庆年间（公元1506～1572年）仍采用明代前期北岸筑堤、南岸分流的治理策略，造成下游河道严重淤积，特别是归、徐之间河道此淤彼决，南北滚动，运道也随之时塞时通。60多年间总理河道的大臣换了40余人，而多数对河患束手无策。稍有建树者不过刘天和、朱衡、万恭等数人而已。

刘天和于嘉靖十三年（公元1534年）以都察院右副都御史总理河道，就任不久河决赵皮沟南流入淮，使下游进入运河的水流断绝，运道受阻。嘉靖十四年即着手治理，先后“浚河三万四千七百九十丈，筑长堤，缕水堤一万二千四百丈，修闸座一十有五，顺坝八，植柳二百八十余万株”，使“运道复通，万艘毕达”（《问水集》），取得了显著效果。他在治理上虽仍沿袭前期北岸筑堤、南岸分流的方略，但在疏浚方法和堤防管理等方面都有所创新。他提出的“植柳六法”（卧柳、低柳、编柳、深柳、漫柳、高柳）对后世的堤岸防护有较大影响，著有治河专著《问水集》。

嘉靖四十四年（公元1565年）秋，黄河大决，河道纵横奔流。朱衡以工部尚书兼理河漕，与潘季驯一起负责治河。嘉靖四十五年朱衡巡视了决口情况，采取了两项治理措施。第一，他指出黄河进入运河的位置对运河淤积有较大影响。“河出境山（徐州北四十余里）以北，则闸河淤；出徐州以南则二洪涸；惟出境山至小浮桥四十余里间，乃两利而无害”，于是“筑马家桥堤三万五千二百八十丈，西堤三十里，遏河之出飞云桥者，趋秦沟以入洪”。第二，在昭阳湖以东开挖新的运河，从鱼台县的南阳到沛县的留城计50余里，使这一段的黄河与运河分离，解决了黄河侵袭运河河道的问题。经过这一治理，取得良好效果，“于是黄水不东侵，漕运通而沛流断矣”[1]。

万恭，南昌人，曾任兵部侍郎、山西巡抚、河道总督之职，著有《治水筌蹄》，是明代后期比较杰出的治水人物之一。他曾与朱衡共同领导徐州以下的治河工程，并“专事徐、邳河，修筑长堤自徐州至宿迁小河口三百七十里，并缮丰、沛大黄堤”。他于隆庆五年（公元1571年）十二月以兵部侍郎总理河道，使“正河安流，运道大通”，取得了较好的治理成绩；而且他认真总结治河经验，提出不少精辟见解。他反对自金、元以来分流治河的办法，主张“合流治河”。他指出：“水专则急，分则缓，河急则通，缓则淤，治正河可使分而缓之，道之使淤哉？今治河者，第幸其合，势急如奔马，吾从而顺其势，堤防之，约束之，范我驰驱，以入于海，淤安可得停？淤不得停则河深，河深则水不溢，亦不舍其下而趋其高，河乃不决。故曰黄河合流，国家之福也。”他对黄河水沙的特征有了较深入的了解。他指出：“如欲深北，则南其堤，而北自深。如欲深南，则北其堤，而南自深。如欲深中，则南北堤两束之，冲中坚焉，而中自深。此借其性而役其力也。”[2]他也是主张以河治河、束水攻沙的代表人物之一。

4. 潘季驯治河

潘季驯（公元1521～1595年），浙江乌程（今吴兴）人，曾任工部尚书、左都御史等职。从1565年至1592年的27年间，曾4次主持河务先后达10年之久。特别是后两次主持治河，朝廷授予全权，特许“便宜行事”，使其治河主张得以全面实施，取得了显著的治理成就。他不仅是明代著名的治河专家，也是对后世有重大影响的治河人物，在黄河治理的历史上享有重要的地位。

金、元以后黄河治理一直采用“北岸筑堤，南岸分流”的治理方

---

[1] 《明史·河渠志》。

[2] 《治水筌蹄》。

针，致使河道淤积严重，河势摆动频繁，河道乱流，水患不已。潘季驯认真总结了前人治河的经验教训，摒弃了不合时宜的“分疏”治理方法，提出了“筑堤束水，以水攻沙，蓄清刷黄，以河治河”的治理方略。潘季驯认为，河、运、淮、海应作为一个整体进行综合治理，反对只着眼于局部，头疼治头，脚疼医脚。他指出：“通漕于河，治河即以治漕，会河于淮，则治淮即以治河，会河、淮而同入于海，则治河、淮即以治海。”进而提出束水攻沙，蓄清刷黄，集中水流将泥沙冲刷入海的总体构想。他十分重视堤防的作用，强调指出：“防敌则曰边防，防河则曰堤防。边防者，防敌之内入也；堤防者，防水之外出也。欲水之无出，而不戒于堤，是犹欲敌之无入，而忘备于边者矣。”他把堤防工程分为遥堤、缕堤、格堤、月堤 4 种（图 2-12），按照不同情况在河道两侧修筑。他指出 4 种堤防的不同功能：“遥堤约拦水势，取其易守也。而遥堤之内复筑格堤，盖虑决水顺遥而下，亦可成河，故欲其遇格即止也。缕堤拘束河流，取其冲刷也。而缕堤之内复筑月堤，盖恐缕逼河流，难免冲决，故欲其遇月即止也。”[1]

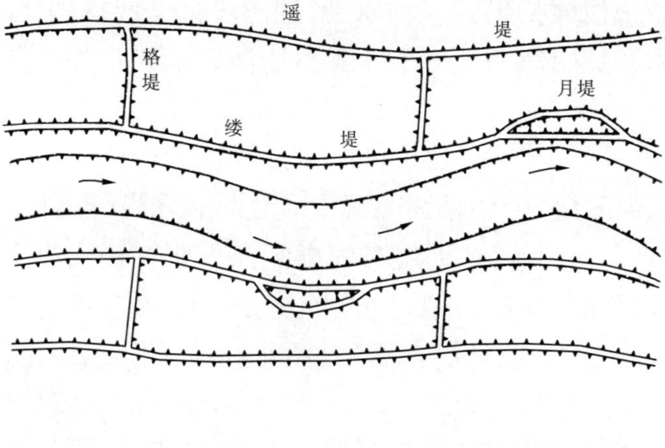

图 2-12　遥堤、缕堤、格堤、月堤示意图

---

[1] 《恭报三省直堤防告成疏》。

潘季驯在万历七年(公元1579年)第三次主持治河时,按照"塞决口以挽正河,筑堤防以杜溃决"的指导思想,在河道南北两岸大力修筑堤防,"筑高家堰堤六十余里,归仁集堤四十余里,柳浦湾堤七十余里,塞崔镇等决口百三十,筑徐、睢、邳、宿、桃、清两岸遥堤五万六千余丈,砀、丰大坝各一道,徐、沛、丰、砀缕堤百四十余里,建崔镇、徐升、季泰、三义减水石坝四座,迁通济闸于甘罗城南,淮扬间堤坝无不修筑,费帑金五十六万有奇"。经过这次治理,在河南以下基本形成了完整的堤防体系,以致"高堰初筑,清口方畅,流连数年,河无大患"❶,取得了显著的治理成就。万历十六年在他第四次主持治河时,因时隔数年,堤防失修,"高者日卑,厚者日薄",防洪作用降低,他又对堤防进行了一次全面的整修、加固。不仅对山东、南直棣的堤防进行整修,也对河南段的堤防进行了整修加固。在山东、南直棣的12州县,加帮创筑遥堤、格堤、太行堤、土坝等工程长13万多丈。在河南的荥泽至虞城的16州县中,帮筑、创筑遥、缕、格、月等堤和新旧大坝计14万多丈,使堤防体系更加完整坚固。潘季驯实行筑堤束水、以水攻沙的治理方略,并不完全排斥分洪,如在《两河经略疏》中他就指出:"黄河水浊,固不可分。然伏秋之间,淫潦相仍,势必暴涨。两岸为堤所固,水不能泄,则奔溃之患,有所不免。今查得古城镇下之崔镇口、桃园之陵城、清河之安娘城,土性坚实,合无各建滚水石坝一座,比堤稍卑二三尺,阔三十余丈,万一水与堤平,任其从坝滚出,则归槽者常盈,而无淤塞之患。出槽者得泄,而无他溃之虞。全河不分,而堤自固矣。"潘季驯在提出束水攻沙的同时还提出在会淮河段"蓄清刷黄"的主张。他认为:"清口乃黄淮交会之所,运道必经之处,稍有浅阻,便非利涉。但欲其通利,须令全淮之水尽由此出,则力能敌黄,不为沙垫。"他提出修归仁堤、柳浦湾堤,防止黄河南侵进入洪泽湖;大筑高家堰提高洪泽湖水位,使淮河水全由清口进入黄河,不使倒灌入湖。他采用这些措施后,"使黄、

❶ 《明史·河渠志》。

淮力全,涓滴悉趋于海,力强且专,下流之积沙自去”,因而使得河道冲刷、入海通畅,取得了明显的治理效果。

● 方略述评

明代中期以前,一直沿袭金、元以来分流治理的方法,“分流论”也在治河人士中占据主导地位。明代前期比较著名的治河者徐有贞、白昂、刘大夏、刘天和等都是分流论的主张者和实行者。明代后期以潘季驯、万恭为代表提出“合流论”的主张,并在治河中取得显著成效,逐步为当时的人们所接受,而且对后世治河也有较大的影响。此外,也有人提出改道、沟洫治理等主张。

1. 分流论

明代早期主张分流的代表人物是宋濂,他是元末明初人,曾主修《元史》。他认为分流可以杀减水势,减轻防洪压力,保证防洪安全。他在《治河议》中列举了历史事例,“自禹之后无水患者七百七十余年,河之流分而其势自平也。孝武时,决瓠子,东南注钜野,通于淮、泗,泛郡十六,害及梁楚,此无他,河之流不分其势益横也”,认为分流则无患。他还提出一个形象的比喻:“譬如百人为一队,则其力全,莫敢与争锋。若以百分而为十,则顿损。又以十各分为一,则全屈矣。治河之要,孰踰于此!”[1]明初从事治河的官员,也大多持有相同的看法,他们常把黄河决溢的原因归结为不分流或分流不够。例如,明嘉靖六年(公元1527年),从事治河的左都御史胡世宁在分析水患原因时就曾指出:“河自汴以来,南分二道:一出汴城西荥泽,经中牟、陈、颍至寿州入淮;一出汴城东祥符,经陈留、亳州至怀远入淮。其东分五道:一自长垣、曹、郓至阳谷出;一自曹州双河至鱼台塌场口出;一自仪封,归德至徐州小浮桥出;一自沛县飞云桥出;一自徐沛之中,境山北溜沟出。六道皆入漕河,而南汇于淮。今诸道皆塞,惟沛县一道仅存……宜因故道而分其势,汴西则浚孙家渡抵

[1] 《明经世文编》。

寿州以杀上流，汴东南出怀远，宿迁及正东小浮桥、溜沟诸道，各宜择其利便者，开浚一道，以泄下流。”

分流论的主张，对于一般清水河流，以及在特定的历史环境下的黄河还是有道理的，在治理上也是可行的。其失误在于忽略了黄河的多沙特性。黄河的含沙量大，常常超出水流的挟带能力。而分流造成河流挟沙能力锐减，泥沙在河道内大量淤积，依靠疏浚犹如杯水车薪，无济于事。例如荥泽孙家渡支河屡屡淤积。从弘治六年（公元1493年）到嘉靖十二年（公元1533年）的40年间，先后疏浚10余次之多，耗费公帑百万缗，结果随开随淤，始终未能疏通。嘉靖十二年又进行了一次大规模疏浚，共疏挖150里。第二年河水大涨，一淤而平。明代前期实行分流治理的结果，不但没有达到减轻灾害的目的，而且造成河道严重淤积，河势变化无常，“忽东忽西，靡有定向”，使明代成为黄河水患最为频繁的朝代之一。

2. **合流论**

明代后期以潘季驯和万恭为代表提出了“合流”的治河主张。合流论的提出是基于对黄河水沙的观察与理解，他们认识到黄河的大量泥沙需要水流来挟带，水流越集中，挟带泥沙的能力越强，进而提出筑堤束水、以水攻沙的治河主张。在这方面潘季驯有许多精辟的论述。他在《河议辨惑》中分析黄河的特性说：“黄流最浊，以斗计之，沙居其六，若至伏秋则水居其二矣。以二升之水，载八升之沙，非极迅溜，必致停滞。”他进而提出：“水分则势缓，势缓则沙停，沙停则河饱，尺寸之水皆由沙面，止见其高；水合则势猛，势猛则沙刷，沙刷则河深，寻丈之水皆由河底，止见其卑。筑堤束水，以水攻沙，水不奔溢于两旁，则必直刷乎河底。一定之理，必然之势，此合之所以愈于分也。”他在上奏皇帝的《恭诵纶音疏》中又进一步论述了筑堤的作用：“筑塞似为阻水，而不知力不专则沙不刷，阻之者乃所以疏之也。合流似为益水，而不知力不弘则沙不涤，益之者乃所以杀之也。旁溢则水散而浅，返正则水束而深……借水攻沙，以水治水，臣等蒙昧之见，如此而已。”潘季驯在第三、四次总理河道时，由于首辅张居正的支持和皇帝的信任，他的治河主张得以全面推行。第三次治河时先后修筑和加固堤防数百千米；第四次治河时更是创筑、帮筑堤防1 000多千米，最终形成了从河南经山东到南直棣（今皖、苏）包括遥、缕、格、月各种堤防在内的较完整的堤防体系，取得了“流连数年，河道无大患”的治理成就。潘季驯治河改变了金元以来“河道忽东忽西，靡有定向”的混乱局面，同时也成了治黄历史上从以疏分为主到以合流为主的重要转折点。

对于潘季驯的治河主张和治理成就，后世的不少学者都给以很高的评价。如清初的胡渭在《禹贡锥指》中说：“观其所言，若无赫赫之功，然百余年来治河之善，卒未有如潘公者。”清代治河专家陈潢在《河防述言》中说：“潘印川以堤束水，以水刷沙之说，真乃自然之理，初非矫揉之论，故日后之论河者，必当奉之为金科也。”近代水利专家李仪祉在论及潘季驯治河时说：“黄淮即合，则治河之功唯以培堤闸堰是务，其功大收于潘公季驯。潘氏治堤，不但以之防洪，兼以之束水攻沙，是深明乎治导原理者也。”[16]

潘季驯、万恭等人对黄河水沙关系和冲淤规律的认识较之前人大大前进了一步，在治河实践中也取得了明显的成效，对我国治河方略从疏分为主到合流为主的历史性转变起到了重要的作用。但是由于科技水平限制，他们对水沙规律的认识还停留在定性观察的阶段，不可能进行定量的分析和研究，因而在认识上也存在局限性。束水攻沙可以减少河道淤积，但它的减淤功能是有限度的。当水流含沙量超出其挟沙能力时，即使在束水状态下河道也会发生淤积。在实践中如果束水过急，束水工程的修守也十分困难。退一步说，即使通过束水可以完全攻沙入海，入海后由于河道延伸，比降变缓，输沙能力也将次递下降。因此，虽然束水攻沙是河道减淤的一种方法，但它的作用是有限度的，不可能彻底解决下游河道的淤积问题。事实上，在潘季驯治河以后，河道仍然不断地淤积抬高。他倡导的利用洪泽湖“蓄清刷黄”的措施，由于河道不断淤积抬高，以致功效渐微，最后也不得不放弃了。

3. 改道论

明嘉靖年间黄河在归、徐之间纵横乱流，河患频繁。光禄少卿黄绾在讨论治河时提出了改道的主张。他认为黄河自河南出山后，地势西南高、东北低，应因势利导改河向东北至津沽入渤海。他在《黄伯宗文集》中曾指出："今欲治之，非顺其性不可。川渎有长流，地形有定体，非得其自然不足以顺其性。必于兖冀之间，寻自然两高中低之形，即中条、北条交合之处，于此浚导，使返北流，至直沽入海，而水由地中行。如此治河，则可免河下诸路生民垫没之患。"万恭也曾提出将黄河的一些支流改道，减少进入黄河的水量，以达到治理黄河水患的目的。他在《治水筌蹄》中指出："河以南，水之大者莫如淮；河之北，水之大者莫如卫。若使伊、洛、瀍、涧……导之悉南归于淮……丹、汾、沁河……导之悉此归于卫。""黄河经由秦晋本来之面目，何患哉？"他进而具体提出由武陟木栾店开大樊口直下卫河的计划。

历史上在黄河上、中游没有控制洪水泥沙的有效手段。黄河的泥沙源源不断地进入下游，使河道所经之地不断淤积抬高，积累到一定程度改道就成为必然的趋势。人工改河是一个复杂的社会工程，牵涉到许多利益关系的纠葛，弄得不好就会造成社会动荡。所以，在历史上人工改河的建议很少被采纳。另外，改道还会造成巨大的经济损失。改道后在河道的初创时期决溢灾害一般也较为严重。因此，采取改道措施有较大风险。在原河道尚有行河潜力的情况下，应尽可能维持原有河道。从黄绾提出改河到公元 1855 年铜瓦厢决口改道又经历了 300 多年。可见，当时还不是应当改道的时机。万恭提出的支流改道方案，今天看来是不可行的。当时他还不了解黄河水沙来源及构成情况。他提出要改道的几条支流，基本上都是含沙量不大的清水河流，对中游的高含沙洪水有一定的稀释作用，有利于下游河道输沙入海，如果将这些支流改入淮河、卫河，黄河下游的淤积将会更加严重。

4. 沟洫治河论

明代还有人提出沟洫治河的主张，他们认为黄河源远流长，汇纳百川，流域面积十分广阔，夏秋多雨时节，百川汇流，河水暴涨，下游河道不能容纳，是造成黄河泛滥的主要原因。因此，他们提出在上、中游进行农田治理、建设沟洫等农田水利工程，也可因地制宜，开辟湖漅、陂塘等蓄水工程。在多雨时节将径流拦蓄在沟洫及蓄水工程之中，既能用于灌溉，发展农业生产，又能减少进入干、支流的水量，防范洪水灾害。提出这一主张的代表人物有明嘉靖年间总理河道的周用，明万历年间水利学家徐贞明、明末科学家徐光启等。周用在《理河事宜疏》中指出："夫以数千里之黄河，挟五、六月之霖潦，建瓴而下，乃仅以河南开封府兰阳县以南之涡河，与直隶徐州、沛县百数十里之间，拘而委之于淮，其不至于横流溃决者，实缴万一之幸也。"也就是说，黄河汇纳百川，水量丰沛，下游泄洪通道有限，必然造成溃决。他提出："夫天下之水，莫大于河。天下有沟洫，天下皆容水之地，黄河何所不容？天下皆修沟洫，天下皆治水之人，黄河何所不治？水无不治，则荒田何所不垦？一举兴天下之大利，平天下之大患！"徐贞明在其《西北水利议》中也提出了类似的主张。徐光启在《漕河议》中指出："治田者，用水者也。用水者，必将储水以待乏者也，水用之于田也多，水之储以待用于田也又多，则其入于川者寡矣。"他提出："欲治田以治河，则于上源水多之处，访古遗迹，度今形势，大者为湖漅，小者为塘泺，奠者为陂，引者为渠，以为储待。而其上下四周，多通沟洫，灌溉田亩，更立斗门牐堰，以时蓄泄，达于川焉。"

提出这一主张的人，着眼于在上、中游兴修沟洫工程，拦蓄洪水，减少进入下游的水量，达到防洪减灾的目的。这在当时是一种新的治理思路，比单纯治理下游眼界更加开阔。但他们只看到了拦减洪水，还没有看到拦减泥沙的重要性，其实拦减泥沙比拦减洪水的作用要大得多。当时这些主张也仅限于议论而已，并未付之实行。在当时小农经济的社会环境下，这种办法很难取得成效。黄河伏秋大汛主要来源于暴雨洪水，仅靠沟洫工程也难以取得很大效果。

第五节　清代治河

● 黄河形势

明末河决开封，尚未堵复明代已亡。清顺治六年堵复决口，回归明末故道。“由开封经兰、仪（仪封）、商（商丘）、虞（虞城），迄曹（县）、单（县）、砀山、丰（县）、沛（县）、萧（县）、徐州、灵壁、睢宁、邳（县）、宿迁、桃园（今泗阳），东经清河（今淮阴）与淮合，历云梯关入海”[1]。直到咸丰五年（公元1855 年）的200 多年间，虽然频繁决口，但没有发生大的改道。咸丰五年河决兰阳铜瓦厢，北流夺大清河入渤海，改变了700 多年南流夺淮入海的局面。

明末清初经历了40 多年的战乱，民生凋敝，堤防失修，黄河决口十分频繁，从顺治元年（公元 1644 年）到康熙十五年（公元 1676 年）的33 年间决口达22 年之多，决口年份占67%。特别是康熙元年到康熙十五年的10 多年间几乎年年决口。例如，康熙十五年因连续阴雨，河水大涨，倒灌洪泽湖，高家堰围堤决口34 处，黄淮合流东下，“杨树皆被水，漂溺无算”[2]。康熙十六年以后加强了对黄河的治理，黄河决口的次数有所减少。从康熙十六年到乾隆末年的119 年中，黄河决口的年份为28 年，占23.6%，是清代河患较少的时段。这一时期的决口，就决溢次数而言河南约占1/3，安徽、江苏一带占2/3，尤以铜山、睢宁两地最多。但大的决口多发生在河南，雍正、乾隆年间较大的决口有3 次，一是雍正元年（公元1723 年）六月，黄河于中牟县十里店、娄家庄决口，洪水南入贾鲁河，“祥符、尉氏、扶沟、通许等县村庄田禾淹没甚多”。同月，黄河北岸又决（武陟）梁家营、二铺营土堤及詹家店、马营月堤[3]。二是乾隆二十六年

---

[1][2]《清史稿·河渠志》。

[3]《续行水金鉴》。

(公元1761年)七月,黄沁河同时并涨,河南武陟、荥泽、阳武、中牟、祥符、兰阳共决口15处,其中,中牟杨桥决口达数百丈,大溜直趋贾鲁河,由涡河入于淮,河南开封、陈州、商丘,安徽之颍、泗等州县被淹,由大学士刘统勋督办堵塞。三是乾隆四十六年(公元1781年)七月,河决仪封,漫口20余处,北岸水势全由青龙岗夺溜北注,水入南阳、昭阳、微山等湖,余波入大清河,由大学士阿桂驻工督筑,两次堵口均告失败。后来,从兰阳三堡大堤外增筑南堤,开引河170余里,导水下注,由商丘七堡回归大河。两年后才将口门堵合,这是清代的一次局部改道。[16]清代黄河下游重大决溢见表2-6。

表2-6 清代黄河下游重大决溢

年代	决溢地点	灾情
顺治七年 (公元1650年)	封丘、祥符	“八月,决(封丘)荆隆、(祥符)朱源寨,直注沙湾,溃运堤,挟汶由大清河入海。”(《清史稿·河渠志》)
康熙元年 (公元1662年)	曹县、武陟、睢宁、开封等	“河决曹县石香炉,武陟大村,睢宁孟家湾。六月,决开封黄练集,灌祥符、中牟、阳武、杞县、通许、尉氏、扶沟七县。”(《清史稿·河渠志》)
康熙十四年 (公元1675年)	徐州、宿迁、睢宁	“决徐州潘家塘、宿迁蔡家楼,又决睢宁花山坝,复灌清河治,民多流亡。”(《清史稿·河渠志》)
康熙六十年 (公元1721年)	武陟	“河决武陟马营口、魏家口,注滑县、东明、长垣及濮州、范县、寿张,直趋张秋,由大清河入海。有恢复千乘大河之势。”(《清史稿·河渠志》等)
康熙六十一年 (公元1722年)	武陟	“河决武陟马营口,灌张秋,奔注大清河。”(《清史稿·河渠志》)
世宗雍正元年 (公元1723年)	武陟	“沁黄交涨,河溢中牟十里大堤。决武陟梁家营、二铺营、侯家店及荥泽各堤。”(《续行水金鉴》等)

续表 2-6

年代	决溢地点	灾情
乾隆二十六年（公元 1761 年）	武陟、荥泽等	“秋汛，沁、黄并涨，北岸武陟、荥泽、阳武、祥符四汛漫决内外堤一十五处。中牟县杨桥大坝，决口三百丈，水由涡、淝入淮，汇入洪泽湖。”（《清史稿·河渠志》等）
乾隆四十六年（公元 1781 年）	睢宁、仪封	“五月，决睢宁魏家庄，大溜入洪泽湖，七月，决仪封，漫口二十余处。”（《清史稿·河渠志》）
嘉庆二十四年（公元 1819 年）	祥符、陈留、中牟等	“河溢祥符、陈留、中牟，又溢考城北岸旧南堤，同时决南岸兰阳汛八堡，旋又决仪封上汛三堡，全河由涡入淮。九月，河决武陟县马营坝，大股由原武、阳武、延津、封丘等县下注张秋，穿运注大清河，分二道入海。”（《清史稿·河渠志》等）
道光二十一年（公元 1841 年）	祥符	“六月，决祥符张家湾，大溜全掣，水围省城。由涡入淮，归洪泽湖。”（《清史稿·河渠志》等）
道光二十三年（公元 1843 年）	中牟	“六月，决中牟，水趋朱仙镇，历通许、扶沟、太康入涡会淮。”（《清史稿·河渠志》）
咸丰五年（公元 1855 年）	兰阳	“六月，兰阳三堡无工处所漫决（即铜瓦厢决口）夺溜，下游正河断流。决河之水先向西北斜注，淹及封丘、祥符二县。复折转东北，漫淹兰阳、仪封、考城及直隶、长垣等县，至张秋镇穿运河，由大清河入海。”（《再续行水金鉴》）
同治七年（公元 1868 年）	菏泽、荥泽	“六月，上南厅溜势提至荥泽十堡，坐湾淘刷，水势抬高，漫堤过水，口宽二百余丈。决河之水经中牟、祥符、陈留、杞县、尉氏。扶沟泻注入淮，灾及安徽。 秋，黄流盛涨，冲决赵王河之红川口、霍家桥，大溜由安山入大清河，而沈家口、田家湾、新兴屯皆漫溢。菏泽胡家堰决口。”（《清穆宗实录》）

嘉庆以后，由于河道淤积，河床抬高，悬河形势日益发展，道光时的河道总督张井在奏折中就曾指出："城郭居民，尽在河底之下，惟仗岁请无数金钱，将黄河抬于至高之处。"[1]这一时期决口日见增多，正像魏源在《筹河篇》中所说："塞于南难保不溃于北，塞于下难保不溃于上，塞于今岁难保不溃于来岁。"河道呈现愈淤愈决、愈决愈淤的趋势。终于在咸丰五年(公元1855年)在兰阳铜瓦厢决口，夺大清河河道，改道东北，注入渤海。铜瓦厢决口以后，究竟是挽回故道，还是改行新河，朝廷大臣中意见分歧，争论不休，决策者举棋不定，犹豫不决，以致20多年间既未堵口，也未修堤，给泛区民众带来严重的灾难。直到光绪十年(公元1884年)才形成较为完整的堤防。新堤建成后也屡见决溢。从咸丰元年(公元1851年)至1911年清代灭亡的60年间，不计铜瓦厢决口未堵的年份，决口年份还有32年之多，是黄河决溢最严重的时段之一。

● 治理概况

清代前期对黄河治理相当重视。顺治元年就堵复了明末在开封扒开的缺口，使黄河回归故道，并分轻重缓急开始了对黄河的治理。顺治十四年(公元1657年)朱之锡任河道总督之后，制定了河工条例，对河工夫役、料物、职守及河工弊端等进行整顿，连续堵复了山阳、阳武、陈留等多处决口，对清初治河做出了一定的贡献。康熙初年堤防薄弱，决口频繁。当时藩镇割据，政局尚未稳定。连年征战三藩，军用开支也十分庞大。但康熙仍然关注黄河的治理，他把"三藩、河务、漕运"作为三件大事，书写在宫中的柱子上，时时提醒自己不可掉以轻心。康熙十六年他任命安徽巡抚靳辅为河道总督，对黄河进行了较大规模的治理。这次治理历时5年，修筑了黄河、运河堤防，堵复了大小决口，加培了高家堰堤防，完善了黄河下游的堤防工程体系。此后，又在明万历年间开泇河的基础上，自张

---

[1] 《南河成案续编·卷十三》。

庄运口经骆马湖口，又经宿迁、桃园到清河仲家庄开新河，称为“中河”，使运河180里的河道与黄河分离，免除因黄河淤积、决溢对运河的影响。经过这次治理，10多年间运河畅通，黄河没有大的决溢，取得了显著的成效。靳辅之后又先后任命于成龙、张鹏翮等为河道总督，对“中河”进行改造，使运河除清口穿黄处上下，其他河段与黄河完全分离，对保证漕运畅通起到了很大的作用，同时对清口及入海口河段进行疏浚治理。康熙十六年以后黄河决溢次数明显减少。雍正初年河患较多，修治任务比较繁重，雍正将黄河下游分为两段，今河南、山东段为“东河”，今安徽、江苏段为“南河”，分别任命齐苏勒、嵇曾筠为“东河”、“南河”的河道总督，此后又由高斌、白钟山等人接任。他们都沿用靳辅、陈潢的治河方略，使黄河没有发生太大的灾害。雍正、乾隆年间也是治理黄河较有成就的一个时期。

嘉庆以后清王朝政治腐败，国力日见衰微。黄河由于受泥沙淤积、河床抬高、河口延伸的影响，决口日益频繁，决口地点不断上移。嘉庆二十四年武陟、马营决河，道光二十三年中牟辛寨决河都对河道发生了较大影响。期间也有一些较有成就的治河人物如康基田、黎世序、栗毓美等，他们多是为抢险、堵口而疲于奔命，在整体治理上显得无能为力。嘉庆十八年（公元1813年）河督黎世序因接连决口曾投河自杀，可见当时河道壅塞，形势严峻，治河者已经一筹莫展，回天无术了。1840年鸦片战争失败后西方资本主义国家加紧了对中国的侵略，迫使清政府签订了一系列不平等条约，割地、赔款，从中国攫取大量财富。中国沦为一个半封建半殖民地的国家。这时黄河河道也进入行河晚期，堤防此堵彼决，灾害不断。咸丰五年（公元1855年）终于在铜瓦厢决口改道，黄河又进入了一个决溢频繁、灾害深重的时期。

• 重大河事

1. 靳辅、陈潢治河

康熙初年黄河不断决溢，尤其是康熙十五年（公元1676年）

黄淮并涨，奔腾四溃，堤防决口 20 余处。洪泽湖围堤高家堰决口 34 处，淹及淮、扬地区 7 个州县。康熙帝玄烨任命靳辅为河道总督，开展了较大规模的治理。靳辅的幕僚陈潢曾对黄河进行过实地考察，一直上行到宁夏一带，对黄河治理很有见地，是靳辅治河的重要参谋和助手。凡治河之事靳辅无不向陈潢垂询求教。靳、陈二人继承了潘季驯束水攻沙的治河方略。一是主张把黄河、淮河、运河作为一个整体统筹治理。靳辅批评了重视漕运、轻视治河的观点，指出："盖运道之阻，率由于河道之变迁，而河道之变迁，总由向来之议河者多尽力于漕艘经行之地，若于其他决口，则以无关运道而缓视之，殊不知黄河之治否，攸系数省之安危，即或无关运道，亦断无听其冲决而不为修治之理。""治河之道，必当审其全局，将河道运道为一体，彻首彻尾而治之，而后可无弊也。"❶二是重视堤防的作用。陈潢认为："治河者，必以堤防为先务……堤成则水合，水合则流迅，流迅则势猛，水猛则新沙不停，旧沙尽刷，而河底愈深。"❷三是继续实行蓄清刷黄，首先堵复了防止洪泽湖东决的主要屏障——高家堰堤防的 30 多处决口，并对高家堰加高加固，然后在砀山毛城铺、铜山五家山各建立水闸坝一处，在大水时分洪落淤，将清水退入洪泽湖，同时开挖 5 道从洪泽湖到清口的引河，使入湖之水集中于清口进入黄河，冲刷清口以下黄河河道。四是疏浚河口，对淮阳到河口段的河道进行重点疏挖，用挖出的土方修建和加固堤防，对云梯关以下的河口区也进行疏浚，以利于黄淮两河之水顺利冲沙入海。

在上述治河思想的指导下，靳辅、陈潢组织人力采取先小后大、先易后难的方法，先后堵复了黄河和高家堰的全部决口，计黄河 21 处、高家堰 34 处。对黄河、运河、洪泽湖的数千里堤防进行全面的整修加固，并创筑云梯关以下河口段堤防 1.8 万余丈，修筑了大量

❶ 《治河方略·河道敝坏已极疏》。

❷ 《河防述言·堤防》。

的埽、坝工程，并在堤上广泛植柳。进一步发挥缕堤、遥堤、月堤、格堤的作用，层层设防，约拦洪水，防止堤防冲决；修建分洪闸坝两座；对淮阳以下至河口的河道进行全面疏挖，保证近河口河段排洪畅通。经过5年的整治，黄河的防洪能力得到很大的提高。靳辅治河以后的20年间除康熙二十一年在宿迁决口并随时堵复外，再未发生过决口，出现了清代少见的安流时期。

2. 河运分离

元、明以来大运河徐州以南至清口河段均借黄河河道通漕，每遇黄河决溢或河道变迁往往造成运道浅塞，影响通航，明隆庆元年曾在骆马湖东开新河140里，万历年间又开泇河260里，使运河河道与黄河分离，但从泇河入黄处到清口仍有180多里借黄河通行。康熙二十五年（公元1686年）靳辅认为“运道经黄河，风涛险恶”，于是“自骆马湖凿渠，历宿迁、桃源至清河仲家庄出口，名曰中河。粮船北上，出清口后，行黄河数里，即入中河，直达张庄运口，以避黄河百八十里之险”。康熙三十九年（公元1700年）时任河道总督的于成龙认为：“中河南通黄河，难以筑提，乃自桃园盛家道口至清河，弃中河下段，改凿六十里，名曰新中河。”同年张鹏翮任河道总督，因“中河浅狭，且盛家道口河头弯曲，挽运不顺，因于三义坝筑拦河堤，截用旧中河上段，新中河下段合为一河，重加修濬，运道称便”。康熙四十二年（公元1703年）因中河出口处“逼溜南移，致碍运道，诏移中运口于杨家庄，即大清水故道”（以上均引自《清史稿·志一〇二》）。经过开挖和改造，南北大运河除清口穿黄处的数里外，与黄河河道彻底分离，既消除了黄河决溢对运道的影响，也减少了运河漕运对黄河治理的牵制。

3. 雍正、乾隆时期治河

雍正、乾隆二帝共执政70多年，当时国力强盛，对治河也比较重视。雍正、乾隆时期是黄河治理较有成就的一个时期。期间任职时间长、较有影响的治河人物有齐苏勒、嵇曾筠等人。他们在治河上都沿用靳辅、陈潢的治理方法，虽然在治河方略上没有什么新的建树,但都能恪尽职守,勤政务实,不断地巩固和强化堤防,取得了良好的治理成效,因而受到后人的赞誉。

齐苏勒在康熙后期曾参与治河,雍正元年任河道总督,上任伊始就“周历黄河、运河,凡堤形高卑阔狭,水势浅深缓急,皆计里测量”,对黄河、运河的形势进行全面勘察。当年四月,齐苏勒就上疏雍正皇帝,对河工存在问题进行全面的陈述,他在奏疏中指出:“黄运两河工程,甚属残废,更有预防要地,而河员置若罔闻。必至十分危迫,方形抢救,殊不思少失机宜,则一丈之险顿成百丈,千金之费糜至万金。”“清口御制石坝,为全河咽喉,并下中河一带,乃数百万天储经行之地,当年长堤大坝,何等坚固,今堤残埽腐,仅存旧迹,其余残落之处,难以悉数,可见河工废驰已非一日。历年奏销,不无虚冒。再道库钱粮,收发出入,甚不清楚。而各员所领银两,核对所做工程,每不抵半。”❶根据上述情况他严立章法进行整顿,查究督办,以示警戒。他在职 7 年中,谨守靳辅成法,疏浚修筑并举,对黄河下游和运河堤防进行全面的整修加固。经过整修,“黄河自砀山至海口,运河自邳州至江口,纵横绵亘三千余里,两岸堤防崇广若一,河工益完整”❷。雍正七年春他于任上去世。雍正帝认为他的治河功绩可与靳辅相比,“令有司春秋致祭”。

嵇曾筠在齐苏勒任河道总督时曾任副总河,常驻武陟嘉应观专门负责河南防务,在齐苏勒去世后任河南、山东河道总督,后又调任南河河道总督,共任职 13 年。在河南期间,他大力整修黄河两岸的堤防工程。仅雍正二年就培修南北大堤 22.3 万余丈,使“豫省大堤长虹绵亘,屹若金汤”。雍正三年又“加修南北两岸危险工程,增培两岸堤工,加筑土埽”。在南河期间,大修黄、运两河堤防 24.1 万余丈,并对“苇荡之柴,兵夫之土,住夫之堡,堤河两岸之柳,皆详审切究,俾有实用”,加强对工程、料物的管理。他还善于用各种形式的

❶ 《续行水金鉴·卷五·引殊批谕旨》。

❷ 《清史稿·齐苏勒传》。

坝、埽及裁弯取直的方法对河道进行整治，防止出现畸形河势，危及堤防安全。《清史稿》评价他说，“曾筠在官，视国事为家事，知人善任，恭慎廉明，治河尤著绩。用引河杀险法，前后省库帑甚巨”，给其相当高的评价。

齐、嵇之后治河较有成绩的还有高斌、白钟山等人。他们担任河道总督分别有16年和22年之久，在缮完堤防、筑堵决口等方面也做出较大成绩，使雍正、乾隆年间成为河患较少的时期。

4. 铜瓦厢改道

道光、咸丰年间，黄河河道淤积，河床抬高，悬河形势已十分严竣。兰阳铜瓦厢位于黄河由东流转向东南流的转折处，是当时的险要堤段之一（图2-13）。每当大汛之时，险象环生，常常是“下游固守则溃于上，上游固守则溃于下”[1]。咸丰五年（公元1855年）黄河发生大水，水位骤涨4米左右，7月5日堤防溃决，6日全河夺溜。决口后主流先向西北又折转东北，淹及封丘、祥符、兰阳、仪封、考城、长垣等县，后流入山东，淹及曹州、东明、濮州等地，在张秋横穿运河，夺大清河河道至利津县注入渤海。据《山东河口成案》等有关史料记载，河水泛滥给河南、直隶、山东三省的泛区州县带来了巨大的灾难。铜瓦厢决口不仅毁城邑、漂庐舍，使泛区之内哀鸿遍地，民不聊生，而且使运河漕运为之中断。河决之初清政府也曾打算兴工堵复。但当时正值太平天国和捻军农民革命方兴未艾之际，清政府扩充军队进行镇压，府库空虚，军费尚且不足，堵口之事无力顾及，只好暂时搁置。此后30多年中，朝廷之内对堵口一直存在两种不同主张。一种主张是，为了消除山东等地水患，恢复漕运，应当堵复决口，将黄河挽回故道；另一种主张则认为原河道淤积高仰，挽回故道工程艰巨，更兼府库空虚，经费难筹，应当因势利导，就河筑堤，改行新河。持两种主张的人各执己见，争论不休。最高统治者举棋不定，犹豫不决。除意见分歧、财力不足

[1] 魏源：《筹河篇》。

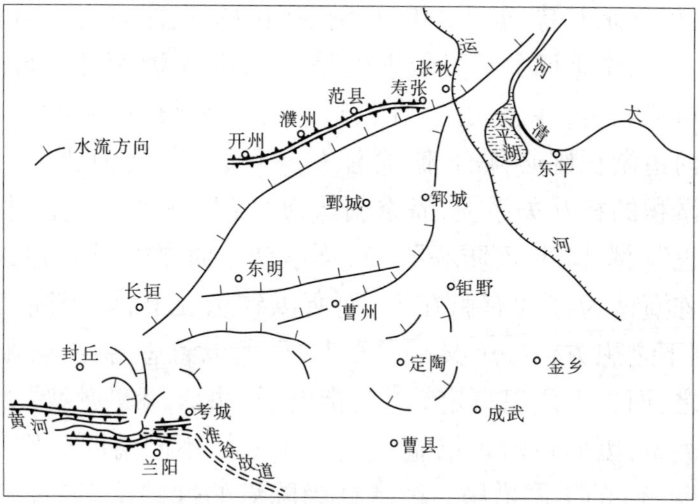

图 2-13　铜瓦厢决口初期溜势图

外,也有借黄河泛滥阻止捻军北进的用意。因此,在河决后的20多年中,除劝民筑埝自保外,在防治水灾方面很少有什么作为。直到光绪八年(公元1882年)才在两岸民埝的基础上普遍修筑堤防。光绪十三年之后两种主张的争论才告止息,大改道的格局就此形成。这次大改道基本结束了长达700多年黄河南流夺淮入海的局面,是近代黄河历史上的一个重大事件,对此后的治河也产生了深远的影响。

● 方略述评

1. 束水攻沙的成效及其局限

康熙十二年玄烨任命靳辅为河道总督。靳辅和陈潢一道继承了潘季驯的治河思想,采取"筑堤束水,以水攻沙"和"蓄清刷黄"等治理措施,取得了明显的治理成效。此后,"合流治理"的思想在治河者中间占据了主导地位,使黄河下游的治理方略发生了历史性的转变。靳辅、陈潢在治河思想上也有一些新的发展。潘季驯治河时由于"分流"、"合流"两种主张争论激烈,他更多地强调"合流"。而陈潢时对"分流"、"合流"的认识就更为全面,认为"拯河患于异涨之际,不可不杀其势,若平时虞其淤塞而致横决之害,必不可不合其流,是合流为常策而分势为偶事也"[1]。也就是说,分流、合流要视不同情况审势而定,在遇大洪水时,适时分流是很有必要的。但在平时为防河道淤积则必须合流,合流是常策,而分流为偶事。在决口和河道淤积的相互关系上,潘季驯认为"盖上决而后下壅,非下壅而后上决也"(潘季驯《河防一览》),不承认下游淤塞对上游决口的影响。而陈潢认为:"如有患在下,而所以致患在上,则当溯其源而塞之,而在下之患方休……又有患在上,而所以致患者在下,则当疏其流以泄之,而在上之患自定。"[2]其指出了"决口"和"淤塞"相互影响的辩证关系,因而在治理措施上也主张根据不同情况分别采取"筑堵"和"疏分"的不同措施。靳辅认为陈潢的这些认识"真可以补潘公未尽之旨矣"[3]。自靳辅以后采用束水攻沙的治理方略直至乾隆末年的120多年间河患减少,成为一个较安定的时期。但是在泥沙没有得到有效控制的情况下,束水攻沙不可能完全解决泥沙淤积问题。随着时间的推移,束水攻沙的局限性也逐步显现出来:

第一,河道淤积仍未得到遏制,合流治理,束水攻沙,虽然增加了输沙入海的数量,但河道淤积问题仍未完全解决。封闭的堤防体系缩小了泥沙沉积的范围,加快了两堤间河床抬高的速度。清代后期悬河形势仍在不断发展。道光时的河道总督张井在奏折中指出:"臣历次周履各工,见堤外(两堤间)河滩高出堤内平地至三四丈之多。询之老弁兵,佥云嘉庆十年以前,内外高下不过丈许。闻自江南海口不畅,节年盛涨,逐渐淤高。又经二十四年(公元1819年)非常异涨,水高于堤,溃决多处,遂致两岸堤身几成平陆。现在修守之堤,皆道光二、三、四等年续经培筑。其旧堤早已淤与滩平,甚或埋入滩底。城郭居民尽在河底之下"。根据现代对故道的测量,河滩一般高出背河地面7~8米,堤防防守已经相当困难。

第二,河口淤积延伸加剧。由于束水攻沙,大量泥沙经由河口

---

[1][2][3] 张蔼生:《河防述言》。

排泄入海,河口淤积延伸的速度加快。康熙三十五年时,河口已从云梯关向外延伸100多千米。由于河道延长,比降变缓,输沙能力下降,又造成河道自下而上的溯源淤积。此外,由于潮水顶托常在河口附近形成拦门沙,使河道泄流不畅。靳辅治河时就曾组织疏浚河口,“每二里半建一墩,令兵十五名居于墩侧,每墩给浚船一只,各系铁扫帚二个于船尾,系绳以五丈为度,每月之初一、十一、二十一日,两岸墩兵各乘浚船,或布帆,或鼓棹,或缆锚下铁扫帚于水底,溯流刷沙,往来上下……”实行两年,因收效甚微而撤销。康熙三十五年时,为了解决河口延伸、泄流不畅和拦门沙壅堵问题,河督董安国曾在云梯关以下北岸的马家港,挑挖引河1 200余丈,改引黄河向东北入海,采取人工改道的方法缩短入海流路,改善河口淤塞的状况。可能是流路选择不当,这次河口改道效果也不理想。

第三,蓄清刷黄难以为继。明代潘季驯治河时开始采取蓄清刷黄的策略,他加修洪泽湖东部的围堤高家堰,抬高洪泽湖水位,使淮河入湖之水由清口进入黄河。黄淮合力冲刷下游河道。到靳辅治河时,黄河河床抬高,已经出现了黄水倒灌的问题。他“自清口至周桥,九十里旧堤悉增筑高厚,并将周桥至翟坝三十里旧无堤之处,亦创建之”[1],进一步抬高洪泽湖水位以维持蓄清刷黄的态势。到了乾隆时期黄河在清口上下淤积日益严重,黄水倒灌之事常有发生。嘉庆十年(公元1805年)两江总督铁保在《筹全河治清口》一疏中指出:“嘉庆七、八、九年,河底淤高八、九尺到一丈不等,是以清口不能外出。”可见蓄清刷黄已经相当困难,当时治河官员怕延误漕艘转运,不得不借黄河倒灌之水进行浮送,名为“借黄济运”,但这样实施的结果,无异于饮鸩止渴,加重了洪泽湖入黄段的淤积。后来虽然采取了一些治理措施,但清水入黄困难的局面终究难以改变。道光七年(公元1827年),阮元提出了“海口日远,运口日高”说,分析了清口附近河床抬高的必然性。他认为,黄河挟沙入海积淀于海口,

[1] 靳辅:《治河要论》。

“愈积愈多,愈垫愈远……乾隆初年之海口,非康熙初年之海口矣。嘉庆初年之海口,非乾隆初年之海口矣,盖远数百里矣。今又三十余年。而清黄交会通漕之处,则未尺寸移故地也……然则运口昔日清高于黄,今常黄高于清者,岂非海口日远之故乎?夫以愈久愈远之海口,行陕州以东之黄水,自中州至徐、淮二府,逐里逐步,无不日加日高,低者填之使平,坳者填之使仰,此亦必然之势也”❶。他还为此作了图解(图 2-14)。可见,他通过观察对河口延伸与河床抬高的关系已经有了清晰的理解。

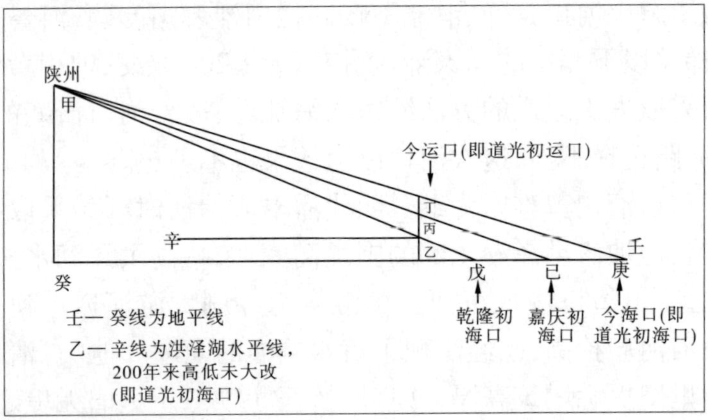

图 2-14 黄河海口日远运口日高图

从以上出现的问题可以看出,“筑堤束水,以水攻沙”的治理方略也难以解决河道淤积抬高的问题,河道的寿命是有限度的。

2. 分洪改道的主张

河道淤积,造成过洪能力下降,漫溢决口的机遇增加。为了减轻河道排洪的压力,乾隆十八年(公元 1753 年)吏部尚书孙嘉淦提出开辟分洪河道的主张。他说:“自顺、康以来,河决北岸十之九,北岸决溃运者半,不溃者半,凡其溃道,皆由大清河入海者也。盖大清河东南皆泰山基脚,其道亘古不坏,亦不迁移。前南北分流时,已受

❶ 《黄河海口日远运口日高图说》。

河之半。及张秋溃决，且受河之全，未闻有冲城郭淹人民之事，则此河有利无害，已足征矣……故臣言开减河也。”他又指出：“大清河所经，只东阿、济阳、滨州、利津四五州县，即有浸溢，不过偏灾，忍四五州县之偏实，可减两江二三十州县之积水，并解淮扬两府之急难，此其利害轻重，不待智者而后知也。”❶他所提出的分流主张，只是在非常洪水时分减水量，还不同于金元时期多股分流的治理方法，应该说是一种减轻灾害的措施。但这一措施也存在诸如迁安、防守等突出的问题，所以未被采纳。值得指出的是，他提出的分流路线与百年以后（1855 年）黄河大改道的路线正相吻合，说明他对黄河的形势还是有一定见解的。

乾隆年间赵翼还提出过两河轮换行水的主张。他认为，“河之所以溃决者，以其挟沙而行，易于停积，以致河身日高，海口日塞，惟持两边堤岸为之障束”。他主张开南北两条河道：一条是“寻求古来曹、濮、开、滑、大名、东平北流故道，合漳、沁之水入会通河，由清、沧出海”；另一条“就现在南河大加疏浚，别开新路出海”。两河选定之后，“虽有两河，而行走只用一河，每五十年一换。如行北河五十年，则预先浚南河，及南河将五十年亦预浚北河，使汹涌之水，常有深通之河使其行走，则无溃决之恙”❷。他主张用两条河道轮换挖河的方法保持河道畅通。这一方案有一些难以解决的问题：一是数量巨大，50 年河道淤积数量将以百亿吨计，以当时的装备条件几乎是不可能完成的；二是泥沙处理困难，挖河的泥沙大部分是床沙，既不适合筑堤，也不适合耕作；三是挖沙只能解决河道淤积问题，无法解决河口延伸、河道加长、比降变缓等问题。这种设想实际上是不可能实现的。

道光年间，黄河几乎到了年年决口的程度。曾任高邮知州的魏源于道光二十二年（公元 1842 年）提出了黄河改道的主张。他把当

---

❶ 《清史稿·河渠志》。

❷ 《蠡勺篇》。

时的河道与康熙时的河道作了比较，并指出："海口旧深七八丈者，今不过二三丈；河堤内外滩地相平者，今淤高三、四、五丈，而堤外平地亦屡漫屡淤，如徐州、开封城外地，今皆与雉堞等。洪泽湖水，在康熙时止有中泓一河，宽十余丈，深一丈外，即能畅出刷黄，今则汪洋数百里，蓄深至二丈余，尚不出口，何怪湖岁淹、河岁决？"他指出黄河以北地势低洼利于行河。"自来决北岸者，其挽复之难，皆事倍功半，是河势利北不利南，明如星日。河之北决必冲张秋，贯运河，归大清河入海，是大清河足容纳全河，又明如星日"。他还指出改道的迫切性和必然性。"使南河尚有一线可治，十余岁不决，尚可迁延日月。今则无岁不溃，无药可治。人力纵不改，河亦必自改之"。他提出的改道方案是："乘冬水归壑之月，筑堤束河，导之东北，计张秋以西，上至阳武，中有沙河、赵王河，经长垣、东明二县，上承延津，下归运河，即汉、唐旧河故道。但创遥堤以节制之，即天然河漕，张秋以东，下至利津，则就大清河两岸展宽，或开创遥堤，即如王景用钱百亿（合银500万两）尚不及兰阳、武陟之半（指堵口），河既由地中行，无高仰，自无冲决。"他还对改道涉及的工程、移民、通漕等问题进行了详细的分析，指出改道有"六利"。他对当时的河道形势有清醒的认识，深知徐淮故道无以为继。他说："由今之河，无变今之道，虽神禹复生不能治，断非改道不为功，人力予改之，上也。否则待天意自改之。"魏源的上述主张是很有道理的，可惜当时未引起应有的重视。13年后果然如他所料，黄河在兰阳铜瓦厢决口改道，夺大清河道注入渤海。

3. 汰沙澄源论

面对年复一年的泥沙淤积，也有人把黄河治理的目光投向了上、中游。乾隆年间的御史胡定曾上奏"河防事宜十条"，其中一条提出了在中游的沟涧中修坝拦泥、汰沙澄源的建议。他说："黄河之沙多出自三门以上及山西中条山一带破涧中，请令地方官于涧口筑坝堰，水发沙滞涧中，渐为平壤，可种秋麦。"他认识到黄河下游的泥沙淤积是中游水土流失造成的，主张在中游的黄土丘陵沟壑区打坝拦泥,淤地种麦,既可减少进入黄河的泥沙,又可发展农业生产。虽然在当时还不可能对泥沙来源区有详尽了解,但这种想法是很有见地的。他提出的办法也正是今天进行水土保持的重要措施之一。但当时这种想法并未得到决策者的认同,以"古未有行之者"为由而予否定。

清代,治河经验的积累、治河技术的提高,促进了治河理论研究,出现了不少治河专著。如靳辅的《治河方略》,张蔼生根据陈潢的治河言论编写的《河防述言》,张伯行的《居济一得》,傅泽洪的《行水金鉴》,胡渭的《禹贡锥指》,康基田的《河渠纪闻》,黎世序的《续行水金鉴》等。这些著作记载了当时主要的治河活动,总结了这一时期的治河经验,是我们研究黄河治理的宝贵历史遗产。

第六节　民国河务

从辛亥革命到中华人民共和国成立,共 30 余年时间,这一时期的中国大多处于战乱状态。辛亥革命后,虽然成立了统一的中华民国,实际上,革命的果实为新旧军阀所篡取,国家仍处于军阀混战、四分五裂的状态。特别是在 1931 年日本侵略军侵占东北,并逐步向华北渗透,于 1937 年发动了大规模的侵华战争,中华民族到了生死存亡的危急关头,黄河也进入了一个多灾多难的时期。

● 河务与河患

1. 机构

进入民国后的大半时间里,没有统一的治河机构,仅河南、河北、山东三省设有河务局或河防局,分别管理本省的河防。黄河的治理是一个上下关联的整体,三省分管无法统筹全局,上下各行其政,难以协调,特别两省交界处常常成为修防最薄弱的地方。张含英在《治河论丛》中指出:"河南、河北、山东之河务局分别成立,各不相谋,即以冀、鲁之交而论,出险之次数最多,而其最大原因厥为决口河北而患在山东，山东以职权所限，不克越界整理，河北以利害较轻，鲜能促起注意，虽两省人民各有水利协会之组织，然款则极难筹划，且人多有'各扫门前雪'之成见，只仅守本段，勿使出险而已。"直到1933年才成立了黄河水利委员会，统筹黄河治理工作，这期间一些有志于黄河治理的仁人志士，也提出过一些治河主张，进行过勘察规划，做出过一些贡献。但由于当时社会的种种原因，他们的才能多无从施展，愿望难以实现，虽经多年努力，也未能挽回河事日非的局面。

2. 堤防

民国初期军阀混战堤防失修。《豫河三志》引述文献记载："民国成立以来，军阀盘踞，竭泽而渔，所沿河堤工，除大堤外，几全数变卖于民人之手，河工之藩篱尽撤，洪水之危机四伏。"日本帝国主义侵华之后，战争破坏，民族危亡，堤防、埽坝更是千疮百孔，残破不堪。"堤防处处失修，河身节节淤垫，征之载籍，验之近状，以为河之败坏，殆未有今日之甚者"[1]。民国时黄河水利委员会曾对下游3省河防工程进行过一次全面勘查，勘查后形成的《勘查下游三省黄河报告》，对堤防情况有详细记述。现将记载内容节录一二：河南省"自柳园口至兰封之三义寨，工长九十余里，堤身高约四五尺，土质疏松，因系背工堤段，久经失修，致因汛雨侵蚀，水沟土坎，触处皆是。并为载重大车往来碾轧，横过堤身压成深槽。亦有地段毗连沙岗垄伏不平，或被村民剥削堤唇，从事耕种。甚至战时壕沟依然存在，残破不堪，靡复堤形"。河北省"南岸郭村寨以上至豫冀交界一段，原系民埝，是山东八县所筑，修守之事，向由山东负责。后因地属河北，民国十二年商定，培修工程费由冀鲁两省各担半数。民国十三年两省摊款加修一次，嗣后山东即未批款，以患在鲁境，河北方面亦置之不问。累年失修，遂残破不整矣。北岸自大车集东北至石头庄，50里间，因堤身异常卑薄，民国二十二年大水时，决口多至30

[1] 《豫河三志·附录》。

余处”。“由石头庄东北至高桑园，沿堤柳树成行，根株盘结，惟滑县老安堤殊嫌卑薄，又未种树种草，维护堤身，势甚危险”。山东省南岸“朱庄至黄花寺间，为黄花寺决口后江苏助款新筑的新堤，以工款不足堤工甚形卑薄，难御洪流”。北岸“自司里庄至齐河县城，堤岸险工虽较少，而堤顶高度殊悬不足”。“自利津堤西之大马家起，至盐窝止，五十里间，堤身颇嫌卑薄”。由上述记载可见，当时堤防残破失修已到了十分严重的程度，每遇大水，出现堤防决溢也就在所难免。

3. 河患

从民国元年到公元 1949 年的 38 年间，黄河决口的年份就有 17 年之多。如果再加上 1938 年决口后 9 年没有堵复，民国的大部分时间都处在黄河水患的威胁之下，是我国历史上黄河决溢最频繁的时期之一。如图 2-15 所示为 1933 年长垣黄河决口情况。

图 2-15　1933 年长垣黄河决口情况

民国期间不仅决溢次数多，而且灾害程度也十分严重。例如，民国十四年（公元 1925 年）河决濮阳南岸李升屯（今东明县境）民埝，同年九月二十日又决北岸黄花寺官堤。“黄水汹涌，建瓴而下，经濮、范、郓城，直冲寿张。顿时四县尽成泽国”，灾民均已奔散，住户大减。“登堤北望则飞沙茫茫，白色映空，残木枯树，渺无人影。大堤附近之水，虽已退去，而淀沙之多，实出意料。柳树干部，尽皆没入泥中，只余柳条一二，现出地面，高粱则全身陷入，间有穗头露出而已。昔日村庄,今成沙土,泽国之惨,良可悲矣”❶。民国二十二年黄河发生了22 000立方米每秒的洪水,仅黄河下游就决口56处。当时长垣县决口最多,灾害也最为严重。八月十一日(农历六月二十一日)“上午黄河水量骤增,东岸几与堤平,旋溃于庞庄堤内,不及一时,冲刷二十余丈,虽经抢堵,终归无效,由徐集、程庄等村而入东明县境”。西岸大堤也同时决口30余处,北流而入滑县境。“两岸水势皆深至丈余,洪流所经,万派奔腾,庐舍倒塌,牲畜漂没,人民多半淹毙,财产悉付波臣。县城垂危,且挟沙带泥淤淀一二尺至七八尺不等。当水之初,人民竟趋高埠,或蹲屋顶,或攀树枝,馁饿露宿。器皿食粮,或被漂没,或为湮埋。人民于饥寒之后,率皆挖掘臭粮以充饥腹。情况之惨,不可言状。被灾区域,东起东岸大堤及庞庄、李集、苏集、程庄、西至县西青岗、张屯、相如等村。广大十余里,袤四十余里,约占全县十分之九,实为长垣空前之大灾”❷。这次洪水淹及6省67县,总面积1.2万平方千米。受灾人口339.6万多人,死亡1.83万余人。又如民国二十四年(公元1935年)七月,黄河又决于山东鄄城董庄民堰,“分正河水十之七八,破堰东流阻于民修格堰,折而南,决官堤六大口,溜分二股,小股由赵王河穿东平县运河,合汶水复归还河;大股则平漫于菏泽、郓城、嘉祥、钜野、济宁、金乡、鱼台等县,由运河入江苏。又由南阳湖、昭阳湖递注于苏、鲁交界之微山湖,淹丰、沛、铜山三县。又灌邳县、宿迁县,由中运河注入六塘河、沭河,放溢四出,泗阳、淮阴、涟水、沭阳、东海、灌云等各县皆被灾”[27]。

在民国的水患中损失最为惨重的是民国二十七年(公元1938年)花园口决堤。当时日本侵略军已占领了平、津两市和河北、山西、山东等省的大部分地区,太原、上海和南京也相继沦陷。国民政府迁往武汉。五月十九日徐州失守,日军控制了津浦铁路和陇海铁

❶ 《治河论丛·李升屯黄河决口调查记》。

❷ 《长垣县志》。

路东段。数日后又调集大批兵力沿陇海铁路向西进犯,意欲攻取开封、郑州之后沿平汉铁路进攻武汉。此时开封危急,中原吃紧。六月一日国民政府军事委员会策令:将豫东二十万军队调往豫西山地,作战略转移,并掘黄河堤放水,以阻滞侵略。六月四日,敌军逼近开封。第一战区第二十集团军五十三军一团奉命在中牟赵口掘堤,在三十九军一团的协助下,次日晚 8 时炸开大堤,因水流不畅加之流势北移,改在花园口掘堤。六月六日夜半,新八师参谋熊先煜等 6 人上堤选址,经两昼夜突击,掘堤成功。十一日正值黄河涨水,赵口与花园口的泛水汇流。十一日花园口夺流。由于泛水漫延,日军沿陇海铁路西犯计划遭到阻挠,改由山路和沿长江进攻武汉。花园口大堤掘开后泛水滔滔,一股沿贾鲁河经中牟、尉氏、开封、扶沟、西华、淮阳、周口入颍河至安徽阜阳,由正阳关入淮河,另一股自中牟顺涡河,过通许、太康,至安徽亳县,由怀远入淮。洪水所至,庐舍荡然,人畜无由逃避,尽逐波臣,财物田庐,悉付流水。当时澎湃动地,呼号震天,其悲骇惨痛之状,实有未忍溯想。间多攀树登屋,浮木乘舟,以侥幸不死,因而仅保余生,大都缺衣乏食,魄荡魂惊。其辗转外徙者,又以饥馁煎迫,疾病侵夺,往往横尸道路,亦皆九死一生。艰辛备历,不为溺鬼,尽成流民。守恋家乡而不肯外逃者,更是迫于饥馑,无暇择食,每多以含毒野菜及观音粉(土)争相充饥。草根树皮,亦被罗掘殆尽,糠秕杂食,反为上馔。食后面目浮肿,肌肤绽裂,于是寂寥泛区,荒凉惨苦,几疑非复人寰矣❶。这次决口泛水波及豫、皖、苏 3 省 44 个县市。如图 2-16所示为 1938 年黄泛区示意图。据国民政府行政院在抗日战争胜利后的统计,共淹地 844 295 公顷,逃离 3 911 354 人,死亡 893 303 人。抗日战争胜利后,国民政府提出堵复花园口让黄河回归故道。而当时故道内大多是解放区。中共方面从大局出发同意黄河归故,但提出先复堤后堵口,以保证故道内人民群众的生命和堤防安全,并就此和国民党进行了多次谈判。堵口工程从 1946 年 3 月开始至 1947

---

❶ 《河南省黄泛区灾况纪实》。

年3月15日立堵合龙。黄河在花园口泛滥9年终于回归故道。表2-7为民国黄河下游重大决溢。

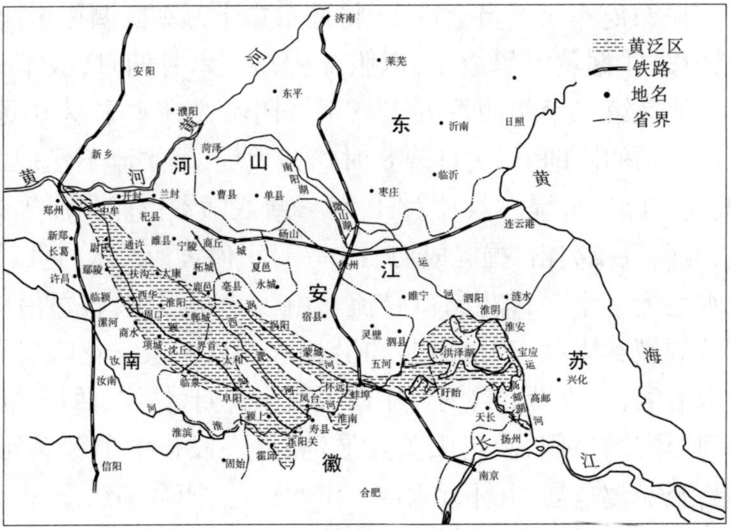

图2-16　1938年黄泛区示意图

表2-7　民国黄河下游重大决溢

年代	决溢地点	灾情
民国十四年(1925年)	鄄城、郓城、梁山	8月13日濮阳(今鄄城)李升屯民埝漫决600余丈。9月21日决黄花寺南岸大堤,27日又决黄花寺下游3里处,次年合龙。李升屯决口后漫水由障东堤和民埝间东泄,在野猪淖、黑虎庙与小路口间,将障东堤冲决两处。四杰村民埝(现临黄堤)回黄花寺决口倒漾,将堤漫决,次年堵合。
民国十五年(1926年)	利津、东明	6月,利津县八里店民埝决口。8月14日,东明刘庄决口,口宽40余丈,水入钜野赵王河,淹金乡、嘉祥两县,冬堵合。秋,利津县芦家园民埝漫溢成口。

续表 2-7

年代	决溢地点	灾情
民国二十二年（1933 年）	齐河、东阿、东明、温县、武陟、兰封、长垣	8 月，黄河决温县、武陟、长垣 3 县北堤数十口，决水沿金堤北流，至陶城铺流归正河。又决长垣南岸庞庄西北，漫淹兰封、考城，兰封小新堤、考城四明堂也各决一口，分水入南河故道。7 月，齐河县董桥大堤被水冲决，口宽 150 米，10 月堵合。东阿邵庄决口两处，相距 2.5 千米，口宽 60 米，当年堵合。
民国二十四年（1935 年）	鄄城	7 月，河决鄄城董庄临河民埝，分正河水十之七八……决官堤 6 大口，溜分两股，小股由赵王河穿东平县运河，合汶水复归正河；大股则平漫于菏泽、郓城、嘉祥、钜野、济宁、金乡、鱼台等县，由运河入江苏。
民国二十七年（1938 年）	郑州、中牟	日本侵略军进迫开封，国民政府军队为阻止日军西侵，于中牟赵口、郑县花园口扒决大堤，黄河夺淮入海，淹及豫、皖、苏 3 省 44 县市，受灾人口 1 250 万人，淹死 89 万人。

● 近代水利科技引入与治河方略探索

鸦片战争以后，西方资本主义国家加紧了对中国的侵略，使中国沦为半封建半殖民地社会。与此同时西方近代的科学技术也开始传入中国。中国的一些知识分子开始注意学习国外先进科技。清政府中的洋务派也企图利用西方的先进科技来维护清王朝的统治。清代末年中国向国外派遣的留学生越来越多，西方的工程技术人员也开始进入中国，民国以后中西方科学技术交流更加频繁。西方的水利科技在黄河上也得到一定的传播。据《再续行水金鉴》记载，清光绪四年（公元1878年），黄河上也采用公制计高来观测水位涨落。光绪十五年在河督吴大澄主持下，曾用西方的测绘技术绘制了豫、直、鲁3省的黄河下游地形图。民国以后新技术应用更加广泛。1919年分别在河南陕县和山东泺口设立了水文站，进行水位、流量、含沙量和雨量观测。此后相继在汾河流域设立雨量站，以扩大降雨观测的范围。民国期间广泛使用电话来传递水情。在河工方面，1921～1927年黄河下游出现了类似沉排的编箔工程，这种工程是“采仿欧美的成法”[16]，用做坝埽根基，具有很好的抗冲作用。1932年山东利津堵口，也采用西方的技术对传统的堵口方法加以改良。

清末和民国时期一些西方的水利专家也关注黄河，并对黄河进行过考察研究，提出过一些有益的见解。其中较为著名的有卢法尔、费礼门、恩格思、方修斯等人。清代末年比利时人卢法尔就提出，治理黄河要对黄河水沙情况进行观测研究。他说，只有“知盛涨水高若干，其性若何，停沙于河底者几多，停沙于滩面者几多”，然后才有可能作出正确的河床设计。也就是说要开展水量、沙量、河道淤积量的观测，作为工程设计的依据。美国工程师费礼门曾于1919年7～9月考察黄河，对黄河进行过水、沙量的测验，并且提出缩窄主河槽的治理主张。他的基本设想是在原有大堤之内“另筑直线新堤，在此新旧二堤之间，存留空地，任洪水溢入，可沉淀淤高，可资将来之屏障。如遇特别洪涨，并于新堤与河槽之间建筑丁坝，以防新堤之崩溃”。他建议“两岸新堤的间距约零点五英里（约800米），在丁坝控制下的河槽应不超过一千八百英尺（约550米）”。他曾以此委托恩格思在德国代做河工模型试验。大约由于试验的结果不够理想，所以后来便不再坚持这种主张。如他在给沈怡的信中说：“解决黄河问题，需要长久之分析与大力之研究，而不宜立即拟出计划实行之。”[16]他已初步认识到黄河治理的复杂性。

恩格思是19世纪末德国萨克逊大学的教授，著名的河工模型试验专家。他虽然没有来过中国，但对黄河的研究十分热心。他在

1920～1934 年的 10 多年间广集黄河史料，悉心研究，先后 3 次进行黄河河工模型试验，提出了“固定中水河槽”的治理方略，著有《制驭黄河论》。他认为：“按黄河之病，不在堤距之过宽，而在缺乏固定中水位之河槽，故河流于堤内之间可任意屈曲，迁徙莫定，害乃生焉。河流迁徙无常，即易荒废，故押转力（挟沙能力）弱，砂砾淤积，河床垫高，或河湾屈曲愈锐，日近堤防，冲刷堤基，洪水一至，而崩溃堪虞矣。治理之道，宜于内堤之间，固定中水位河槽之岸。河湾过曲，则裁之取直；河流分歧，则塞支强干。其利有二：一为中水河槽之‘谿线’可固定不移，一为河流之力刷深河床，不致展于过宽。而河床之垫高，固可避免，河湾亦不致近堤矣。且辽阔之滩地亦可保存无恙。当洪水大涨之时，水溢出槽，可淤积沃壤，日渐增高，即中水河槽，日益加深，冲刷力可将因此增大。”恩格思的学生、法国汉诺大学教授方修斯曾应聘来到中国协助淮河、黄河的治理工作，在黄河治理上也提出与恩格思类似的主张。他认为：“整理洪水河床，乃治黄河之第一步，应筑成与流势相适合较窄之新堤以束水，利用普通洪水冲刷河底，使洪位降低。特别大水，漫入新旧两堤之间，使之淤高。”恩格思等人的治河方略和潘季驯提出的束水攻沙相似。他们提出的固定中水河槽的主张对以后的黄河治理，特别对下游的河道整治有较大的影响。但是由于当时缺乏长期的观测资料和治河实践，还不可能提出切实的整治方案。他认为固定中水河槽就可以使河槽日益加深的看法也不完全符合实际。河槽冲淤规律比他们当时的想象要复杂得多。

民国时期一些进步的知识分子，致力于近代科学技术的传播和治黄研究，把近代科技和黄河的实际相结合，提出过一些治理黄河的方略和设想，有的还做过一些实际的治理工作。其中较为著名的有李仪祉、张含英、沈怡、郑肇经等人。

1. 李仪祉

李仪祉（1882～1938 年），陕西蒲县人，是近代最著名的水利学者之一，曾先后在德国柏林大学、但泽工业大学留学并与水利专家恩格思交往甚密。回国后曾在河海工程专科学校、西北大学、北京大学任教。民国期间先后担任过陕西水利局局长、建设厅厅长、黄河水利委员会委员长兼总工程师等职。他致力于近代水利科技的研究与传播,有大量的译文和著作。他说:"泰西各国治水成法,可供吾国人效仿者多,因其地理之关系,各有所特长。"❶他对黄河治理有精深的研究,著作有《黄河之根本治法商榷》、《黄河治本的探讨》、《黄河水文之研究》、《固定黄河河床之讨论》等。他认为应当引入现代科学的方法治理黄河:一为利用科学,作精确之测验,以测验之记录,推究河流丘壑之形势,气候之变迁,水位之高低,流量之增减,淤沙堆徙之情状,与夫床址长削之原因;二为详审计划,尤以科学之水文测验,以最精密之仪器,以洞求其蕴而窥其奥。同时,进行水工试验……以科学程序,控制河流,则河无可患,无水不利焉[18]。他把近代水利科技与我国传统的治河经验结合起来,提出了上、中、下游全面治理的治河方略,其主要内容有:"蓄洪以节其源,减洪以分其流,亦各配定其容量,使上有所蓄,下有所泄,过量之水有所分";在上、中游植树造林,减少泥沙下泄量,同时在支流"建拦洪水库以调节水量",并且于"宁夏、绥远、晋、陕各省黄河流域及各省内支流广开渠道,振兴水利",进一步削减下游洪水;在下游防洪方面,应为洪水"筹划出路,务使平流顺轨,安全泄泻入海"。具体意见一是开辟减河,以减异涨;一是整治河道,按照恩格思的办法"固定中常水位河槽,依各段中常水位流量,规定河槽断面,并依修正主河,设置工程,以求河槽冲深,滩地淤高"❷。他提出的上、中、下游全面治理的总体思路是:①在上中游植树造林,减少水土流失;②在上中游修建水库、发展引黄灌溉以减少和控制下游水量;③在下游整治河道以利于洪水下泄;④开辟减河滞蓄过量之洪水。他的治河思想较之历史上的治河方略有两个重要的进步:其一是重视黄

❶ 《治水本论》。

❷ 《黄河治本计划概要叙目》。

河水沙的定量研究。历史上对黄河水沙及冲淤的认识,多停留于定性的观察,他主张用现代科技手段进行定量的测验与研究,经过长期的观测研究掌握其变化规律。其二是进行全面治理。历史上治河多局限于下游,他则主张上、中、下游全面治理,开阔了治河思路,是我国治黄方略进步的一个新起点。李仪祉在任陕西水利局局长期间曾致力于关中八惠灌溉工程建设(即泾惠、渭惠、梅惠、黑惠、汉惠、褒惠、泔惠、洛惠等渠),作出了总体规划,建成了部分灌溉工程。他在黄河治理方面虽然提出了一些方略设想,但由于历史条件的限制都未能实施。

2. **张含英**

张含英(1900~2002年),青年时赴美国留学,毕业于哥伦比亚大学水利系,1924年任北洋大学校长,后从事江河治理及治黄工作,1942年任黄河水利委员会委员长。1946年曾领导黄河治本研究团,对黄河上、中游进行实地考察,1947年提出《黄河治理纲要》。新中国成立后曾任黄河水利委员会顾问及水利部、水利电力部副部长等职,早期的主要著作有《黄河流域之土壤及其冲积》、《黄河治理纲要》、《黄土高原和水土保持》等。

张含英十分重视黄河的观测研究工作,他认为:“黄河素有难治之称,它是我国文化的摇篮,但又被西方称为‘中国的祸害’,它的治理与开发,必须首先研究其规律与特性。在兴建一项关系重大的工程之前,又必须研究其对社会经济各方面的利弊与影响。所以它的前期工作,即观测、调查、试验、研究等,是极为繁重和必要的,而且有时是需要长期的。”他主张对黄河应以流域为对象进行整体的治理。他说:“治理黄河必须就全河立论,不应就下游论下游,而应上、中、下游统筹,本流与支流兼顾,以整个流域为对象。”他的这些治河主张对当时和以后新中国的治河都有重要的影响。新中国成立后,他还参与了黄河治理规划及重大工程建设研究。

民国期间对治河较有影响的还有沈怡、郑肇经等人。沈怡(1901~1980年),浙江嘉兴人,1925年毕业于法国德兰诗顿工业大学,获工学博士学位。回国后曾任甘肃水利农牧公司总经理、民国政府公共工程委员会主任。1948 年受聘于联合国,任远东防洪局局长。在甘肃水利农牧公司任内,曾组织对黄河上、中游的干流和渭河、大夏河、洮河及河西各流域的查勘,并大力开发河西水利,完成湟惠、博济、汭丰、永丰、永乐、靖丰、洮惠等灌渠的开发。1946 年邀请美国水利专家萨凡奇等 3 人组成黄河顾问团,对黄河进行实地考察,提出治理黄河的初步报告及建议。其中包括在陕县八里胡同(小浪底附近)建设峡谷型水库,以调节黄河水量并开发电力。抗日战争胜利后积极建议国民政府争取联合国救济善后总署对黄河花园口堵口工程予以援助,后获联合国通过。他的治黄著述有《中国之河工》、《黄河年表》、《黄河史料研究》、《黄河与黄土》、《黄河问题讨论集》等。郑肇经是民国期间著名的水利专家,毕业于同济大学,曾任国民政府经济委员会水利司司长。其致力于水利学理论和水利史研究,对黄河的历史变迁有较深入的探讨,著作有《中国水利史》等[27]。

民国期间,许多有志于水利的知识分子,对黄河治理进行了积极的探讨,但由于帝国主义的侵略、军阀混战、政治腐朽、经济困难等,他们的治河设想都没有实施。正如李仪祉先生所言:“唯是吾国水利,一受制于外强之参与,二受累于内政之不统一,三限于财政之竭蹶,故提倡者虽不乏人,而实施者无几。”❶

❶ 《水利概论》。

第三章　当代的治河成就和治理方略演进

新中国成立后党和政府对黄河治理高度重视，毛泽东、周恩来、邓小平等党和国家领导人多次到黄河视察，有关部门制定规划，投入了大量人力、物力、财力，开展了史无前例的黄河工程建设，取得了举世公认的治理成就。

新中国对黄河的治理，始终把保证下游防洪安全放在首要地位。先后4次大规模加高培厚堤防，石化强化险工，开展河道整治，修建一系列控导、护滩工程，陆续兴建了三门峡、陆浑、故县、小浪底等干支流水库，开辟了东平湖、北金堤等分滞洪区，形成了“上拦下排，两岸分滞”的防洪工程体系。同时，加强了防汛责任制、防汛队伍组织、防汛指挥调度、水文情报预报、防汛通信保障、防汛方案、预案等非工程措施。依靠沿河党政军民、黄河职工的共同努力，战胜了黄河发生的历次洪水，特别是1958年22 300立方米每秒有实测记录以来的最大洪水，保证了60多年伏秋大汛岁岁安澜，扭转了历史上“三年两决口”的险恶局面，给沿黄人民的生命财产和经济社会发展提供了安全保障。

在引黄灌溉方面，从新中国成立初期就积极修复原有灌区，并逐步兴建新灌区，此后，在上、中、下游修建了各种引黄工程，全面发展引黄灌溉事业。截至2000年，全流域已建成大、中、小型水库及塘、堰、坝等蓄水工程约10 100座，总库容约720亿立方米。引水工程9 860处，提水工程23 600处，下游引黄涵闸96座，建成万亩以上引黄灌区100多处，全流域引黄灌溉面积达733万公顷以上，黄河以占全国2%的水资源量承担着占全国15%的耕地的灌溉任务，为发展农业生产、保证国家的粮食安全做出了重要的贡献。新中国成立后引黄灌溉事业的发展，是历史上任何时期都无法相比的。

新中国成立之前水力资源开发利用几乎是空白。新中国成立后第一个黄河综合治理开发规划就把水力资源开发放在十分重要的位置。根据梯级开发的指导思想，规划在干流修建46座拦河枢纽工程（后调整为36座）。1957～1959年先后有三门峡、刘家峡、盐锅峡等7座水利枢纽同时动工兴建。截至2005年干流已建成枢纽工程18座，装机容量1 226.54万千瓦，至2004年累计发电4 544亿千瓦时，直接发电效益2 000多亿元，有力地促进了我国的能源建设和黄河流域的经济发展[29]。

随着经济的快速发展和人口的增加，黄河流域水资源短缺问题日益显现，供需矛盾日渐突出，已经成为流域经济发展的制约因素。目前黄河承担着沿黄50多座大中城市、420个县（旗）城镇，晋陕蒙地区能源基地和中原油田、胜利油田的供水任务，平均每年供水量达55亿立方米。20世纪70年代以来，黄河还承担了引黄济津、引黄济青、引黄入卫、引黄济淀等流域外供水任务，解决了这些地区用水的燃眉之急，取得了显著的经济效益和社会效益。

国家对黄土高原地区的水土保持工作十分重视，把它作为治理黄河的重要组成部分和改善生产条件、发展当地经济的重要措施。从20世纪50年代初就多次组织查勘，制定水土保持规划，开展大规模示范推广活动。经过几十年的努力，目前基本形成以农田基本建设、植被建设、沟道工程建设为主的三大治理措施体系。截至2005年底，黄土高原综合治理面积累计达21.5万平方千米，不但减少了大量泥沙，也改善了当地的生产条件和生态环境，为当地经济发展和人民生活水平的提高做出了贡献。

在治理黄河的伟大实践中，人们对黄河自然规律的认识也不断得到深化和提高。在总结、借鉴前人治河经验的基础上，以王化云等为代表，先后制定了“宽河固堤”、“蓄水拦沙”、“上拦下排”、“调水调沙”、“维持黄河健康生命”等新的治理方略和理念，并在实践中得到不断的丰富和发展。总结回顾治河方略发展演进过程，对今后黄河治理开发将有重要的启迪和借鉴作用。

第一节　宽河固堤　确保安全

●背景情况[30,31]

“宽河固堤”是新中国成立初期提出并实施的治河方略。1946年春,国民党政府为了配合向解放区的军事进攻,不顾国共两党关于黄河归故的多次协议,加快堵复1938年扒开的花园口大堤口门。当时,花园口以下黄河故道已经8年没有行河,1 100多千米的大堤多已残缺,黄河滩区已经居住着几十万人。如果立即回归故道,势必造成第二个黄泛区的历史悲剧。在此情况下,中国共产党在解放区建立治理黄河的机构,领导解放区人民开展“反蒋治黄”斗争,迁移滩区群众,大力恢复和整修故道的堤防险工。从1946年到1949年,每年都有三四万人在国民党的军事骚扰下,不怕牺牲,培修大堤,整修坝埽,防汛抢险,取得了支援人民解放战争和抗御洪水的胜利。就在中华人民共和国成立前夕的1949年9月黄河又发生了大洪水,花园口洪峰流量12 300立方米每秒,5天洪量达43亿立方米,濮阳以下堤防和全河险工全线告急。当时堤防标准很低,隐患很多,高水位浸泡时间一长,渗水管涌、堤顶塌陷、大堤脱坡、漏洞等险情接连发生。最险恶的时候,大堤坍坡竟日计百里,一周之间出现漏洞430多处,整个洪水过程山东出现漏洞582处之多。在紧急情况下,平原、河南、山东3省党政军民迅速动员起来,组织340余万军民组成抗洪抢险大军,夜以继日地战斗在堤防线上(图3-1)。沿河群众也积极动员起来,像当年支援前线那样,小车推、大车拉,把柳秸料、石料、木桩、麻袋等抢险物资,源源不断地运送到防汛抢险的第一线。同时在枣包楼、东平湖采取了临时分洪措施。经过40个日日夜夜的紧张战斗,终于保住了大堤,战胜了洪水,同时也使大家感受到黄河防汛面临的严峻形势。

图 3-1　抗洪抢险

1949 年 11 月水利部召开了各解放区水利联席会议，提出当时“水利建设的基本方针是防止水患，兴修水利，以达到大量发展生产的目的”。1950 年黄河水利委员会召开了治黄工作会议，确定 1950 年黄河治理的方针是：“以防比 1949 年更大的洪水为目标，加强堤坝工程，大力组织防汛，确保大堤，不准溃决；同时观测工作、水土保持工作及灌溉工作亦应认真地、迅速地进行，搜集基本资料，加以研究分析，为根本治理黄河创造足够的条件”。根据这一方针，拟订了一系列工程措施和非工程措施，概括起来就是“宽河固堤”。

• 宽河固堤方略的实施

保证防洪安全需要有强固的堤防，而堤防又须有合理的布局和设防标准。当时的堤防（亦即现行堤防前身）都是历史上形成并遗留下来的。东坝头以上的堤防形成于明清时期，有五六百年的历史，东坝头以下堤防是 1855 年改道后形成的，已有近百年历史，两岸大堤之间一般较为宽阔，特别是河南段一般有 5 ~ 10 千米，最宽处达 20 千米以上，全下游总体上呈上宽下窄的格局，那么这种堤防布局是否合理呢？当时对黄河历史上的堤防也进行了考证和研究，发现历史故道的堤防大多是堤距宽阔,上宽下窄,例如明清故道东坝头到徐州堤距宽2.3～20.2千米,徐州至清江市0.40～8.7千米,清江市至入海口0.5～7.8千米,总的形势和现行河道大体相同。经过研究分析,认为这种宽河格局是和黄河的特点相适应的。黄河泥沙多,下游淤积严重,宽河可以容纳更多的泥沙,延长河道的行河年限。黄河洪水一般峰高量小,历时不长,宽阔的河道可以有效地削减洪峰,减轻下游的防洪压力。例如,此后1958年的洪水,花园口洪峰流量22 300立方米每秒,经过滩区滞蓄到孙口削减为15 900立方米每秒,槽蓄量达24亿立方米。漫滩后泥沙淤积于滩地,"清水"归槽后又能冲刷主槽,这种淤滩刷槽的作用也缓解了主槽的淤积(图3-2)。经过分析,决定维持宽河格局,在原有堤防基础上进行加培加固。堤防的防御标准,1950～1951年是以防御陕县站18 000立方米每秒的洪水为目标,1952年将防御目标提高到23 000立方米每秒,这一时期实行宽河固堤的主要内容包括废除民堰、开辟分滞洪区、培修加固堤防、石化险工、建立堤防管理和人防体系等。

图3-2　滩区滞蓄洪水

1. 废除民埝

1938年花园口扒口以前,黄河下游滩区内就修了不少民埝,黄河归故后,滩区群众为了保护生产,又增修了部分民埝。凡是民埝阻挡的地方,一般洪水不能进滩落淤,滩面越来越低洼,一旦出现较大洪水,民埝溃块,洪水直冲大堤,十分危险。1933 年兰考四明堂决口、1935 年鄄城董庄决口就是由民埝溃决引起的。根据历史教训和 1949 年抢险的经验,作为宽河固堤的一项重要内容,要求"新修民埝必须禁止,旧有民埝必须废除"。但考虑到民埝已有很长历史,埝内居民很多,立即废除也有很大困难,所以当时提出采用逐步废除的方式。危害大的配合政府做好工作先行废除,其他的陆续废除。经过连续几年的工作,加上新中国成立初期接连发生大水,继 1949 年花园口洪峰流量 12 300 立方米每秒之后,1951 年 9 240 立方米每秒,1953 年11 200 立方米每秒,1954 年 15 000 立方米每秒,民埝基本上被全部废除或冲毁了,后期的生产堤大都是 1958 年大水后重新修筑起来的。

2. 开辟分滞洪区

在废除民埝、扩大河道排洪能力的同时,为了防御异常洪水,从 1950 年起着手研究采取的各种临时处理措施。1951 年经水利部和政务院财经委员会批准,确定开辟沁黄、北金堤、东平湖的等分滞洪区。

(1)沁黄滞洪区。位于黄河沁河交汇地带,由黄河北堤和沁河南堤构成一个封闭区域。在拟定的分洪水位 103. 2 米(大沽高程)时,淹没面积 142. 6 平方千米,容积 5. 18 亿立方米。当遇黄、沁河暴涨,威胁堤防安全时破口分洪。黄河破堤处拟定于解封,沁河分洪口门拟定于五车口。

(2)北金堤滞洪区。长垣县河段历史上决溢频繁,被称为黄河的"豆腐腰"河段。1933 年陕县流量 23 000 立方米每秒,长垣县的堤防就决口 30 多处。长垣附近的北金堤滞洪区位于北金堤和黄河大堤之间,涉及长垣、濮阳、范县、寿张、滑县等,面积 2 900 多平方千米,滞洪量 20 亿立方米。当黄河发生异常洪水时,可在长垣县石头庄分洪,起到滞洪和错峰的作用。因使用该区关系较大,决定在石头庄修筑溢洪堰，对分洪加以控制，溢洪堰长 1 500 米，当陕县发生 23 000 立方米每秒洪水时，控制分洪 5 100 立方米每秒，该工程 1951 年 4 月开工，当年 8 月完成。

（3）东平湖分洪区。东平湖是古大野泽的一部分，民国时期曾在湖中修建隔堤，现称二级湖堤，1949 年因民埝开口黄河水漫入东平湖，在周边地区造成一定灾害，1950 年在湖周修建了围堤，1951 年决定开辟为滞洪区。经过规划、建设，滞洪区总面积为 943 平方千米，分两级滞洪运用。第一滞洪区 223 平方千米，第二滞洪区 720 平方千米，总库容约 33 亿立方米，分洪 20 亿立方米。

（4）小街子减凌分水堰。新中国成立初期山东省防凌形势十分严峻，1950 ~ 1951 年冬季严寒，全河封冻长度 550 千米，总冰量 5 300万立方米。开河时上游解冻淌凌，垦利县前左村以下仍然固封，向上插冰 20 千米。虽然大力爆破，但随炸随结，功效甚微，终于在利津王庄决口。事后多方搜求防凌办法，确定了设堰分水、辅以人工爆破的方案，以解防凌的燃眉之急。堰址选在垦利县小街子，1951 年 10 月动工，同年 12 月完工，堰长 200 米。

3. 培修加固堤防

按照宽河固堤的总体要求，从 1950 年起开始了新中国成立以后第一次大修堤工程。这次大修堤开始以防御陕县站 18 000 立方米每秒的洪水为目标。1952 年将防御标准提高到 23 000 立方米每秒（后经资料整编修订为 22 000 立方米每秒），当时对堤防、超高、临背河边坡未作统一规定，河南、平原、山东 3 省在掌握上略有差异，堤顶宽度分别在 7 ~ 11 米，堤顶超出 1949 年洪水位2 ~ 4 米，临背河边坡为 1∶（2 ~ 3）。这次大修堤从 1950 年到 1957 年，历时 8 年，共完成土方 14 000 万立方米。在复堤中坚持数量和质量并重，对基础清理、坯土厚度、夯实标准、工段接头等都有明确要求，实行严格检查、逐坯验收，保证了加修堤防的质量（图 3-3）。

黄河堤防工程是在老堤基础上加修起来的，堤身内洞穴、裂缝等隐患很多。从 1950 年起在全河实行了消灭堤身隐患和捕捉害堤

图 3-3　加固堤防

动物的奖励办法。1951 年新乡黄河修防段工人靳钊发明了用钢锥探摸堤身隐患的办法,后经改进形成机械锥探压力灌浆,成为消除堤身隐患的重要方法,在水利界得到普遍的推广。从 1951 年到 1954 年共计锥探 5 800 万眼,发现和挖填隐患 8 万多处,同时捕捉害堤动物 22 850 多只,对巩固堤防起了重要作用。

历史上,为了防止堤防冲刷,在河道靠近大堤的地方,一般都设有埽坝工程(即险工)。新中国成立以前这些险工多为秸料埽,由于其质轻易腐,时间一久,容易出现吊蛰、跑埽等险情,甚至因此造成决口。新中国成立后决定把秸料埽全部改为石坝。从 1950 年到 1952 年,历时 3 年,共开山采石 120 多万立方米,每年组织 2 000 多只木船和上万辆各种车辆,把石料运送到各个险工。到 1952 年完成了大部分工程量,1954 年汛前石化险工全部完成。

在加固堤防工程的基础上,还加强了工程管理和堤防绿化,按照"临河防浪、背河取材"的原则,在大堤柳荫地大量种植柳树,使树木保存量达到 1 200 多万株,据 20 世纪 80 年代统计,30 多年共提供木材 10 万多立方米、木桩 30 多万根、柳枝 20 亿千克,为黄河防汛抢险提供了大量料源。此后又种植多种经济和观赏林木,增加了经济收益。在堤坡上广泛种植圪扒草，起到了固堤防冲和美化工程面貌的作用。

4. **建立人防体系**

人力防守是保证防洪安全的重要因素，我国古代就有“有堤无人，等于无堤”的说法。依靠人民治理黄河是新中国治黄工作基本的指导思想，早在1947年，解放区沿河各县、区和沿堤2.5千米以内的村庄就建立了护堤委员会，组织群众保护堤防工程并植树种草，维护堤防完整。新中国成立以后从上到下建立了强大的人防体系。黄河设立防汛总指挥部，以黄河水利委员会为办事机构，统筹黄河防汛工作。流域各省、市、县、区（乡）建立相应的防汛指挥机构，在当地政府和上级防汛指挥部领导下，组织本地区的黄河防汛工作，各级党政军的主要负责人一般都是防汛指挥部的领导成员，大汛期间或遇重大险情，亲临一线指挥防守。20世纪80年代以后实行各级行政首长防汛责任制，并写入《中华人民共和国防洪法》，以法律的形式固定下来。沿河县、乡、村以民兵为基础，配备有经验的技术人员，每年组织防汛队伍200余万人，这是抗洪抢险的基本保障。人民解放军是防洪斗争的重要力量，在出现重大险情时，承担急、重、险、难的抢险任务。几十年来，正是依靠这支防汛队伍战胜了各类洪水，取得一次又一次的重大胜利。

• 宽河固堤的成效

20世纪50年代，由于上、中游没有控制工程，大洪水出现机遇十分频繁。1953年、1954年、1957年、1958年花园口水文站都出现了洪峰流量10 000立方米每秒以上的大洪水。特别是1958年花园口站22 300立方米每秒的洪水是有实测记录以来的最大洪水。

下游河道按照宽河固堤的治理方略，经过1950～1957年8年的努力，完成了第一次大修堤工程，堤防抗洪能力大大加强，同时在河道内废除民埝，清除行洪障碍，修建了分滞洪工程，为战胜洪水奠定了坚实的物质基础。在沿黄各级政府的领导下，每年都组织数以百万计的抗洪抢险队伍，战胜了频繁发生的大洪水，保证了防洪安全，充分展现了在共产党领导下人民治黄的崭新面貌，也证明了宽河固堤的治理方略是正确的。

河南的宽河道在大洪水演进过程中有着显著的削峰作用。例如1958年大洪水，花园口至孙口320千米的河段内，漫滩水深一般近2米，最大达4米以上，槽蓄量约24亿立方米，洪峰流量由花园口22 300立方米每秒，到孙口削减为15 900立方米每秒，孙口以下东平湖自然漫溢分洪，最大入湖流量9 500立方米每秒，使艾山站的洪峰流量削减为12 600立方米每秒，有效地减轻了对堤防的压力。经过第一次大修堤，堤防工程的防洪能力显著增强。1949年12 300立方米每秒的大洪水时，仅山东济南以下河段就出现漏洞582处，堤防坍塌蛰陷等险情不断发生。1958年发生22 300立方米每秒的大洪水时，水情要比1949年严重得多。花园口10 000立方米每秒流量以上的洪水持续了81小时，山东河段堤根水深2～4米，最大5～6米，险工坝头有的被水漫顶，东平湖及东阿以下临黄大堤加修子埝600多千米。但由于第一次大复堤期间对堤防加培加固，险情明显减少，仅出现堤防漏洞18处。堤防成为抗御洪水的坚固屏障，对保证防洪安全起到关键作用。

20世纪50年代中期，关于根治黄河水害、开发黄河水利的综合规划经国家批准。当时设想规划实施以后，经过节节蓄水、分段拦泥，黄河的洪水泥沙将得到有效的控制，黄河水将会变清，下游防洪问题也将得到根本解决。宽河固堤仅作为规划生效前的一种过渡性措施。但经过以后的反复实践，人们对黄河自然规律的认识不断深化和提高。实践证明，仅靠单一的蓄水拦沙，难以解决黄河下游的泥沙淤积问题。下游防洪是一项长期的、艰巨的任务。“宽河固堤”仍是下游治理的基本方略之一，直至今日仍然发挥着巨大的作用。

第二节　除害兴利　蓄水拦沙

新中国成立以后,在认真总结历史经验的基础上,对治河方略进行了新的研究和探索。历史上治理黄河主要是除害,除害的措施又局限于下游。虽然对灌溉、航运等水利资源也进行过一定的开发,但规模相对较小,而且时兴时废,很不稳定。在除害上也有人提出过“沟洫治理”、“汰沙澄源”、在中游修建调节水库等治理主张,但由于社会历史条件的限制,还只能是一种建议和设想,均未能付诸实施。新中国成立后党和政府对治理黄河高度重视,在实施宽河固堤防治下游水害的同时,也积极推动除害兴利、根治黄河的工作。1950 年 1 月政务院发出水字第 1 号令:“为了统筹规划全河水利事业,决定将黄河水利委员会改为流域机构……”此后,黄河水利委员会在王化云主任的主持下,与有关部门通力合作,开展了规模浩大的综合考察、水文资料整编、地形测绘、地质勘察和专项研究工作。在认真总结历史经验和广泛听取各种意见的基础上,提出了“综合开发,除害兴利”的指导方针和“节节蓄水,分段拦沙”的治理方略,并着手制定黄河历史上第一个综合治理开发的规划。1953 年国家决定聘请苏联专家组帮助编制黄河规划,同年又决定在政务院领导下以水利部、燃料工业部为主组织黄河研究组(1954 年改为黄河规划委员会)。经过多方共同努力,1954 年 10 月完成了《黄河综合利用规划技术经济报告》。1955 年一届人大二次会议上邓子恢副总理作了《关于根治黄河水害和开发黄河水利的综合规划的报告》,会议批准了这个报告的原则和基本内容。按照这个规划,黄河治理取得了巨大的成就,但在实施过程中也遭遇过挫折和失败。经过不断地总结经验教训,对规划作了多次修改、补充和完善,至今仍是黄河开发治理的基本依据。

● 黄河规划的主要内容[30,32]

黄河水利委员会在进行大规模的调查研究、总结历史经验、开展多项专题研究的基础上认为:黄河的洪水、泥沙得不到控制,是造成下游灾害频繁的根本原因。中游地区水土流失,下游河道不断淤积抬高,愈是加高加固堤防,泥沙不能向河堤两旁排泄,河床抬高得愈快。在这样恶性循环的状态下,决口、泛滥甚至改道的危险也就愈加严重。历代治河经验归纳起来就是把水和泥沙送走,几千年的实践证明,水和泥沙是送不完的,也是不能根本解决黄河问题的。《关于根治黄河水害和开发黄河水利的综合规划的报告》中这样表达当时的治理思路:“我们对于黄河所应采取的方针就不是把水和泥沙送走,而是要对水和泥沙加以控制、加以利用。从高原到山沟,从支流到干流,节节蓄水,分段拦泥,尽一切可能把河水用在工业、农业和运输业上,把黄土和雨水留在农田上——这就是控制黄河的水和泥沙,根治黄河水害、开发黄河水利的基本方法”。

在“蓄水拦沙”治理方略的指导下,这次规划的范围主要是从龙羊峡到海口的干流,为配合干流规划并实行综合开发利用,也涉及部分支流和流域外的一些地区,规划的主要内容是:一方面在黄河干流和支流修建一系列拦河坝和水库,其中干流46座,支流24座,用以控制洪水,拦截泥沙,防止洪水灾害,调节水量,发展灌溉和航运,建设不同规模的发电站开发水能资源;另一方面把黄河流域水土流失严重的地区划分为9种不同的土壤侵蚀类型区,制定4项水土保持综合措施,即农业技术措施(草田轮作、密植、横坡耕作等)、农业改良土壤措施(修梯田、地边埂等)、森林改良土壤措施(造林、封山育林等)和水利改良土壤措施(引洪淤地、修淤地坝、沟头防护等)。主要在甘肃、陕西、山西等省,展开大规模的水土保持工作,保持水土,减少入黄泥沙,以消除下游水害的根源。同时,根据各河段不同的特点,分别提出开发任务。第一段,龙羊峡到青铜峡是上游的峡谷地段,水力资源丰富,主要开发任务是水力发电,同时调节径流发展灌溉并为防洪服务。第二段,青铜峡至河口镇,两岸是宁蒙平原,土地肥沃但雨水稀少,河道开阔,坡度平缓,主要任务是发展灌溉和开发航运。第三段,河口镇至龙门,是晋陕峡谷段,坡陡流急。两岸是黄土高原,千沟万壑,水土流失严重,是黄河泥沙的主要来源区,主要开发治理任务是水土保持和发电。第四段,龙门至桃花峪,这一段是下游洪水的主要来源区之一,也是修建第一期工程的关键地段,主要任务是防洪、拦沙、发电、灌溉。第五段,桃花峪至河口,黄河进入下游平原,主要任务是灌溉和航运。当时认为通过节节蓄水、分段拦沙,洪水威胁可以完全解除,没有规划防洪的任务。干支流修建的梯级水库大多用于蓄水拦沙,一部分用于综合兴利。

实现上述规划需要几十年的时间。为了解决下游防洪等迫切问题,还提出了第一期实施的计划,预计在 3 个五年计划期间内(1967 年以前),在干流上首先修建三门峡、刘家峡两座综合性枢纽工程,以解决防洪、灌溉、发电的迫切需要。为了减缓三门峡水库淤积,在泾河的大佛寺、渭河支流的刘家川、北洛河的六里峁、无定河的镇川堡、延河的甘谷驿修建 5 座大型拦泥水库,并在其他几条支流上修建 5 座小型拦泥水库。在汾河的古交、灞河的新街镇各建 1 座综合利用水库。为了控制三门峡以下主要支流的洪水,在伊、洛、沁河各建 1 座防洪水库。在灌溉方面,在干流修建青铜峡、渡口堂、桃花峪 3 座灌溉枢纽。在水土保持方面也拟定了具体的实施计划。当时预计第一期计划完成后,下游及兰州等地的防洪问题将得到解决,可扩大灌溉面积 200 多万公顷,增加发电装机 200 万千瓦,龙羊峡以下约一半长度的河道可以通航,入黄泥沙可减少一半左右,水土流失区农业产量可增加 1 倍。

● 第一期计划的实施

第一期工程原计划在 3 个五年计划内即 1955 ~ 1967 年完成。其间因有 3 年国民经济调整,延期于 1970 年底。原计划在干流修建的 5 座大型水库完成了 4 座,即刘家峡、青铜峡(图 3-4)、三门峡、渡口堂(改在三盛公)。桃花峪未按原坝址兴建,曾于 1958 年兴建花园口枢纽代替,后于 1963 年破坝停用。超额建成的有盐锅峡水电站。提前开工建设的有八盘峡、天桥两座水电站。原计划在支流建设15座水库,截至1970年共建成大型水库10座、中型水库70余座,大大超过原定计划。但这些水库多建于泥沙来量少、与当地灌溉需求相结合的地方。原计划修建的5座大型拦泥水库,因淹没川地多,对当地经济发展和群众生活影响较大,且水库寿命较短而均未修建,其控制洪水、拦截泥沙的能力远不如原计划的工程。

图3-4　青铜峡水利枢纽

原定的4项10多种水土保持措施,经过群众实践,选出4种效果较好的措施,即水平梯田、坝地、造林、种草等进行重点推广。据1979年统计,流域内青海、甘肃、宁夏、内蒙古、陕西、山西、河南7省(区),共修水平梯田156.67万公顷,坝地17.47万公顷,造林264.47万公顷,种草54.2万公顷,累计治理面积75 738平方千米,占水土流失面积的17.46%,只及原计划治理面积的40%,平均治理速度为每年1%,只及原规划速度的30.3%,原定水土保持和支流拦泥水库减少入黄泥沙一半的目标远没有实现,黄河泥沙未见明显减少。

三门峡水库在 1961 年 8 月 27 日关闸蓄水,10 月 21 日坝前水位达 332.53 米,此时正值黄、渭并涨,渭河洪水受顶托而排泄不畅,造成潼关以上严重淤积,回水影响范围扩大,渭南一带库区生产遭受较大损失,当地各级政府及库区群众反映强烈。此后,国务院决定将三门峡的运用方式由"蓄水拦沙"改为"滞洪排沙",并决定对枢纽工程进行改建。第一次改建工程增建 2 条隧洞,改建 4 条发电引水钢管,用以增加泄流排沙能力。第二次改建打开 1～8 号导流底孔,下卧 1～5 号引水钢管进口,进一步加大泄流排沙能力。改建后三门峡枢纽虽然在防洪、防凌、灌溉、发电中仍能发挥一定的作用,但已经远不能达到原规划设定的目标。

• 经验与教训

第一次黄河规划有成功也有失误,有经验也有教训。黄河是一条复杂难治的河流,对它的认识有一个逐步深化的过程。人们可以用求实的态度和缜密的工作尽可能减少失误,但不能期望对它的认识一次完成。

这次规划有很多成功的经验,其中主要的有:

第一,坚持了除害兴利、综合利用的原则。历史上黄河下游灾害频繁,成了历朝历代人民群众的沉重负担。有人把它称为中国的"祸害",能保住洪水时堤防不决口就满足了。这次规划强调要把害河变为利河,利用黄河的水土资源为生产服务,为人民造福,大力开发灌溉、发电等水利事业。在除害和兴利发生矛盾时则进行多方案的比较,选出综合效益最优的方案。这是在治河指导思想上的一大进步。

第二,坚持把全流域作为一个整体进行治理。历史上治理黄河多局限于下游。虽然采取过许多治理方略,经历数千年的治理,黄河的灾害却有增无减,有时因为利害关系的冲突,还出现放任自流或以邻为壑的现象。整个黄河是一个整体,洪水灾害发生在下游,但其根源却在上、中游,单纯治理下游难以达到预期的目的。近代著名的水利专家李仪祉先生曾倡议"导治黄河宜注重上游",并提出在西北黄土高原广开沟洫、多修谷坊、兴建蓄洪水库等治理主张。但在当时的社会条件下,他的主张无法实现。这次规划按照除害兴利、综合利用的要求,从干流到支流,直到流域内的广大地区,进行统筹规划、全面治理、综合开发利用,这也是治河方略的历史性进步。

第三,这次规划的许多措施都是正确有效的,经过第一期规划实施,在干、支流兴建大、中型水库70多座,取得了发电、灌溉的巨大效益,为国家经济发展提供了大量能源,使黄河上、中游及下游两岸的农业生产条件也得到改善,治理水土流失面积7.57万平方千米,使黄河的洪水泥沙得到一定控制。三门峡水库经过两次改建,泄流能力有了较大的提高,基本上解决了水库泥沙淤积问题。自1973年改为"蓄清排浑"运用后,库区淤积大为减缓,潼关以下峡谷段的库容可以长期利用,在下游防洪、防凌、灌溉中仍然发挥了重要作用(图3-5)。

图3-5 三门峡水利枢纽

这次规划的失误和教训主要集中在对泥沙问题的认识和处理上:

一是对水土保持进度和效果的估计过于乐观。规划时预计第一期计划完成后，治理水土流失可达 19 万平方千米，占流域内水土流失面积 43 万平方千米的 44%，年均治理面积可达 3% 以上，进入下游的泥沙可减少一半左右。但截至 1970 年，仅治理水土流失面积 7.57 万平方千米，占水土流失面积的 17.64%，平均治理速度为每年 1%。由于人口的增加和经济开发等，还存在边治理边破坏的问题，进入黄河的泥沙未见明显减少。黄土高原地区面积广大，土质疏松，千沟万壑，支离破碎，即便采取植树种草等保护措施，由于重力侵蚀造成的水土流失也难以完全控制。大多数专家认为，经过长期的水土保持努力，每年仍将有 8 亿吨左右的泥沙进入黄河。王化云主任在总结这一时期的治河经验时说："现在看来，水土保持的减沙作用是缓慢的、有一定限度的，由于自然力量的破坏而进入黄河的泥沙，也是人力难以制止的。因此黄河不可能变清。另一方面，黄河下游排洪、排沙能力大。洪水、泥沙也是一种资源，用得好可以变害为利，从处理和利用泥沙的角度来说，黄河也不需要变清。未来黄河的治理与开发，我认为应该建立在黄河不清的基础之上。"[30]这是他一生治黄的经验之谈。

二是在水库规划中忽视了中国的国情。按照蓄水拦沙的指导思想，在一些以防洪拦沙为主的水库规划时，总想争取较大的库容，不仅三门峡水库采取大库容方案，为保护三门峡水库规划的"五大五小"拦泥水库也都选择了"小口大肚子"的方案，用淹没大片川地来换取拦泥库容。我国是人多地少、土地资源紧缺的国家。当时人均耕地不到 0.1 公顷，只相当于苏联、美国的 1/10，尤其在黄河上、中游地区，一片川地，一块盆地，往往是一个县或一个省的农业基地，人民群众的"金饭碗"。大量淹没土地，给当地经济发展、群众生活、移民安置等带来很大的困难。三门峡水库蓄水后库区群众和当地政府反映强烈。"五大五小"拦泥水库也因为淹没大、兴利少，寿命短、问题多，后来一座也没有修成。三门峡水库"孤军作战"问题很快就暴露出来。

三是在泥沙处理问题上存在片面性，20 世纪 50 年代编制规划时认为，黄河的根本问题是泥沙太多，历史上采用过的“疏导分流”和“束水攻沙”策略，都不能根本解决下游河道的淤积问题。规划报告中说，黄河的洪水、泥沙送是送不完的，因此提出了“蓄水拦沙”的治河思想。但是实践的结果表明，黄河的泥沙拦也是拦不完的。单纯依靠“送”（排）固然不行，单纯依靠“拦”也是行不通的。当时对解决黄河泥沙问题的复杂性、艰巨性和长期性认识不足，是造成规划失误的重要原因。

第三节　上拦下排　调水调沙

三门峡水库在运用实践中遭遇挫折，“蓄水拦沙”的治理方略也难以按原规划继续实施，人们不得不重新思考如何处理黄河的洪水和泥沙问题。

• 关于三门峡工程的争论

三门峡水利枢纽工程位于河南省三门峡市和山西省平陆县交界的黄河干流上，控制流域面积 68.8 万平方千米，占流域总面积的 91.5%，输入下游的 16 亿吨泥沙几乎全被控制，在蓄水拦沙的流域规划中占有十分重要的地位，也是第一期计划中的关键性工程。如图 3-6所示为三门峡库区示意图。三门峡工程在规划建设以至改建过程中一直存在争论，争论的焦点集中在泥沙淤积、水库寿命、淹没影响等问题上。在第一次黄河规划时，根据多数专家的意见确定了较大库容的建设方案（坝前水位 360 米设计，350 米施工）。尽管在规划中对库区淤积也采取了诸多防范措施，但由于对泥沙淤积的严重性、水土保持的长期性估计不足，建成运用后曾经担心的问题还是发生了。从 1960 年 9 月开始蓄水拦沙到 1961 年 6 月，其间坝前最高水位曾达到 332.58 米，回水超过潼关，共淤积泥沙 15.3 亿吨，占同期入库沙量的 92.9%，潼关平均河底高程抬高了 4.3 米。1961

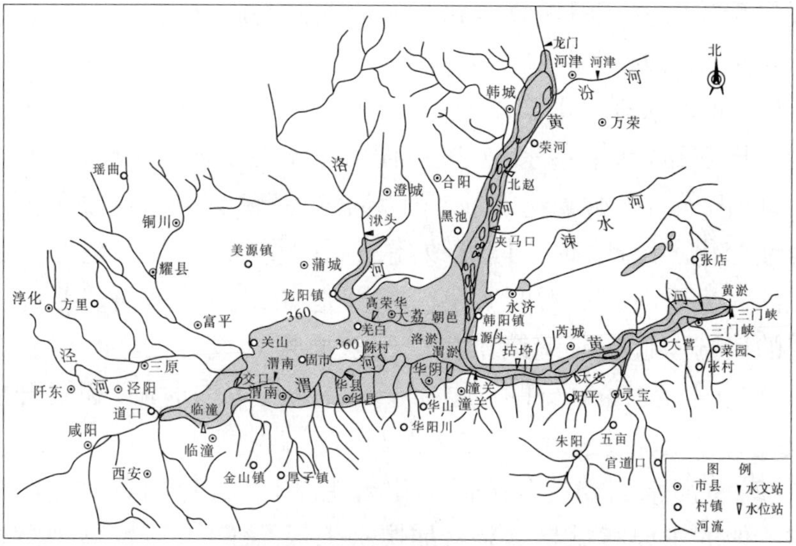

图 3-6　三门峡库区示意图

年 10 月下旬，当库水位达到 332. 5 米时，渭河形成“拦门沙”，华县水位达 337. 84 米，渭河下游两岸及朝邑滩区 5 000 人被洪水包围，淹没耕地 1. 67 万公顷。1962 年 3 月，经国务院批准，将水库运用方式由“蓄水拦沙”改为“滞洪排沙”，汛前尽量泄空水库，汛期拦洪水位控制在 335 米。水库改变运用方式后，库区淤积有所减缓，渭河“拦门沙”逐渐冲出一道深槽，但潼关河底高程并未降低，库区淤积“翘尾巴”现象仍在继续向上游发展。1962 年 4 月在二届全国人大三次会议上，陕西省代表组提出了“拟请国务院从速制定黄河三门峡水库近期运用原则及管理运用的具体方案，以减少库区淤积，并保护 335 米移民线以上的居民生产、生活、生命安全”的提案。此后，根据周恩来总理的指示召开了多次大型会议研究解决方案，但都未能达成一致的意见。

在反复讨论酝酿的基础上，1964 年 3 月周恩来总理决定在北京召开一次治黄会议。会议有国务院有关部委、有关省区、大专院校、科研单位、长江水利规划办公室、黄河水利委员会共 22 个单位，以及水利界的知名专家、学者、研究人员共 100 余人参加，会上提出发言报告55篇,就三门峡改建和黄河治理方略展开讨论,其中较有影响的有4种意见。

(1)北京水利水电学院院长汪胡桢认为,1955年全国人大通过的治黄规划和“节节蓄水、分段拦泥”的治理方略是正确的,水库修建后,停止了向下游输送泥沙,下游从淤高转向刷深,这是黄河上的革命性变化。因此,他不同意改建三门峡枢纽,认为改建必然使黄河泥沙大量下泄,下游河道仍将淤积,危如累卵的黄河势必酿成大改道的惨剧。近期应继续维持三门峡原规划设计的340米正常高水位。同时,在中游修建拦泥库,蓄水拦泥,争取时间,积极开展中游地区的水土保持工作,可使下游河道逐步刷深。

(2)黄河水利委员会主任王化云主张拦泥,也同意对枢纽进行改建。他的主要意见是:第一,加快水土保持工作,以发展中游地区农林牧业生产和减少黄河泥沙为出发点,以水土流失严重的河口镇到龙门区间42个县和泾、渭、洛河流域58个县为重点,加快治理速度。这个地区占全河水土流失面积的42%,但进入黄河的泥沙占全河总量的88%,而且这一地区人口密度较大,劳力较多,工作有基础,具备加快治理的条件。第二,同意在三门峡枢纽增建两条隧洞,近期可以减轻库区淤积和对渭河、北洛河下游的影响。由于黄河水少沙多,增建后仍不能根本解决问题,而且恶化了下游河道,如果没有拦沙措施,单纯依靠排沙,终不免重蹈历史上治河之覆辙。第三,在中游干、支流修建拦泥水库,首先在北干流河口镇至潼关、泾河、北洛河修建3座大型拦泥水库,估计可减少三门峡入库泥沙约一半,利用现有12个深孔和增建两条隧洞排洪排沙,库区淤积和渭、洛河下游的淹没影响将大为缓和,同时配合下游的河道整治,可以初步达到稳定下游河道的目的。鉴于拦泥水库工程的许多问题尚未解决,亟需按照拦泥坝的设想做出样板,因此建议把泾河巴家嘴水库改建为拦泥试验坝。

(3)长江水利规划办公室主任林一山主张大放淤。他认为用巨大的投资建设大型拦泥水库或者把黄水送往渤海都是不合道理的。

黄河规划必须水沙统一考虑,立足于“用”。鉴于水土保持需要很长时间而且又不可能完全拦住泥沙,下游河床却在不断淤高,加剧水患,所以他主张,从河源到河口,干、支流治理都应引洪放淤,灌溉农田,把泥沙送到需要的地方。当前应积极试办下游灌溉放淤工程,为群众性引洪放淤创造条件,逐步发展,以积极态度“吃掉”黄河的水和泥沙。设想河口镇到龙门区间及泾、洛、渭河按每人淤灌一二亩地计,就不会有多少剩余浑水下泄,再加下游放淤,那时华北平原将是一片江南景象,下游黄河只剩下被防沙林紧密笼罩起来的干河槽和几个被海潮荡得模糊不清的河口。除研究河流发展史的地理学家偶然来这里以外,再也没有人去注意它的什么变化了。

(4)河南省科委副主任杜省吾主张炸掉大坝。他认为黄河的径流始终不停地把黄土挟带下泄,造就孟津以下的广大平原,这是黄河的必然趋势,绝非修建水工建筑物和水土保持等人为力量所能改变。“黄河本无事,庸人自扰之”,治理黄河必须根据黄河自然发展规律,在接近平原的边沿,有广大地区任秋水泛滥、停蓄,然后落水归槽,减少冲淤,达到不冲不淤之中和状态,使宽浅的河槽水流变为地下水,这样才能河定民安。所以,他主张炸掉三门峡大坝,最终进行人工改道。

周恩来总理在会议期间认真听取了各方面的意见,他在总结讲话时指出:治理黄河规划和三门峡枢纽工程做得全对还是全不对,是对的多还是对的少,这个问题有争论,还得经过一段时间的试验观察才能看清楚,不宜过早下结论。总的战略是要把黄河治理好,把水土结合起来解决,使水土资源在上、中、下游都发挥作用,让黄河成为一条有利于生产的河。这个总设想和方针是不会错的,但是水土如何结合起来,这不仅是战术问题,而且是带有战略性的问题。譬如,泥沙究竟留在上、中游,还是留在下游,还是上、中、下游都留些。我们还有许多没有认识的领域,必须不断去认识。认识一个,解决一个,其他未被认识的或不够成熟的可以等一等,可以推迟一段时间解决。推迟是为了更慎重、更多地吸收各方面的意见,有利于今后的规划工作。周恩来总理最后说:“今天批准的只有三门峡工程改建方案,确定在大坝左岸增建两条隧洞,改建四根发电引水钢管,以加大泄流排沙能力,先解除库区淤积的燃眉之急,现在成熟的方案只有一个,其他的事情还要继续做。”根据这次会议的建议,水电部决定成立由钱正英、张含英、林一山、王化云4人组成的治黄规划领导小组,组织有关专家和技术人员,按照“拦泥”和“放淤”两种不同的设想,对黄河规划进行修订。后因“文化大革命”开始,规划工作夭折,没有提出成果。

这次会议是新中国治黄历史上一次非常重要的会议,对各种治河思想和治理方略进行了充分的讨论和交流,虽然没有取得一致意见,但对此后治河方略的完善和发展有着推进作用。图3-7为三门峡水库排沙洞施工。

图3-7　三门峡水库排沙洞施工

● 上拦的探索和认识的深化

为了减少三门峡入库泥沙,在三门峡工程改建前后,黄河水利委员会继续对上拦措施进行探索和研究。上拦主要有三个方面的措施：一是开展水土保持工作，减少水土流失；二是修淤地坝，在千沟万壑中拦截泥沙；三是在干支流修建大中型拦泥水库，减少进入下游的泥沙。

水土保持工作经过长期努力和曲折的发展，在防治水土流失、改变当地生产条件、减少入黄泥沙等方面都取得了一定的成效，但在治理速度、减沙效果等方面和原来的预期则有较大的距离。经过实践，对水土保持工作也有了新的认识：第一，水土保持是有效的也是长期的。一些水土保持开展较好的地区减沙效果是明显的，有关专家曾对黄河支流的泥沙径流资料进行分析，认为由于水土保持的作用减少泥沙约占 17.3%。但是水土保持的减沙作用又是渐进的、缓慢的，加上还存在边治理边破坏的现象，因此依靠水土保持减少黄河泥沙是一个长期的过程。第二，应集中力量治理多沙粗沙区，20 世纪 70 年代末黄河水利委员会水利科学研究所、水文局及清华大学的科技人员，对黄河中游粗泥沙来源区对下游河道的冲淤影响进行研究并提出首先治理粗沙区的建议。研究发现，黄河泥沙中粒径大于 0.1 毫米的泥沙几乎全部淤积在下游河道里，粒径 0.05 ~ 0.1 毫米的泥沙近 50% 淤积在河道里，主槽表层淤积物中，80% 以上是粒径大于 0.05 毫米的粗泥沙。多年平均进入下游的 16 亿吨泥沙中，粗泥沙达 7 亿多吨，这些粗泥沙主要来自从河口镇到无定河口的两岸支流和广义的白于山河源区，总面积 10 万 ~ 11 万平方千米。如果集中力量首先治理粗沙区，控制其水土流失，即可有效地减少下游的河道淤积。这是对黄河泥沙规律认识上的重要进展，对水土保持工作具有指导意义。

在黄土高原的沟壑中打坝淤地，是群众在长期实践中创造的防治水土流失的方法之一，后来在中游地区普遍推广。有人担心淤地坝或拦泥水库容量有限，泥沙淤满后会不会出现难以预想的结果。对此黄河水利委员会也开展了一些研究，他们从黄土高原一些天然“聚湫”得到启发。这些聚湫是因地震、滑坡等原因出现巨量塌方，截断河流造成的，使原有河道变成封闭的盆地。其中，有些聚湫没有随着泥沙淤积库容减小而垮塌，而长期处于稳定状态。经过研究分析认为，有些聚湫随着泥沙淤积，淤积面抬高，淤积范围不断扩大，占流失面积的比例不断提高，淤积抬高的速度相应减缓。在年侵蚀模数为 10 000、5 000、3 000、2 000 立方米每平方千米的地区，当淤积面积达到流域面积的 1/20、1/40、1/(60 ~ 70)、1/100 时，就不再感到洪水和淤积的威胁。而聚湫也会从滞洪期、干涸期而到相对稳定期，聚湫内的坝地也可逐步开发利用。这一研究发现对淤地坝及拦泥库的建设具有重要的参考价值。

在干支流修建大、中型拦泥水库是上拦工程的重要措施。黄河规划的第一期计划中除修建三门峡枢纽外，还拟在泾、洛、渭河上修建"五大五小"共 10 座拦泥水库。后因淹没损失较重、工程量大、和当地兴利结合较少等而未能兴建。三门峡水库修建后，为了减缓水库淤积的压力，黄河水利委员会在近期(1964 ~ 1975 年)治黄规划初步意见中提出，在泾河东庄、北洛河南城里、干流碛中修建 3 座拦泥水库，控制流域面积 50 万平方千米，总来沙量约 9.2 亿吨，占三门峡入库沙量的 57.4%，约可减少进入三门峡水库的泥沙 50%，配合三门峡 12 个深孔排洪排沙，库区淤积可大大减轻。这次规划意见因"文化大革命"开始而未能实现。20 世纪 70 年代修编治黄规划时，作为下游减淤的重要措施之一，提出在小浪底和龙门修建两座枢纽工程，和后期修建的碛口工程共可拦截泥沙 250 多亿吨，可以显著减轻黄河下游的淤积，同时减轻三门峡水库的淤积影响。20 世纪 80 年代修编治黄规划时提出兴建小浪底水库，综合解决防洪减淤等问题。从长远考虑还需建设碛口、龙门水库，继续发挥拦调泥沙的作用。拟建水库和已建三门峡水库联合运用，配合其他措施，可在 100 年内保持下游河道稳定和安全。干支流大型拦泥骨干工程，拦沙效果显著，作用十分明显。但这些工程投资大，建成运用后的影响也比较复杂。鉴于三门峡工程建设的教训，对此类工程的决策也趋于谨慎。

● 重新关注下排措施

随着三门峡工程的改建,下游泄洪排沙问题重新提上议事日程,而且随着实践的发展得到不断的重视和加强。

1. 恢复下游防洪能力

三门峡工程建成前后,由于对下游防洪形势的估计过于乐观,一度放松了下游修防工作,防洪能力有所下降。三门峡水库由"蓄水拦沙"改为"滞洪排沙"运用以后,下游防洪问题又突出起来。为了恢复下游的防洪能力,决定进行第二次大复堤,并废除花园口、位山两座枢纽工程。

第二次大复堤从 1962 年开始,按照防御花园口站 22 000 立方米每秒的标准加高培厚大堤,整修加固险工,消除险点隐患,历时 4 年,共完成土方5 396万立方米,用工 23 197 万工日。一些薄弱堤段得到加强,河道的排洪排沙能力逐步得到恢复。

按照 1955 年的治黄规划,20 世纪 50 年代末,在黄河下游兴建了花园口、位山两座枢纽工程,花园口枢纽位于郑州北郊京广铁路桥以下 8 千米,修建的目的是发展两岸的灌溉,有利于航运及保护京广铁路桥。1959 年 12 月开工,翌年 6 月建成。位山枢纽位于黄河下游由宽河段到窄河段的交界段,兴建的目的是利用东平湖水库和枢纽工程调蓄洪水,减轻位山以下防洪防凌的负担,非汛期调节水位,发展引黄灌溉和下游航运。三门峡枢纽改变运用方式以后,两座枢纽都因壅水而造成库区淤积,加重了上游河段的防洪负担,降低了河道排洪排沙能力,而且在周边地区造成次生盐碱化等问题。经过中央主管部门批准,于 1963 年分别破除两座枢纽的拦河坝,疏通了下游排洪排沙的通道。

2. 应对下游河道的严重淤积

三门峡水库改建并改变运用方式以后,下游河道出现严重淤积,从 1964 年汛后到 1973 年汛后的 9 年中,年平均来水量 426 亿立方米,来沙量 16. 3 亿吨,与建库前多年平均来水来沙情况基本相当，但下游河道却发生了严重淤积，共淤积泥沙39.5亿吨，年均淤积4.39亿吨，比20世纪50年代年均淤积3.61亿吨增加了22%，是新中国成立后50年平均淤积量的2倍以上。河道内的淤积分布也发生了不利变化。20世纪50年代河道淤积基本呈现滩槽同步升高的趋势，而这一时期的淤积是槽多、滩少，主槽抬升速度大于滩地抬升速度，局部出现"二级悬河"（即主槽平均高程高于滩地平均高程）的不利形势。例如长垣县马寨断面，1973年9月24日实测河槽平均高程比滩地平均高程高出0.75米。造成下游河道严重淤积、"二级悬河"形成和发展的原因：一是三门峡水库集中排沙；二是刘家峡水库投入运用使汛期来水量减少，高含沙洪水出现机遇增多，水流排沙能力降低；三是河道整治工程不断增加，限制了河道游荡的范围；四是三门峡水库兴建后下游河道内普遍修筑了生产堤，缩小了泥沙淤积的范围。主槽淤积比例从建库前的23%上升到67%。为了应对河道严重淤积的新情况，1974年国务院批准进行第三次大修堤，同时决定废除滩区生产堤，修筑避水台，对滩区实行"一水一麦"、一季留足全年口粮的政策。第三次大修堤工程浩大，历时12年。培修堤防1 267.3千米，完成土方1.98亿立方米，用工1.08亿工日，放淤固堤3.16亿立方米，加高改建险工坝岸4 404道，完成石方262万立方米。同时，对堤防隐患进行普查，并采取锥探、灌浆、抽槽换土、抽水洇堤等方法进行加固。经过这次大修堤保证了下游的防洪能力，使堤防体系得到完善和加强。

3. 上拦下排，两岸分滞

1975年8月，淮河流域发生了一场罕见的特大暴雨，致使水库垮坝，造成了严重的灾难。类似的暴雨1963年8月在海河流域也曾出现，两次暴雨的中心距离黄河三门峡至花园口区间均不足300千米，经过分析这种暴雨完全有可能降落在三门峡以下黄河流域。这给黄河的防洪敲响了警钟。为此，对黄河流域可能发生的大洪水进行重新分析和计算。依据实测洪水、历史洪水和海河"63·8"、淮河"75·8"特大暴雨资料，经过分析综合采用多种方法推算，认为花园口站可能发生的最大洪水洪峰流量为55 000立方米每秒,利用三门峡水库调控后仍可达46 000立方米每秒,12天洪水总量达200亿立方米。这种洪水大大超过了黄河下游防洪工程的承受能力。1975年12月,国家有关部委和河南、山东两省在郑州召开黄河下游防洪座谈会。会议分析了防洪形势,研究了防洪措施,向国务院报送了《关于防御黄河下游特大洪水的报告》。建议采用重大工程措施,逐步提高下游防洪能力,以确保黄淮海大平原的安全。该报告提出防御特大洪水的方针是"上拦下排,两岸分滞"。其中,"上拦"措施是在三门峡至花园口区间干流修建一座防洪水库,在小浪底和桃花峪两库之间选定。在支流复核加固伊河陆浑水库,兴建洛河故县水库和沁河河口村水库。"下排"措施,主要是除继续完成第三次大修堤工程、加高加固现有堤防外,还提出在山东陶城铺以下开辟分洪道、实行"三堤两河"的建议。分滞措施,主要是改建北金堤滞洪区,加固东平湖水库,增大两岸分滞洪水的能力。图3-8为1982年东平湖分洪。在北金堤滞洪区修建分洪闸,保证分洪措施的可靠性,加高加固北金堤,保证分洪安全,东平湖水库按照蓄水位46米的标准对围堤进行加固,解决围堤存在的渗水、管涌等问题。还拟修建退水闸,相机退水入南四湖。此外,由于两岸滞洪工程位置偏下,从花园口到濮阳渠村之间200多千米河道两岸的堤防将面临超标准洪水的威胁,为此建议研究在北岸原阳、延津、封丘等县修筑两道防线和采取临时分洪措施的可能性。为了防止黄河与沁河水位并涨,还建议在武陟县境内实施改道工程。

"上拦下排,两岸分滞",虽然是针对当时情况提出的处理特大洪水的方针,它的着眼点也主要是处理洪水,但这种"拦排结合"的思想,也是"上拦下排"治河方略形成过程中的一个重要阶段。

● 枢纽调节与上拦下排

经过长期的治河实践,人们逐步认识到黄河下游难以治理的主要原因是河道淤积,而造成河道淤积的原因又在于黄河水少沙多、

图 3-8　1982 年东平湖分洪

水沙不平衡。那么,能否通过枢纽调节使不平衡的水沙关系变得相对平衡呢？根据泥沙运动理论,水流的挟沙能力近似与流量的平方成正比,流量越大输送泥沙的能力越强,流量减少,则输沙能力迅速降低。著名的泥沙研究专家钱宁教授提出,三门峡水库非汛期发电下泄流量通常为 600 ~ 800 立方米每秒,如利用拟建的小浪底水库进行调节,将其集中起来,以 4 000 ~ 5 000 立方米每秒的流量下泄(相当于当时下游河道的平滩流量),其挟沙能力可增加 4 ~ 5 倍,冲刷可遍及整个下游,对减轻河道淤积将起到很大作用。1963 年 12 月 4 ~ 15 日,1964 年 3 月 29 日至 4 月 2 日黄河水利委员会曾利用三门峡水库进行过两次人造洪峰试验,最大洪峰流量 3 000 立方米每秒左右,对河道冲刷起到一定效果。第一次冲刷泥沙 1 900 万吨,第二次冲刷泥沙 1 500 万吨。上述泥沙运动理论和水流挟泥能力的研究成果,为调节水沙过程、减少河道淤积开辟了一条新的途径,而三门峡水库改建后的运用实践,也为这种“调水调沙”积累了实际经验。

三门峡水库的实践证明,在峡谷河段修建高坝大库,不仅可以减少淹没损失,经过合理的调度运用,还可以长期保持一定的有效库容,发挥防洪、防凌、减淤、供水、发电等综合效益。水库不仅可以调蓄洪水,而且可以调节泥沙,使水沙配比达到较为适宜的状态。

通过总结三门峡水库的经验教训,王化云主任对黄河治理有了新的认识,提出了"上拦下排"的治理方略,即通过水土保持和干支流水库拦减泥沙;采取放淤固堤、引洪淤滩、放淤改土等措施利用泥沙,整治下游河道,尽可能将泥沙输送入海;通过调水调沙改善水沙关系,提高水流输沙能力等。总的来说,"就是把整个黄河看成一个大系统,运用系统工程的方法,通过拦水拦沙、用洪用沙、调水调沙、排洪排沙等多种途径和综合措施,主要依靠黄河自身的力量来治理黄河"[30]。这是王化云同志治河思想的一次重要改变。

1996年在制定黄河下游防御特大洪水方案时,拟在三门峡至花园口区间干流修建一座防洪水库。坝址的选择有两种意见:一是小浪底,二是桃花峪。小浪底枢纽位于黄河干流最后一段峡谷的下口,距三门峡大坝130千米,距洛阳市30余千米,控制流域面积69.4万平方千米,占流域总面积的92%,是三门峡以下黄河干流唯一能够取得较大库容的峡谷高坝坝址。桃花峪工程坝址位于郑州京广铁路桥上游12千米、沁河口以上约2千米处,除沁河、汶河等较大支流外,它基本上控制了黄河下游的所有洪水来源区,在防洪库容相同的条件下,削减下游洪峰的作用最大,从20世纪50年代起,就是修建黄河下游防洪水库的主要选择对象之一。两座水库各有利弊,按照"上拦下排"的指导思想,黄河水利委员会积极推荐小浪底方案,经过多年努力最终得以通过,小浪底工程的兴建初步确立了建设"上拦下排"水沙调控体系的思想,为以后调水调沙、防洪减淤创造了必要的条件。

在研究新中国治河方略演进时,不能不提到王化云同志,他从1946年开始担任冀鲁豫解放区黄河水利委员会主任,也是新中国成立后黄河水利委员会第一任主任。他领导治河工作40多年,根据各个时期的不同情况,先后提出了宽河固堤、蓄水拦沙、上拦下排、调水调沙等治河方略并全力组织实施。在几十年的治河实践中有成功也有挫折,有经验也有教训,但他锲而不舍、躬行不辍,将他毕生的精力献给了治理黄河的事业，做出了巨大的贡献，堪为治河工作者的楷模。

第四节　黄河重大问题及对策研究[23]

● 研究背景

1998 年是我国大江大河洪水频发的一年。长江发生了新中国成立以来第二次全流域性的大水，松花江、嫩江发生了 3 次大洪水，洪水来势之猛、洪峰之高、持续时间之长都超过了历史最高记录。时任国家防汛抗旱总指挥部总指挥的温家宝同志亲临一线，依靠广大干部群众和解放军指战员，展开了一场波澜壮阔的抗洪抢险斗争，克服重重困难，取得了抗洪抢险斗争的胜利。"三江"大水的现实威胁引起了党中央、国务院对大江大河防洪治理的高度重视。1998 年、1999 年两年温家宝同志先后 3 次到黄河进行调查研究，1999 年 6 月江泽民总书记也亲临黄河考察，并在郑州主持召开黄河治理开发工作座谈会，发表了《让黄河为中华民族造福》的重要讲话。

温家宝同志在考察黄河时指出，黄河综合治理要解决三个问题：第一是防洪。黄河下游是地上悬河，一旦决口将带来很大的灾难，不仅黄淮海平原人民生命财产遭受巨大损失，同时水退沙存、河渠淤塞、良田沙化，后患无穷，生态将长期难以恢复。所以说，黄河洪水的威胁仍然是国家的心腹之患。第二是断流（水资源短缺）。黄河断流已经引起国内外广泛关注。科学界召开了多次讨论会、研讨会、报告会。社会各界都很关心，新闻单位作了大量采访报道。科学家、工程技术人员进行实地考察，提出了许多有价值的报告建议。中央对此非常重视。解决断流问题要坚持开源与节流并重，以节流为主。实行涵养水源，节约用水与防治水污染相结合，必须以改善生态环境为根本，以节水为关键，进行综合治理。近期要加强水资源的统一管理和统一调度，大力推广节水措施，尤其是农业的节水灌溉措施。中远期措施要充分论证，反复比较，科学选择。第三是环境、生态问题。黄河水污染触目惊心。我已经看到了 300 多个大的污染源，还不算小的，主要是干流的，还不算支流的。本来水就少，污染还这么严重。所以，各省要把治理黄河的污染作为重点工作，加大治理力度。生态环境要实行综合治理，对于黄河流域，防治水土流失、搞好水土保持是加强生态建设的一项重要工作。

温家宝同志要求，黄河治理开发要有一个好的规划。他说，规划应该建立在不是几十年，而是几百年、上千年治黄实践基础上，应该是科学的、全面的、长远的，把黄河的事情当做一个整体来办，坚持全面规划、统筹兼顾、标本兼治、综合治理的原则，实行兴利除害结合、开源节流并重、防洪抗旱并举。有了一个好的规划，可以根据国家的计划、财力分步实施，可以事半功倍。没有一个好的规划，东抓一下，西抓一下，从综合效益讲是事倍功半。希望在近几年内有一个好的长江治理规划，有一个好的黄河治理规划。

此前，黄河治理的主要任务是解决下游防洪问题，随着人口的增加和经济社会的发展，水资源和水环境问题也提上了重要的议事日程。根据温家宝同志的指示，黄河水利委员会在鄂竟平主任主持下开展了“黄河的重大问题及对策”研究，并进而制定了黄河近期治理开发规划。

• 黄河的重大问题

“黄河的重大问题及对策”研究对当时面临的三大主要问题进行了全面的分析。

一是黄河的洪水威胁依然是国家的心腹之患。当时虽然小浪底水库即将建成投入运用，但是小浪底水库以下无控制区仍可能出现较大洪水。该区间以上来水经三门峡、小浪底、陆浑、故县 4 座水库联合调节运用，花园口百年一遇的洪峰流量仍达到 15 700 立方米每秒，而且突发性强，预见期短，对下游堤防仍有较大威胁。

下游河道长期淤积，河床高悬地上，一般高出背河地面 4 ~ 6 米，局部在 10 米以上。上、中游水土保持的减沙措施短期内难以收到显著效果，小浪底水库及中游拦沙水库虽然效果明显，但拦沙库容有限，下游的悬河形势将会长期存在。

20 世纪 80 年代中期龙羊峡水库建成运用以后，下游的来水来沙情况发生了较大变化。汛期输沙水量减少，河道发生严重淤积，而且泥沙主要淤积在主槽里，形成“二级悬河”并不断发展，主槽的过洪能力明显降低。平滩流量由过去的 6 000 立方米每秒减少至 3 000立方米每秒，造成了“小流量、高水位、大漫滩”的不利局面。1996 年 8 月洪峰流量 7 600 立方米每秒的洪水，其水位比 1958 年 22 300 立方米每秒的大洪水还高出 0. 91 米。

20 世纪 80 年代以后随着国家的改革开放，经济的快速发展，以及滩区滞洪区人口的增加，也给下游防洪带来了新的问题。20 世纪 60 年代滩区人口少，经济不发达，90 年代滩区人口增多，经济已有较大增长，滩区居住着 179 万人，有耕地 25 万公顷，同时漫滩几率增大，淹没损失比以前大大增加。90 年代发生的几次洪水，洪峰虽然不大，滩地却大范围被淹。1996 年 8 月，洪水上滩后，淹没土地 23 万公顷，倒塌房屋 116 万间，受灾人口 107 万人，直接经济损失 64. 6 亿元，超过了 1958 年和 1982 年的大洪水，是新中国成立以后滩区损失最大的一年。另外，北金堤滞洪区人口已达 157 万人，耕地 16 万公顷，滞洪区范围还涉及中原油田的大部分产油区。东平湖滞洪区人口 35. 8 万人，耕地 3. 18 万公顷。上述滞洪区一旦分洪运用，不仅损失巨大，而且遗留问题较多。

二是水资源供需矛盾日益突出。黄河是我国西北、华北地区重要的供水水源，以其占全国河川径流 2% 的水资源量，承担着占全国 15% 的耕地、12% 的人口以及 50 多座大中城市的供水任务。黄河除向本流域供水外，还有向流域外远距离调水的任务。黄河供水区年均耗用河川径流量 307 亿立方米，其中流域外耗用 106 亿立方米。黄河供水范围和供水人口，已经超过了黄河水资源的承载能力,造成水资源供需失衡。下游河段频繁断流就是这种失衡状态的集中表现。

从1972年到1998年的27年中,有21年下游出现断流,累计断流1 050天。进入90年代,几乎年年断流,断流历时增加,断流河段延长。1997年断流最为严重,距河口最近的利津水文站,全年断流226天,断流河段曾上延至河南开封附近。断流在造成局部地区生活、生产供水困难的同时,使输沙用水得不到保证,主河槽淤积严重,排洪能力下降,增加了防洪的难度和洪水威胁。断流还造成生态环境恶化,河口地区生物多样性受到威胁。

研究分析认为,河道内生态环境低限需水量年平均为210亿立方米。其中,汛期输沙用水为150亿立方米,非汛期生态基流需水50亿立方米,河道渗漏、蒸发约10亿立方米。根据经济社会发展情况,预测到2010年、2030年、2050年,工农业生产及生活需耗用水资源分别为410亿、520亿、600亿立方米。在充分利用地下水和保证生态环境用水的条件下,正常年份将分别缺水40亿、150亿、230亿立方米,枯水年份缺水将更为严重。

三是生态环境恶化尚未得到有效遏制。黄河流域生态环境恶化突出表现在黄土高原的水土流失和黄河干支流水污染两个方面。

黄土高原是全国乃至全世界水土流失面积最广、强度最大的地区之一。严重的水土流失不仅造成了黄土高原地区荒漠化和其他灾害的发展,制约了经济社会的可持续发展,而且大量泥沙进入黄河,使下游河道不断淤积抬高,形成地上悬河,大大加剧了洪水威胁。为了减轻河道淤积,又必须保证一定的水量输沙入海,进一步加剧了水资源供需矛盾。新中国成立以后我国对黄土高原的水土保持虽然给予相当的关注,但治理进度还比较缓慢,国家曾计划每年治理1.21万平方千米,但实际治理面积每年仅有6 000平方千米,尚未治理的面积还有41万平方千米。已经治理的地区还存在治理标准低、工程不配套、治沟工程少、林草成活率低等问题,上述治理措施虽然降低了水土流失的强度,但仍然大大高于国家规定的每平方千米每年流失 1 000 吨的轻度侵蚀标准。随着经济开发和人口增长,边治理边破坏的情况还相当严重,新的人为水土流失还在扩展,子午岭、六盘山林区面积也在逐年减少。

水污染是黄河出现的新的重大环境问题。20 世纪 90 年代初,进入黄河的废污水年排放量达 42 亿吨,与 20 世纪 80 年代初相比增加了 1 倍。大量未经处理或未达标排放的废污水进入黄河,使水质呈现急剧恶化之势。国家环保局 1997 年发布的《中国环境状态公报》表明,黄河严重污染(Ⅳ类以上水质)河段比例已居全国 7 大江河的第二位。据 1998 年水质监测结果,Ⅱ、Ⅲ类水质河长仅占评价河段的 29.2%,Ⅳ类水质河长占 36.9%,Ⅴ类及劣于Ⅴ类水质河长占到 33.9%。与 1985 年相比,Ⅳ类以上水质河长的比例增加了 39.6 个百分点。水质的恶化加剧了水资源紧缺的程度,给沿河人民的生产、生活和身体健康造成严重威胁。

● 治理对策

1. 基本认识

这次治河研究对新中国成立以后黄河治理的经验教训进行了回顾与总结,提出了以下基本的认识:一是黄河的治理开发关系整个国民经济的战略布署,具有整体性、综合性和关联性。黄河下游的防洪问题关系着黄淮海平原的经济发展和社会安定,水资源问题关系着西北、华北地区的可持续发展,生态环境问题关系着黄河流域人民的脱贫致富和子孙后代的生存空间。治理开发黄河要把流域的自然条件、生态环境和经济社会视为一个相互影响和制约的整体,强调全河统筹兼顾,除害与兴利相结合,充分考虑流域治理开发与相邻流域乃至全国的关联性。二是水资源利用及保护必须与经济、社会、资源、环境相协调,走可持续发展的道路。以过度消耗资源、破坏环境为代价而追求经济数量增长的发展模式,已不再适应当今和未来发展的要求。要在大力推行节水措施的同时,统筹考虑生态环境用水和工农业用水的关系,研究黄河水总量平衡问题,适时开工建设南水北调工程,加强配置、节约和保护,实现水资源永续利用。三是治理黄河必须把水土保持作为根本措施,坚持治水治沙并重。严重的水土流失在造成生态环境恶化、当地群众贫困的同时,也造成下游悬河的发展和洪水威胁的加剧,并直接影响到水利水电资源的开发利用及水利设施的使用效益和寿命。泥沙问题是黄河难以治理的症结所在。水和土都是当地的宝贵资源,要科学地加以保护和利用,有效减少入黄泥沙,为当地经济的可持续发展服务。四是解决黄河的重大问题,不仅要重视工程措施,还要重视非工程措施,特别要强调运用高新技术。治理开发黄河,工程措施是基础,非工程措施是保障,要认真研究黄河的管理体制、投入机制、法律保障和政策要求,充分运用法律手段、行政手段和经济手段,调整和规范黄河治理开发与管理工作中各方面的关系,统一规划、统一管理水资源,严格监督执法,逐步建立起符合中国国情、适应21世纪治理开发要求的新型流域管理体制。黄河的治理开发还必须按照黄河的实际情况研究和运用先进的科技手段,对有重大影响的关键问题,要组织多部门、多学科联合攻关,力争取得新的突破,为治理开发黄河提供有力的科技支撑。五是以市场经济理论为指导,重视水利经济。无论工程措施或非工程措施,在方案选定过程中,都要从技术、经济等方面综合考虑,科学选比。不仅要求技术上可行,而且经济上要合理,特别要强调符合社会主义市场经济的规律。

黄河水少沙多,具有特殊的复杂性,治理开发黄河不仅要有效控制洪水,妥善处理和利用泥沙,还要合理配置水资源。由于在相当长的时间内水少沙多的局面难以根本改变,因此既要充分认识治黄的迫切性和重要性,更要充分估计治黄工作的长期性和复杂性,期望毕其功于一役,在短期内解决黄河的问题是不能实现的。

2. 治理方略

这次研究在总结黄河治理开发经验教训的基础上,分别就防洪、水资源利用及保护和水土保持三大问题提出了相应的治理方略。

防洪治理的方略是:“上拦下排、两岸分滞”控制洪水,“拦、排、放、调、挖”处理和利用泥沙。

黄河洪水具有陡涨陡落的特点,在中游修建大型水库,可以显著削减洪峰;充分利用河道排洪入海,必要时利用滞洪区分洪。泥沙问题是黄河难治的症结所在,需要采取多种措施综合治理。“拦”主要靠上、中游地区水土保持和干、支流控制性骨干工程拦减泥沙。“排”就是通过各类河防工程建设,将拦不住的泥沙利用现行河道尽可能多地输送入海。“放”主要是在下游两岸处理和利用一部分泥沙。“调”是利用干流骨干工程调节水沙过程,使之适应河道的输沙特性,以减少河道淤积或节省输沙水量。“挖”就是挖河淤背,加固黄河干堤,逐步形成“相对地下河”,谋求黄河长治久安。

水资源利用及保护的方略是:开源节流保护并举,以节流为主。

节约用水是缓解黄河水资源供需矛盾的有效途径,要把全面节水作为一项紧迫的首要任务抓紧抓好,关键是要大力发展节水农业、节水工业,建设节水型社会。加强水资源的统一管理和保护是缓解缺水断流和水质恶化的重要手段,要统筹考虑城乡生活、工业、农业和生态环境各方面对水量和水质的要求,以供定需,加强需水管理,逐步实现水资源优化配置。从长远考虑,为缓解黄河流域资源型缺水问题,引江济黄是必要的。

推进水土保持方略是:防治结合,强化治理,以多沙粗沙区为重点,以小流域为单元,采取工程、生物和耕作综合措施,注重治沟骨干工程建设。

黄土高原地区自然地理条件复杂,水土流失面广量大,类型多样,水土保持是一项十分艰巨而复杂的任务,要采取多种措施综合治理。要把产沙集中、对黄河下游河道淤积有重要影响且经济相对落后的多沙粗沙区作为重点,集中力量,增加投入,加快治理。对已有水土保持措施的地区、次生林及水土流失相对较轻的地区,要加强预防保护。在开发建设强度大的地区,要加强预防和监督,及时治理,避免产生新的水土流失。黄土高原水土流失治理要以县为单位,以小流域为单元,因地制宜采取工程、生物和耕作措施,防治结合,集中连片,综合治理,逐步建立配置合理的水土保持工程体系。针对黄土高原多沙粗沙区重力侵蚀严重的特点,必须加大治沟骨干工程的建设力度,结合大量修建的淤地坝等沟道工程,就地拦蓄、利用水资源,长期保持拦沙淤地效果。采取"网、带、片"等植物工程措施,治理风沙,制止沙漠扩张,防治土地荒漠化。

3. 总体布局

根据上述基本认识和治理方略,提出黄河治理的总体布局是在黄河上、中游兴建一批水利水电枢纽工程,形成以龙羊峡、刘家峡、大柳树、碛口、古贤、三门峡和小浪底7座骨干工程为主体的黄河水沙调控体系;在黄河下游,建成以堤防、河道整治工程为主的下排工程和配套完善的滞洪工程,结合挖河淤背固堤,淤筑相对地下河;加强黄河宁蒙河段、禹门口至三门峡河段及渭河下游河段河防工程建设;同时,完善水文测报、洪水调度、交通、通信以及推行防洪保险等非工程措施。结合上中游水土保持措施,以此形成防洪减淤体系。

以上游宁蒙平原、中游汾渭盆地、下游豫鲁平原等引黄灌区为重点,全面推行节水措施;利用干流工程调节径流,兴建南水北调工程向黄河及黄河供水区补水;建成黄河干流主要断面(含省界断面)、取水口、退水口、排污口和支流入黄口水量和水质统一监测网络,建立水资源统一管理调度新体制,以此形成黄河水资源开发利用和管护体系。

在黄河流域黄土高原划分水土流失重点治理区、重点监督区和重点预防保护区。在重点治理区,根据不同类型区水土流失特点和经济发展要求,因地制宜地建设以治沟骨干工程、植树种草为主体的综合治理工程体系,兴利减沙。在重点监督区,建立健全以水土保持执法机构为主体的执法体系,建设水土流失监测网络,有效遏制人为水土流失。在重点预防保护区,依法保护森林、草原植被和现有水土流失防护措施,合理开发利用水土资源,防止产生新的水土流失。

这次研究还分别提出了近期(2010 年)、中期(2020 年)和长期(2050 年)的治理开发目标以及近期治理开发实施意见。另外,还就健全流域管理体制、投入保障机制、制定《黄河法》等重大问题提出政策建议。这次研究的成果《黄河的重大问题及对策》经水利部、国务院其他部门组织相关专家进行多次论证,专家们认为基本思路正确,对策基本可行。有的专家也提出了一些修改和补充意见。根据这次研究的成果,国务院于 2002 年批准了《黄河近期重点治理开发规划》,其成为近期黄河治理开发的基本依据之一。

第五节　维持黄河健康生命[33]

●“1493”治河体系

河流孕育了人类文明,但人类在发展过程中却对河流造成了伤害。由于对河流水资源的过度开发和一味索取,而置河流的健康生命于不顾,造成一些河流严重污染,失去水体功能,有的河流萎缩、断流甚至干涸、消亡,伴之而来的是生态环境的恶化,河流功能的衰竭,生物多样性的减少,甚至局部生态系统的崩溃。它反过来威胁了人类的生存和发展,人类为此付出了沉重的代价。面对严峻的现实,人们不得不重新审视人与自然的关系,从人口资源环境可持续发展的角度认识人与自然和谐相处的重要性,从而采取保护和拯救河流的行动。黄河是中华文明的摇篮,中华民族的母亲河。一个时期以来,黄河出现了主河槽淤积、萎缩,“二级悬河”形势严峻,水资源供需矛盾尖锐,水体污染加剧等问题,反映出黄河已面临日益严重的生存危机。

2001 年李国英同志担任黄河水利委员会主任。他和黄河水利委员会的同志们一道,借鉴国内外河流开发治理的历史经验,结合黄河面临的实际情况,提出了维持黄河健康生命的理念,并致力于“1493”治河体系(图 3-9)的构建。具体地说,“1”就是一个终极目

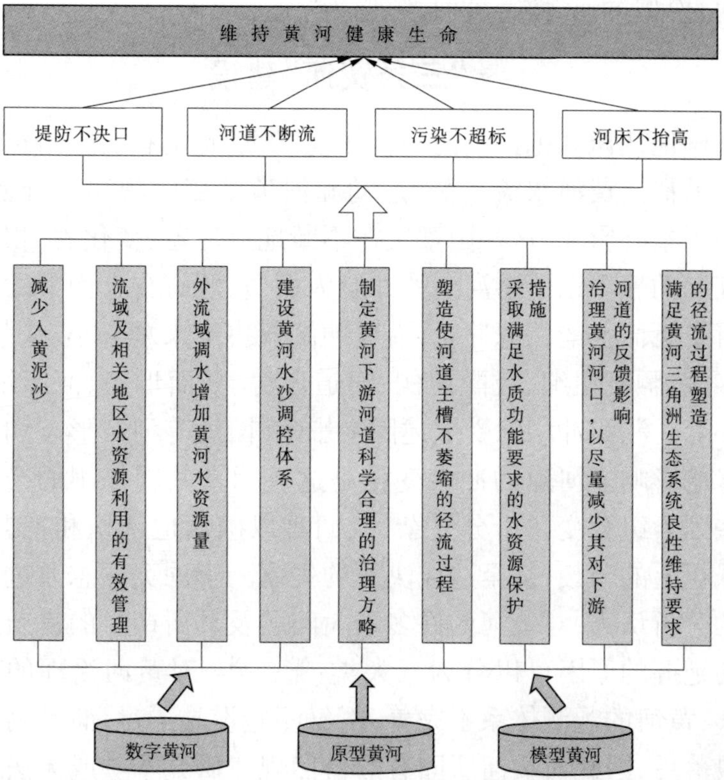

图 3-9　"1493"治河体系

标——维持黄河健康生命。"4"就是黄河健康生命的 4 个主要标志，它直观、通俗地表达为"堤防不决口，河道不断流，污染不超标，河床不抬高"。"9"就是实现上述目标的 9 条治理途径，它们分别是：①减少入黄泥沙；②流域及相关地区水资源利用的有效管理；③外流域调水增加黄河水资源量；④建设黄河水沙调控体系；⑤制定黄河下游河道科学合理的治理方略；⑥塑造使河道主槽不萎缩的径流过程；⑦采取满足水质功能要求的水资源保护措施；⑧治理黄河河口，以尽量减少其对下游河道的反馈影响；⑨满足黄河三角洲生态系统良性维持要求的径流过程塑造。"3"就是利用现代科学技术手段，构建认识黄河、开发治理黄河的决策支持系统。它包括原型黄河、模型黄河、数字黄河,统称为“三条黄河”。

●“三条黄河”建设

正确地认识和把握黄河的自然规律,是制定和实施治黄决策的基础和前提。黄河水流、泥沙运动和河道演变的规律十分复杂,受到多种因素的影响,这些因素又在不断地运动着、变化着,相互影响又相互制约着。以下游河道的冲淤为例,它既有自上而下的沿程冲淤又有自下而上的溯源冲淤,沿程冲淤取决于来水大小、涨落过程、含沙多少、颗粒粗细、级配比例、河道形势、断面形态、河床组成、糙率大小等。溯源冲刷除受上述因素影响外,还有河口形态和海洋动力因素的影响。河道的冲淤变化是这些因素共同作用的结果。由于这些因素组合变化十分复杂,人们难以确切地认识和把握,常常形成认识上的分歧,甚至造成决策的失误。李国英同志通过对许多事例的分析认为,对黄河的许多重大问题及其所产生的复杂原因不能确切把握的原因可以分为三大类:第一类,对黄河治理的需求研究不够,黄河的观测体系不完善,不仅测验设施不足,而且测验方法与手段落后,因此对黄河所固有的自然规律研究不够或无法进行深入研究;第二类,尚未建立综合反应各种复杂因素相互作用与影响,且具有快速反应能力的信息采集、传输、处理的数学模拟系统;第三类,尚未建立能够反演黄河自然现象且具有对各种复杂影响因素进行单因子“剥离”功能的实体模拟系统。基于上述认识,他提出建立一套以自然黄河为支持基础和研究对象,以现代科技手段为支撑的完整的科学研究体系。这个研究体系概括为“三条黄河”,即原型黄河、数字黄河和模型黄河。

原型黄河就是自然界中的黄河,它是研究、治理、开发与管理的对象。数字黄河,是原型黄河的虚拟对照体。借助各种手段采集基础数据,构建全流域及相关地区的包括自然、经济、社会等要素在内的一体化的数字集成平台和虚拟环境,以功能强大的系统软件和数字模型对黄河治理开发的各种方案进行模拟分析和研究,并在可视化条件下提供决策支持,增强决策的科学性和预见性。模型黄河是原型黄河的物理对照体,是利用物理模拟技术把黄河搬进实验室。它将原型黄河的各种技术要素按一定比例进行缩小,按其研究对象分类建成实体模型体系。通过这些模型可以对黄河的自然现象进行反演、模拟和试验,并可对诸多影响因素进行单因子"剥离",分别研究每一个因素的影响及相互联系,更确切地把握其内在的规律。

原型黄河、数字黄河和模型黄河,三者之间相互关联,相互推进,共同构成一个科学的决策场。原型黄河是数字黄河和模型黄河建设的基础或称之为"原始底本",也是数字黄河和模型黄河的研究对象。可以利用数字黄河反应迅速、成本低廉的优势,对黄河治理开发与管理的方案超前进行计算机模拟试验,从中选取完善可行方案。模型黄河可视为数字黄河与原型黄河之间的"中试"环节。通过试验的方案拿到原型黄河上布置或实施,经过原型黄河的实践逐步调整、完善。数字黄河、模型黄河与原型黄河之间的关系可以用图 3-10 表示。构建"三条黄河"的科学决策场,可以模拟、反演原型黄河发生的种种自然现象,并可对影响黄河自然变化的多种因素进行单因子"剥离",迅速地抓住主要的矛盾或矛盾的主要方面,从而大大加快认识和把握自然规律的进程。通过"三条黄河"的相互印证、相互促进、相互补充、相互完善的互动机制,可以大大提高黄河治理、开发、管理的快速反应能力,大幅度提高决策效率,有利于方案的优化比选,增强解决问题的科学性、预见性和前瞻性。目前"三条黄河"建设已经取得了重要进展,并在多项治黄决策中得到了广泛的应用。

• 构建黄河水沙调控体系

黄河之所以成为世界上最为复杂难治的河流,其主要原因是"水少沙多、水沙关系不协调"。这种不协调的水沙关系造成河道淤积、河势多变,形成"善淤、善决、善徙"的特点。维持黄河健康生命的治河理念,致力于构建黄河水沙调控体系,通过增水、减沙、调水

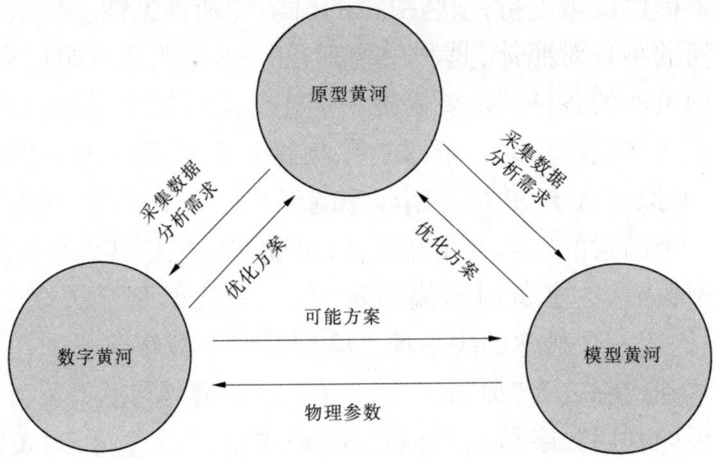

图 3-10 “三条黄河”相互关系

调沙等基本途径,塑造相对和谐的水沙关系,从而达到减少河道淤积、延长行河年限的目的。

其一是增水,这里所指的增水主要是指增加河道冲沙用水。近年来随着经济的发展和人口的增加,生活、生产用水猛增,生态用水和冲沙用水被严重挤占。原本不协调的水沙关系,更是雪上加霜,河道频繁断流,河槽严重淤积萎缩,对黄河的防洪安全和健康生命构成严重威胁。我国是水资源相对贫乏的国家,黄河流域更是严重缺水的地区之一。节约用水是解决水资源供需矛盾的必由之路。要保证生活用水的基本需求,兼顾生产用水、生态用水和冲沙用水,使有限的水资源实现最佳的配置,为生态环境的维持和经济社会的可持续发展服务。节约用水要借鉴国内外的一切成功经验,采取法律的、行政的、经济的和技术的手段,建设节水型农业、节水型工业和节水型社会。增水的另一条途径是跨流域调水。我国长江流域水资源相对丰沛,从长江流域调水补给黄河,是解决黄河水资源供需矛盾、维持黄河健康生命的有效途径。经过多年研究,国家已确定东、中、西 3 条调水线路,其中西线调水对缓解黄河水资源供需矛盾尤为重要。3 条线路为南北走向,与东西走向的长江、黄河、淮河、海河形成三纵四横、南北调配、东西相济的水资源网络。目前,东、中线南水北调正在建设,西线的前期工作也在紧张进行中。

其二是减沙,沙多是黄河复杂难治的症结所在,减少泥沙历来被称为“正本清源”之策。目前,减少泥沙的途径:一是黄土高原水土保持;二是有计划地引洪放淤处理泥沙;三是利用骨干水库死库容拦沙。黄土高原水土保持从新中国成立以来已经做了大量的工作,积累了丰富的经验,在拦减入黄泥沙、改善当地生产条件和生态环境方面都起到了显著的作用。但黄土高原水土流失面积十分广大,治理任务十分艰巨,今后仍将是一项长期的任务;引洪放淤过去做了大量工作,近期做了小北干流放淤试验,取得阶段性成果,今后还将结合古贤枢纽工程的建设开展有坝放淤的实践;利用水库死库容拦沙在当前主河槽淤积严重、水土流失区治理速度缓慢的情况下,是一种现实有效的措施。但水库死库容相对有限,如何科学有效地利用死库容拦沙,是一个值得重视和研究的问题。

造成下游河道淤积的泥沙主要是粗颗粒泥沙。就减少下游河道淤积来说,主要应控制粒径大于 0.05 毫米的粗颗粒泥沙。鉴于黄河流域地域辽阔,治理任务十分繁重,需要明确重点,集中力量搞好粗沙来源区治理。根据有关专家的研究成果和当前黄河的实际情况,李国英同志提出构建控制黄河粗泥沙“三道防线”。第一道防线是黄土高原水土流失区治理,“先粗后细”,即首先治理 7.86 万平方千米的多沙粗沙区。在此基础上,进一步界定泥沙颗粒直径更大、侵蚀模数更大的水土流失区,以便更加突出重点、缩小范围,尽快见到中游拦减粗泥沙的效果。采取“先粗后细”的治理顺序有利于抓住主要矛盾,收到事半功倍的成效。第二道防线是小北干流放淤“淤粗排细”。在实施放淤过程中,通过水沙过程实时监测、引水口门选择控制、弯道环流分选、淤区退水叠梁闸门控制等措施,达到淤粗排细的目的。小北干流“淤粗排细”,将有效减少三门峡、小浪底水库和下游河道主河槽的粗泥沙淤积,延长小浪底水库的使用寿命,减缓下游河道的淤积。第三道防线是小浪底水库“拦粗排细”。

在小浪底水库运用初期,要积极创造条件塑造人工异重流,让更多的细颗粒泥沙排出库外。在小浪底水库运用后期,起始运行水位以下蓄水体较拦沙初期大为减少,水库摆脱了拦沙初期水体较大的制约,在运行方式上较易满足"拦粗排细"的要求。这一时期采取逐步抬高汛期水位的调水调沙方式,保持明流输沙流态,达到拦粗泄细的目的。小浪底水库进入正常运用期以后,在254米以下的槽库容中,调水调沙库容将处于不断冲淤交替的变化过程中。这一时期实现拦粗泄细是一个相对复杂的问题,尚待进一步深入研究。总之通过构建控制粗泥沙的三道防线,必将改善进入小浪底水库和下游泥沙的颗粒级配,有效地延长水库的使用寿命,减缓下游河道的淤积抬高。

其三是调水调沙。黄河具有"水沙异源"的特点。兰州以上和潼关以下河段来水含沙量较小,是清水来源区。托克托至龙门、龙门至潼关河段来水含沙量大,是泥沙的主要来源区。这种"水沙异源"的特点常常造成水沙搭配的不均衡。在水多沙少的时候,水流的挟沙能力不能充分利用,水少沙多时又会大大超出水流的挟带能力,造成河道的严重淤积。由此引起的河道淤积主要表现在黄河下游,近年来宁蒙河段和小北干流河段的淤积也日渐引起人们的关注。20世纪60年代,王化云、钱宁等同志曾提出用人工调控的方法改变黄河的水沙搭配,使不协调的水沙关系变得相对协调,并利用三门峡水库进行过初步试验。近年来,黄河水利委员会进一步提出建立黄河水沙调控体系及运行机制的构想。调控体系仍以龙羊峡、刘家峡、大柳树、碛口、古贤、三门峡、小浪底等大型枢纽工程为基础,以控制、调节、塑造水沙过程为内容,以减缓下游河道、宁蒙河道、小北干流河道(主槽)和相关水库的淤积为目标,使水沙关系不协调的状况得到缓解和改善。

在黄河上、中游地区,近年来由于龙羊峡、刘家峡水库的建成运用改变了天然径流过程,大洪水出现机遇减少,输沙能力降低,宁蒙河道淤积呈现加重趋势。龙羊峡、刘家峡两库与宁蒙河段距离遥远，调节灌溉和防凌的水量也存在困难，为此拟兴建大柳树水库，调整上游水库的运用格局。龙羊峡、刘家峡水库将以径流调节和发电调节为主。以龙羊峡、刘家峡、大柳树3座水库为骨干，有关水库相配合，可以较好地解决宁蒙河段淤积加重和防凌、灌溉水量的调节问题。表3-1为黄河干流梯级开发枢纽主要技术经济指标。

表3-1　黄河干流梯级开发枢纽主要技术经济指标

名称	所在地	正常蓄水位（米）	总库容（亿立方米）	有效库容（亿立方米）	最大水头（米）	最大坝高（米）	装机容量（万千瓦）	年均发电量（亿千瓦时）
龙羊峡	青海共和	2 600.0	247.00	193.50	148.5	178.0	128.0	59.4
拉西瓦	青海贵德	2 452.0	10.00	1.50	220.3	250.0	372.0	102.3
尼那	青海贵德	2 235.5	0.26	0.09	18.0	45.5	16.0	7.3
山坪	青海贵德	2 219.5	1.24	0.06	15.8	45.7	16.0	6.6
李家峡	青海尖扎	2 180.0	16.50	0.60	133.6	165.0	200.0	59.0
直岗拉卡	青海尖扎	2 050.0	0.15	0.03	13.2	42.5	19.2	6.7
康扬	青海尖扎	2 036.0	0.22	0.05	14.6	39.0	16.0	6.2
公伯峡	青海循化	2 005.0	6.20	2.00	106.6	139.0	150.0	51.4
苏只	青海循化	1 900.0	0.25	0.02	17.8	44.0	21.0	8.1
黄丰	青海循化	1 882.0	0.70	0.15	20.4	50.0	24.0	9.3
积石峡	青海循化	1 850.0	4.20	2.20	73.0	88.0	100.0	34.1
大河家	青海循化	1 782.0	0.90	—	16.5	38.0	18.7	7.4
寺沟峡	青海、甘肃	1 760.0	1.00	—	24.0	54.0	25.0	10.0
刘家峡	甘肃永靖	1 735.0	57.00	41.50	114.0	147.0	116.0	55.8
盐锅峡	甘肃永靖	1 619.0	2.20	0.10	39.5	55.0	39.6	21.7
八盘峡	甘肃兰州	1 578.0	0.50	0.10	19.5	33.0	18.0	9.5
河口	甘肃兰州	1 557.5	0.12	—	5.5	18.9	7.4	3.3
柴家峡	甘肃兰州	1 550.0	0.16	—	8.9	16.0	9.6	4.9
小峡	甘肃兰州	1 495.0	0.40	0.10	17.0	47.7	23.0	10.0
大峡	甘肃兰州	1 480.0	0.90	0.60	31.4	71.0	30.0	14.7
乌金峡	甘肃靖远	1 435.0	0.20	0.04	12.6	54.5	15.0	6.9
大柳峡	宁夏中卫	1 377.0	107.40	50.20	139.0	163.5	200.0	77.9

续表 3-1

名称	所在地	正常蓄水位（米）	总库容（亿立方米）	有效库容（亿立方米）	最大水头（米）	最大坝高（米）	装机容量（万千瓦）	年均发电量（亿千瓦时）
沙坡头	宁夏中卫	1 240.5	0.27	0.13	11.4	37.6	11.6	5.8
青铜峡	宁夏青铜峡	1 156.0	5.70	3.20	21.0	42.7	27.2	10.4
海勃湾	内蒙古渤海湾	1 075.5	4.10	1.80	10.5	14.0	10.0	3.7
三盛公	内蒙古磴口	1 050.0	0.80	0.20	8.6	9.0	—	—
万家寨	山西、内蒙古	980	9.0	4.5	81.5	90.0	108	27.5
碛口	山西、陕西	785	125.7	27.9	117.0	143.5	180	47.0
古贤	山西、陕西	645	165.7	47.8	174.0	199.0	210	71.0
禹门口	山西、陕西	390	0.7	0.4	23.5	48.5	14	6.1
三门峡	河南、山西	335	96.4	60.4	46.0	106	40.0	13.0
小浪底	河南洛阳	275	126.5	50.5	141.9	173	180.0	58.4

北干流河段拟兴建碛口、古贤、禹门口等枢纽工程，与万家寨水库等联合运用，形成中游的调控工程体系。万家寨水库来水含沙量较小，通过调节可为碛口水库冲沙减淤，碛口、古贤两库联合调度运用，可塑造水沙过程减少古贤水库的泥沙淤积。古贤、禹门口水库联合调度运用可对黄河北干流发生的高含沙洪水过程进行调节，塑造适合于小北干流放淤所需要的水沙过程，实施小北干流滩区放淤。

黄河下游河道是典型的“地上悬河”，历史上黄河的决溢灾害主要发生于此，通过调水调沙，减少下游河道淤积是水沙调控最重要的目标。由于进入下游的水沙来源多，调控工程多，调控方式较为复杂，必须根据不同的来水来沙状况，启动不同模式的运行机制。譬如，仅有小浪底水库以上来水来沙时，可利用小浪底水库不同的蓄泄方式进行调节；当小浪底水库以上来“浑水”，小浪底到花园口区间来“清水”时，可按照“无控区清水负载，小浪底调水配沙”的思路，由小浪底、故县、陆浑水库和拟建的沁河河口村水库联合运用，使不同来源区的洪水、泥沙过程在花园口站实现“对接”,形成较为协调的水沙关系进入下游河道。当小浪底水库汛前腾空库容时,可启动古贤、三门峡、小浪底等水库进行联合运用,塑造相对协调的水沙过程,实现小浪底水库和下游河道减淤甚或冲刷之目的。水沙调控是一个复杂的系统工程,经过不断的实践,它的调控和运行方式也将得到不断的丰富和发展。

• 调水调沙实践

调水调沙是减轻河道淤积的重要措施,小浪底水库建成运用为黄河调水调沙创造了有利条件,进入 21 世纪以来,黄河水利委员会开展了大规模的调水调沙试验,在理论和实践上都取得了重要进展。

从 2002 年开始黄河水利委员会进行了多次不同类型的调水调沙试验,并逐步进入正常的生产运行。

2002 年 7 月 4 ~ 15 日进行了小浪底水库单库运行的调水调沙试验。小浪底水库位于控制下游洪水和泥沙的关键部位,控制了黄河 92% 的径流量和几乎全部的泥沙。水库总库容 126. 5 亿立方米,长期有效库容 51 亿立方米。水库建成前对其调水调沙运行方式进行过长期研究,认为水库可以长期发挥调节水沙的作用。对小浪底水库不同高程的泄流设施进行组合,可对出流的水沙要素进行控制,塑造适合下游河道输沙特性的水沙关系,充分发挥水流的输沙效能。这次小浪底水库单库运行的调水调沙试验,主要是对过去理论研究提出的保持下游河道不淤的流量、含沙量、洪水历时等临界参数进行检验,积累更多的实测数据。这次试验,花园口设计流量为 2 600 立方米每秒,设计含沙量为小于 20 千克每立方米(实测平均含沙量 13. 3 千克每立方米),设计历时不小于 10 天(实际历时 11 天)。经过试验达到了预期的效果,下游河道冲刷 0. 362 亿吨。主河槽平均冲深 0. 07 ~ 0. 26 米。过流能力(平滩)增加 90 ~ 500 立方米每秒。同时获取了 520 万组实测数据,加深了对下游河道冲淤演变及水沙运行规律的认识。

2003 年 9 月 6～18 日进行了基于不同来源区水沙过程对接的调水调沙试验。这项试验是利用小浪底水库不同泄水孔洞组合，塑造一定历时和大小的流量、含沙量和泥沙颗粒组合的洪水过程，使其在花园口站与伊、洛、沁河调控的“清水”对接。实现既排出小浪底库区泥沙，又使小浪底到花园口区间的“清水”不空载运行，达到使下游河道减淤的目的。这次试验伊、洛、沁河发生的“清水”洪水，平均流量 739 立方米每秒（占花园口站流量的 28%），含沙量仅为 1.14 千克每立方米，小浪底实行“拦粗排细”运用，出库流量 1 690 立方米每秒，出库含沙量 40.5 千克每立方米，排沙比 107%。小浪底的水沙在花园口站与伊、洛、沁河的清水汇合。平均流量 2 394 立方米每秒（设计为 2 400 立方米每秒），平均含沙量 31.1 千克每立方米（设计为 30 千克每立方米），历时 12.4 天（设计 12 天）。这次试验得到了以下结果：①小浪库淤粗排细，减缓了库区淤积，排沙比高达 107%，排出了细颗粒泥沙（中值粒径 0.005～0.007 毫米），泄水建筑物前淤面高程由 182.2 米降至 179 米；②由于颗粒较细输沙效率大大提高，每吨泥沙的输沙用水量为 22.5 立方米，比 2002 年试验时每吨用水 39 立方米明显降低；③下游河道冲刷 0.388 亿吨，各主要水文断面 2 000 立方米每秒的水位分别降低 0.20～0.45 米；④避免了下游滩区漫滩，减少了灾害损失，并为翌年灌溉存蓄 6.02 亿立方米的水量。

2004 年 6 月 19 日至 7 月 13 日进行了多库联合调度，辅以人工扰动的调水调沙试验。2003 年汛后至 2004 年汛前，黄河干流蓄积了 38.59 亿立方米的水量，必须在汛前泄放，腾空防洪库容。为了充分利用水体的挟沙能力，达到水库和河道减淤的目的，这次试验提出了 4 项主要目标：①调整小浪底水库库尾泥沙淤积形态并排沙出库。通过三门峡、万家寨水库泄放的水流动力，辅以人工扰沙措施，消除小浪底水库尾部占用长期有效库容的淤积体，并利用水库异重流运动，尽可能多地排沙出库，以减少库区淤积。②增大下游河道两处卡口河段的过洪能力。通过水流动力冲刷和卡口河段人工扰沙，消除前期不利的“驼峰”淤积形态，扩大主槽过流断面。③通过干流水库群联合调度，塑造具有和谐水沙关系的人造洪峰，使黄河下游河道主河槽全线冲刷，并输沙入海。④通过人工异重流的塑造、库区及河道水沙演进和空间对接、人工扰动加沙平衡等过程的实现，进一步深化对黄河水沙运动规律的认识，以指导今后的治黄实践。通过精心设计和精心调度，这次试验圆满实现了预期的目标。小浪底水库库尾淤积形态得到调整，在设计淤积平衡纵剖面以上淤积的 3 850 万立方米泥沙全部被冲刷消除，成功地塑造了人工异重流使泥沙排泄出库。异重流水体最大含沙量达 126 千克每立方米，浑水持续时间约 80 小时，出库泥沙 0.043 7 亿吨。下游河道普遍发生冲刷。小浪底至利津共冲刷 0.642 2 亿吨。这次试验丰富了调水调沙的理论和实践，深化了对调水调沙规律的认识，积累了宝贵的实践经验。

• 下游河道治理方略

对今后一个时期黄河来水来沙的基本估计和目前黄河面临的实际状况，是制定下游河道治理方略的基本依据。黄河水利委员会经研究认为，今后一个时期内黄河的自然地理特性不会发生大的改变，流域的降雨特性也不会发生大的变化，流域下垫面的变化并不能导致产汇流规律的重大改变，骨干工程的调蓄也将受到库容和使用寿命的限制，未来进入黄河下游河道的洪水、泥沙不可能较大幅度的减少，黄河流域发生大洪水，甚至特大洪水的可能性仍然存在。经过小浪底等干支流水库的调蓄，洪水将呈现两极分化的趋势：一方面洪水以中小洪水为主；另一方面大洪水仍会发生。黄土高原的水土保持是一个相当漫长的过程，即使经过长期努力，使进入黄河的泥沙减少到 8 亿吨左右，黄河仍将是一条多泥沙河流。随着经济的发展，人口的增加，在没有大量外来水源补给的情况下，水少沙多、水沙关系不协调的状况有可能进一步加剧。

目前,黄河下游也存在一些突出问题:一是游荡型河段河势尚未得到有效的控制。特别是花园口至东坝头河段,工程控导能力较差,畸形河湾时有发生,遇较大洪水容易导致河势变化,加之“槽高、滩低、堤根洼”的河道形态,将会产生“横河”、“斜河”,威胁堤防安全。不仅大洪水威胁巨大,中常洪水也有决堤危险。二是水沙条件恶化,主槽淤积加剧。1986 年龙羊峡水库建成并和刘家峡水库联合运用后,下游河道出现明显的淤积萎缩。1986 年 10 月至 1998 年 10 月黄河下游河道共淤积泥沙 29.37 亿吨,年平均淤积量 2.45 亿吨,高于 1950 ~ 1998 年年均淤积 1.92 亿吨的水平。另外,这一时期主槽淤积占总淤积量的 70%,河槽排洪输沙能力降低,洪水威胁大大增加。三是堤防先天不足,隐患较多,每遇洪水,险象环生。东坝头以上两岸堤防是在明、清老堤基础上加修起来的,东坝头以下堤防则是 1875 年以后在民埝基础上加修形成的。堤防质量先天不足,加之历史上抢险、堵口使用的秸料和木桩等积年日久、腐朽变质,堤内存在大量松土、裂缝、洞穴等隐患。新中国成立后虽历经探测加固,隐患仍难以完全消除。四是滩区安全设施差,受淹几率大,1974 年以后虽然修筑了部分避水台,但面积较小,达不到人均 60 平方米的规划要求,而且 95% 以上的避水台达不到设计的高度要求。由于滩区基础设施建设严重滞后,生产生活条件恶劣,上水机遇多,灾后无补偿,经济发展水平严重滞后,已经成为豫鲁两省乃至全国最贫困的地区之一。

基于上述对今后一个时期黄河来水来沙趋势的基本估计,以及黄河下游目前存在的突出问题,黄河水利委员会将目前和今后一个时期黄河下游河道的治理方略确定为“稳定主槽、调水调沙、宽河固堤、政策补偿”。即在黄河下游河道塑造并维持一个稳定的中水河槽,作为调水调沙和中小洪水排泄的通道,控制洪水不漫滩。在出现大洪水和特大洪水时,使其在两岸标准化堤防的约束下演进,通过滩区安全建设和临时撤退等措施,保障滩区群众的安全,对洪水造成的经济损失,由国家给予政策性补偿。

稳定主槽就是通过河道整治，形成和维持一个稳定顺畅的中水河槽。新中国成立以来通过长期的工程建设，黄河下游已经形成了一个包括险工、控导护滩工程在内的河道工程体系，在控导主流、稳定河势、缩小游荡范围方面发挥了重要的作用。但在有些河段，河势尚未得到有效的控制，工程布设尚未达到稳定主槽的要求。有待进一步研究和掌握河道演变的规律，更加有效地控制河道变化，形成稳定顺畅的排洪输沙通道。稳定主槽和调水调沙是相应于中小洪水的治理措施。二者互为前提，相辅相成。没有稳定的主槽，河道散乱，调水调沙就不能达到预期的效果。没有调水调沙，稳定的河槽也难以长久维持。

宽河固堤就是维持现有的宽河格局，建设标准化堤防，形成坚固的防洪屏障。它和政策补偿配合，是应对大洪水和特大洪水的防治措施。目前，两堤间的滩区十分广阔，共4 000多平方千米，在处理大洪水和特大洪水时有着十分重要的作用。它的主要功能有二：一是滞蓄洪水。黄河下游河道的特点是上宽下窄，陶城铺以上河道宽5～20千米，滩地面积3 000多平方千米，占下游滩地总面积的80%以上。陶城铺以下河道最窄处只有几百米。据20世纪50～80年代的统计资料，花园口站大于10 000立方米每秒的洪峰演进至孙口水文站时最大削峰率可达57.8%，正是由于陶城铺以上宽河段的削峰作用，大大减轻了陶城铺以下窄河段的防洪压力。目前，陶城铺以上宽河段堤防的设防标准为花园口站22 000立方米每秒，而艾山以下设防标准仅为11 000立方米每秒。二是沉积泥沙。据对1969～1989年间16场高含沙洪水在各河段淤积比例的统计，陶城铺以上宽河段淤积量占下游总淤积量的98%。其中，粒径大于0.05毫米的粗颗粒泥沙全部淤积在陶城铺以上。另外，在黄河发生大洪水时主槽漫溢，高含沙水流进入滩区，在滩区滞留沉积后，清水退入主槽，形成滩地淤积、河槽冲刷的“淤滩刷槽”现象。“淤滩刷槽”的结果，会使河势相对规顺，滩槽高差增加，主槽的排洪输沙能力加大，有利于河道的排洪减淤。

实行“宽河固堤”有两个必备的条件:一是要有强固的堤防,以保证大堤以外广大地区的安全;二是要有合理的滩区政策,以解决防洪减淤和滩区人民生存发展的矛盾。近年来,黄河水利委员会开展了下游标准化堤防建设。在大堤临河侧种植 50 米宽的防浪林,堤顶宽度 12 米且全部硬化,背河侧筑 100 米宽的淤背区,高度与 2000 年设计水位齐平,淤区种植生态林,培植防汛抢险料源,把黄河大堤建成“防洪保障线,抢险交通线,生态景观线”,使其成为华北平原防御黄河洪水的可靠屏障。华北平原是历史上中华民族繁衍生息的家园,但由于黄河善决、善徙的特性,河道屡屡发生变迁,黄河改道后堤防也随之改变,往往把大片土地和居民圈入堤内。对黄河而言常常不是群众侵占河道,而是河道侵占了他们的家园。现行的河道滩区是作为行洪河道管理的。国家既没有把群众迁移到堤外进行安置,在群众遭受洪涝灾害时也没有实行补偿政策(图 3-11)。鉴于黄河滩区承担着行洪、滞洪、沉沙等多项功能,比其他蓄滞洪区更具备牺牲局部、保全大局的特点,因此黄河水利委员会提出对滩区实行补偿政策,在滩区遭受洪涝灾害时,参照蓄滞洪区的规定,给群众以适当的经济补偿。

图 3-11　滩区救护

第四章 黄河下游治理的反思与展望

第一节 读史心得

有关黄河治理的史籍浩如烟海,这是其他任何江河都无法相比的,可以说中国古代的水利史主要就是黄河开发和治理的历史。虽然黄河治理不乏史料记载,但仍然留下许多不易解读的谜团。譬如,从大禹治水到新中国成立,黄河治理已有 4 000 多年的历史,其间生产力不断发展,治河技术也不断进步,但黄河的灾害为什么没有减少,反而越来越频繁?大禹治水能够功施三代(夏、商、周)、安流千余年,而为什么在北宋以后却连年水患,百年一改道、三年两决口呢?再如,中国历史上出现过许多治水英雄和治河名人,他们在实践中创造了不少行之有效的治河方略,取得了相对安流的治理成效,但为什么有些治河方略后来却逐渐舍弃,即使采用也效果不佳甚至无济于事了呢?黄河之所以出现这些看似反常的现象,是因为黄河是一条嬗变的河流。历史的黄河不同于今天的黄河,未来的黄河和今天的黄河也将有所不同,那么怎样才能了解黄河的历史状况呢?长期以来人们主要借助于史料的记载,但是史料记载存在时间、空间和认识上的局限性,难以给我们留下全面翔实的资料,因而限制了人们的眼界,使很多问题得不到明确的结论。随着现代科学技术的发展,地球科学、地质学、考古学有了长足的进步,人们对古气候、古生物、古地理的研究取得了丰硕成果,从地球的沉积地层中获得了大量的历史信息,在一些方面弥补了史料记载的不足,使我们有可能对历史的黄河有更加全面的了解和认识。

● 自然环境的变迁

地学家们通过地质勘探、考古发掘以及西北地区黄土地层中植物孢粉、动物遗骸、内陆湖水位遗迹等综合研究,取得了许多重要的成果,结合有关的史料记载,我们可以对黄河流域自然环境变迁有一个大体的了解。

1. 距今3 000年以前的自然环境

1)气候

全新世以来,我国北方地区存在一个温暖湿润期。这个温暖湿润期的上界距今8 500年,下界距今4 000年,也有专家认为其下界距今3 000年。其间又分为距今8 500~7 000年的波动升温期,距今7 000~6 000年的稳定暖湿期(最适宜期),距今5 000~4 000年的较稳定的温暖期,距今4 000~3 000年的气温波动下降期,距今3 000年以来则进入气温下降与人类活动影响叠加期。大禹治水发生在较稳定的温暖期,从夏到西周初期处在气温波动下降期。在4 000年前的温暖湿润期,我国北方年平均气温比现在高出2~3摄氏度,黄河上游(青海湖附近)的年降水量为600~700毫米,比现在的降水量多70%~80%,中游鄂尔多斯地区年降水量约为650毫米,比现在年降水量450毫米也高出40%以上。在距今4 000~3 000年的气温波动下降期,毛乌素沙地也生长着蒿、葎草、灌木林,局部还生长着针阔叶混交林,推测当时的年降水量比现今要高出100毫米[34]。

2)地形地貌

春秋以前的黄土高原不像现今那样支离破碎,除山地外就是"原"和"隰"。"原"按照我国最早的辞典《尔雅》的解释就是广平之意,当时的周原包括现在陕西省的凤翔、岐山、扶风、武功4个县的大部分,兼有宝鸡、眉县、乾县、永寿4个县的小部分。比现在周原要广大得多[35]。今天的平凉、庆阳地区那时被称为大原,是一片广阔的草原,著名的董志塬就是其中的一部分。直到百十年前当地还有“八百里秦川,抵不过董志塬一边”的民谚。在原和原之间则是较为低湿的河谷台地,称为“隰”,也是比较宽阔宜于发展耕作的地带。在我国古代的史籍中有关于原、隰的大量记载,如“畇畇原隰,曾孙田之”❶、“原隰既平,泉流既清”❷、“皇皇者华,于彼原隰”❸、“周原膴膴;堇荼如饴”❹等。可见那时的原隰平坦开阔、土地肥美,是先人们从事耕作繁衍生息的理想之地。

黄河下游的地貌也不像今天那样平坦无垠,除冲积平原外,还有许多凸起的丘、陵、冈、阜和众多的湖泽[35]。

丘陵高地大多为先民聚居之地,随着平原的淤积抬高,水患消除,人们才逐渐迁居于平地。《禹贡》在兖州一段里记载“桑土即蚕,是降丘宅土”,就是对这种变化的记述。春秋以前的地面比现在要低十几米到几十米,随着黄河泥沙的积淀,有些丘、陵、冈、阜已被淤土埋没。春秋战国时期还有许多关于丘、陵、冈、阜的记载,以丘为例见于《春秋》、《左传》的记载就有数十处之多,如宋国的楚丘、穀丘、梁丘、葵丘、长丘、幽丘、犬丘、商丘、赭丘、老丘、雍丘,齐国的贝丘、牡丘、郪丘、句渎之丘、重丘、廪丘、渠丘、丰丘、犁丘等。除高地外还有许多巨大的湖泊和沮洳地带[35,36],如在今河北境内的大陆泽、鸡泽、泜泽、皋泽,在今河南境内的荥泽、圃田泽、蒙泽、逢泽、荧泽、澶渊、萑苻泽,今山东境内的大野泽、菏泽、雷夏泽、阿泽等。其中,最大的当属大野泽和大陆泽。据《元和郡县志》记载,在唐代大野泽虽经黄河淤积,其南北长仍有300里,东西宽百余里。大陆泽的大小当时没有具体记载,据现代勘测在河北巨鹿、任县、南宫、新河、冀县、束鹿、宁晋、隆尧诸县间有古湖泽遗址(见图4-1),长约67千米,宽28千米,根据方位,当是古代的大陆泽。其他湖泊的大小

❶《诗经·小雅·信南山》。
❷《诗经·小雅·黍苗》。
❸《诗经·小雅·皇皇者华》。
❹《诗经·大雅·绵》。

有的没有具体记载，但见诸史料的湖泊都有相当大的规模。如圃田泽东西长20多千米，南北宽10千米[16]。鸡泽遗址南北最长处为10千米，东西最宽处9千米[35]。

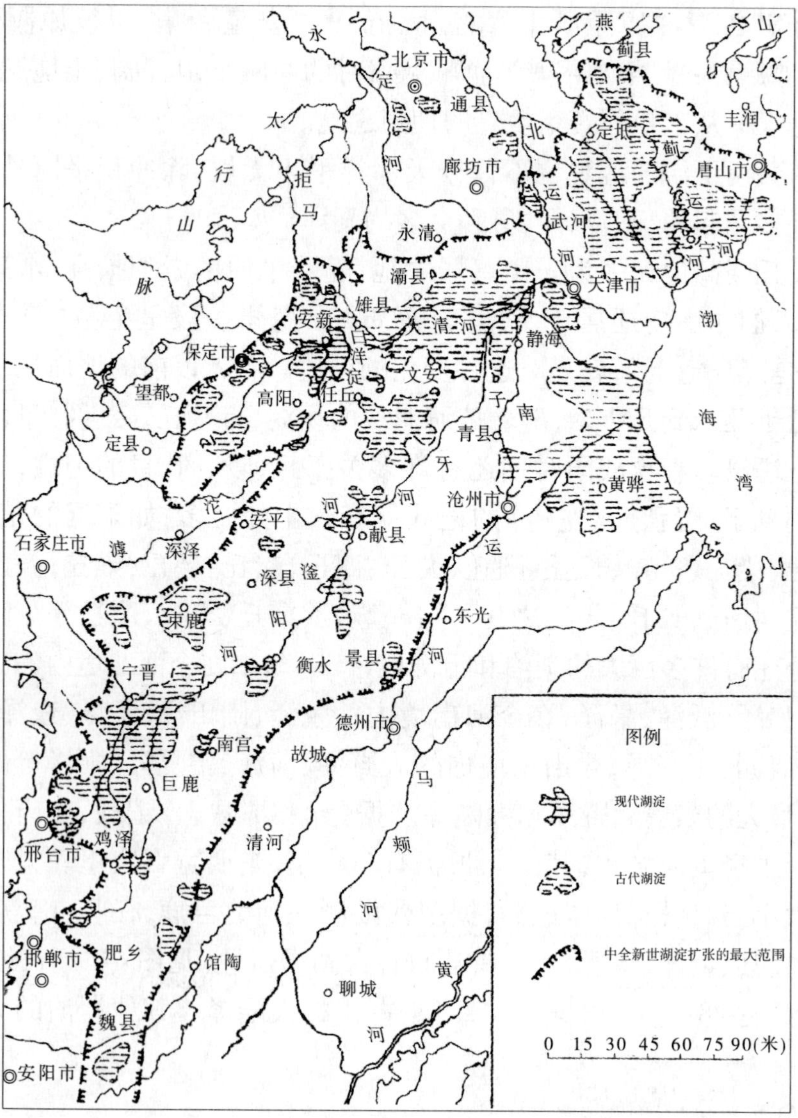

图4-1　河北省古湖淀群示意图[36]

3）径流、泥沙

根据有关专家对古气候研究的结论，我国北方地区在温暖湿润期年平均降水量比现在多出40%～80%，年均径流量若按同比放大应不小于900亿～1 000亿立方米，进入黄河下游的年均径流量应在900亿立方米左右。夏、商、周时期的年平均降水量比现在多出100毫米，约高25%，进入黄河下游的年均径流量也不小于600亿立方米。

对于进入下游的泥沙量，地理专家们进行过专题研究[19]，选定距今3 000年以前作为黄土高原自然侵蚀的背景值，即在人类活动影响轻微的自然状态下黄土高原自然侵蚀的基础数值。当时黄土高原植被完好，属"疏林灌丛草原"。原面上有广阔的草原、成片的灌木丛，间有松、桦等乔木生长，对原面土壤有良好的保护作用。对当时的自然侵蚀，专家们有三条研究途径：一是根据不同时期黄河下游冲积扇的面积、沉积物平均厚度、泥沙比重、河道迁徙时间等参数计算下游的堆积量，从而计算出不同时期年平均侵蚀率。用这种方法计算距今6 000～3 000年的年均侵蚀量为每年9.75亿吨。二是由古黄河口泥沙淤积量推算，利用河口地区泥沙堆积量参照泥沙在下游淤积的分配比例，推算下游的总堆积量。由于不同时期下游堆积分配情况复杂，计算出入可能较大，用这种方法计算的年均侵蚀量为6.5亿吨。三是由小流域土壤侵蚀模型外推，有关专家曾建立了皇甫川流域土壤侵蚀模型，但由于其他小流域尚未完成这类分析，因此尚无整个流域的计算结果。根据以上研究成果，黄河流域自然侵蚀的背景值应在8亿～10亿吨，这个数值也即西周以前进入黄河下游的泥沙数量。图4-2为黄河下游河道沉积地质纵剖面。

4）下游河道状况

根据上述史料和研究成果，可以对西周以前黄河下游河道作出一些基本的判断：

其一，下游河道是地下河。夏代以前进入下游的年均径流量约为900亿立方米，年均输沙量8亿～10亿吨，年平均含沙量为9～

11 千克每立方米，夏、商、周时期进入下游的年均径流量为 600 亿立方米，年平均含沙量为 13 ~ 17 千克每立方米，根据现代的观测研究成果，年均含沙量在 20 ~ 25 千克每立方米即可维持河道冲淤平衡，小于这个数值河道就会冲刷下切，这样的水沙关系不可能形成地上河。《孟子·滕文公下》记载大禹治水以后“水行地中”应是符合实际情况的。

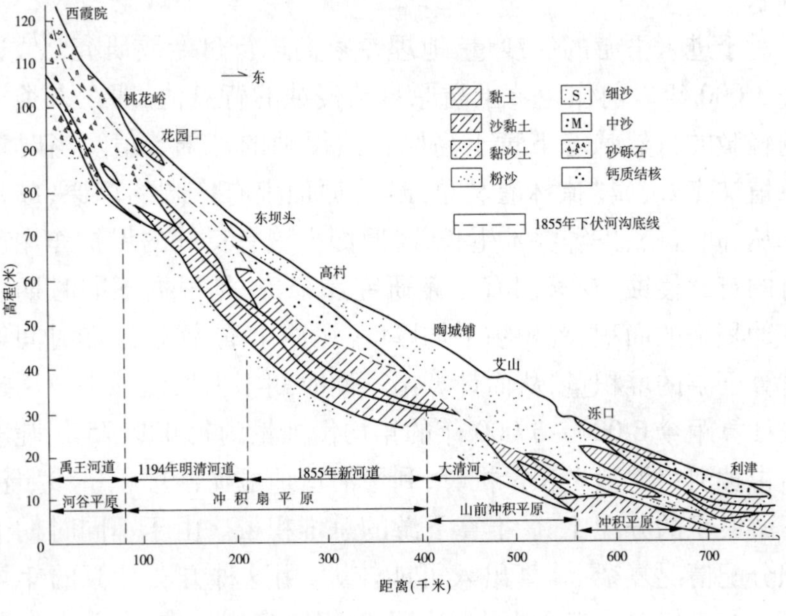

图 4-2　黄河下游河道沉积地质纵剖面

其二，河道可保持长期稳定。当时的河道为“山经河道“或“禹贡河道”，这两个河道在大陆泽以上实际为同一条河道，由于含沙量小，河道处于冲淤平衡状态，有时或处于微冲状态，泥沙主要淤积在大陆泽和河口地区，只有在大水漫溢时才会在两岸造成淤积。洪水回落时水流即可归槽。大水时主槽一旦冲刷扩展，可以长期维持较大的河道断面。

其三，不需要堤防，当时人口稀少，开垦范围不大，人们多居于丘、陵、冈、阜之上，只有在地面较高、环境稳定的地方，人们才会“降丘宅土”迁居于平原地区。黄河蜿蜒于高地和湖泊之间，人们安居于丘陵之上，河流有较大的调节库容，人们有足够的回旋余地，因此无须修筑堤防加以保护。加之下游气候温和、四季分明，土地肥沃，适宜农耕，使它成为中华民族繁衍生息的沃土，中华文明产生和发展的摇篮。

2. 3 000 年以来的环境演变

1）气候环境

根据史料记载及古地理和古气候的研究成果，3 000 年以来自然状况发生了明显的变化。气候变干、变冷，与前期相比年平均气温下降了 2 ~ 3 摄氏度，降水量减少，和现今的气候已大体相当。受气候变化影响，西北地区森林减少，草原退化，物种多样性趋于简单。草原和森林的分界向南推移。根据战国时期古土壤层孢粉的研究，毛乌素及其以北地区的森林已经消失，旱生草本植物的花粉已占孢粉总数的 90%[34]。除气候变化外，人类活动对自然环境的影响也大大加剧了。其中较突出的有三个时期：

一是战国后期到西汉。战国后期秦、赵两国就在北部边陲设置郡县，迁移人口。秦始皇统一六国后，郡县设置一直到达阴山南麓。汉武帝以后继续移民开发，使一部分牧区改变为农业区，草原植被受到一定的破坏。西汉时期开发的重点是京都所在的关中及周边地区，关中平原的人口曾达到每平方千米 40 ~ 90 人，包括轮作在内土地开垦率约为 50%[19]。随着人口的增加，六盘山、子午岭一带的森林也遭到砍伐，植被遭到破坏，水土流失加剧，那时已有“泾水一石，其泥数斗”❶的记载，泾水的支流马莲河已有“泥水”❷之称。

二是唐代中、后期。由于国家统一，国力强大，在北方游牧地区设置了更多的州县。开发的范围更向北扩展，森林遭到砍伐，草原受到开垦，生态环境出现明显的退化。鄂尔多斯高原在公元 5 世纪

❶ 《汉书·沟洫志》。

❷ 《汉书·地理志》。

初还是肥美的草原,大夏国曾在此修建国都“统万城”,赫连勃勃赞美这里“美哉斯阜,临广泽而带清流”[1]。此后,北魏也因这里“水草善”而将此地作为重要的牧马之地[2]。郦道元的《水经注》也描写这里有众多的河流。时隔二三百年这里就发生了巨大变化,被描写为“广长几千里,皆流沙”[3]。唐代长庆二年(公元822年)统万城已经“飞沙高及城堞”[4]。到宋代这里更成为“千里不毛”之地[5],北宋淳化五年(公元994年)因统万城“深陷沙漠中”将该城废弃[6]。可见,这里的生态环境在唐代以后急剧恶化(图4-3)。

图4-3　统万城遗址

三是北宋以后。由于人口的增加,烧柴和建筑需要的木柴和薪炭越来越多,不仅关中及其周围地区的森林遭到大量砍伐,而且大规模的砍伐又向陇西和吕梁山北部地区发展。明清时期人类活动对环境的影响呈进一步加重的趋势。明代为了巩固边防在黄河中

[1] 《元和郡县图志·关内道四》。
[2] 《魏书·食货志》。
[3] 《全唐文·夏平》。
[4] 《旧唐书·五行志》。
[5] 《宋史·卷二七七·郑文宝传》。
[6] 《资治通鉴》。

游重新修筑长城，设置州、县，实行屯田制度。每一兵卒按规定垦田，大多为百亩❶，为保证边防粮秣，还实行了“开中法”，也就是让盐商向边地运粮，运粮后发给“盐引”，凭“盐引”才能到盐仓取盐到指定地区贩卖。盐商为了得到丰厚的利润，竞相转运粮食，然而远道运输十分艰难，于是纷纷在边陲就地开垦❷。黄河中游沿边一带几乎无地不垦，无论是沟壑坡地，还是丘陵山区，只要力之所及，都广种薄收。吕梁山以西的离石地区，陕北的延安、榆林地区“山之悬崖峭壁，无尺寸不耕”，“高山峭壁，横亘数百里，土人耕牧，锄山为田。虽悬崖偏陂，天地不废”❸。清代继续实行屯田制度，每一兵卒给田五十亩❹。清初一次灾荒，西安、凤翔两地人民流散，清王朝曾下令一年之内将荒地开垦完毕❺。清代人口剧增，加剧了土地的开垦。乾隆十一年（公元 1746 年）山西巡抚阿里衮的奏文里说，山西“实无遗弃未尽，可以开垦地土”，可见当时开垦土地的广泛程度。明清时期对森林的破坏也远超于以前各代。从明代中叶起，整个黄河中游都受到摧毁性的破坏。现在黄土高原上的群山除极少数外，皆已成为濯濯童山[35]（图 4-4）。

这一时期黄河下游也发生了巨大的变化，中游的泥沙被黄河源源不断地带到下游。战国以前虽然含沙量较小，但经过 1 000 多年的日积月累，到春秋中期大陆泽已被淤平，大陆泽以下的低洼地带也普遍淤积抬高，西汉时的韩牧曾建议寻找大禹治水的九河故迹，但因泥沙掩埋已经无处寻觅了。由于禹河故道及其两侧严重淤积抬高，终于在公元前 602 年改行西汉河道（即“汉志河道”）。西汉时黄河含沙量已有增加，汉志河两侧又较少有大型的湖泽调蓄，加之堤防的强化，西汉末期黄河已成为地上悬河。公元 11 年黄河又

❶ 《明经世文编 · 卷一九九》。

❷ 《明史 · 食货志》。

❸ 《明经世文编 · 清理山西三关屯田疏》、《明经世文编 · 清理延绥屯田疏》。

❹ 《清史稿 · 食货志》。

❺ 《大清会典事例 · 卷一四一》。

图 4-4　千沟万壑黄土高原

在魏郡(今濮阳境内)决口继续向东南摆动,袭夺了漯水的部分河道,形成黄河与济水等分流入海的局面。这个河道就是王景治河时的河道,该河道入海流程短,地势低洼,两侧又有大野泽等众多湖泽的调节,有较大的调蓄库容和容沙空间,加上王景治河措施得当,又出现一个 800 多年的安流时期。唐代著名诗人高适在黎阳、滑台一带(今河南浚县)曾作过《自淇涉黄河途中作十三首》,其中第十首有"宣房今安在,高岸空嶙峋"的描写,可见当时河岸高峻,是东汉改道后流程缩短产生溯源冲刷的佐证。到了唐代末期这个河道的容沙空间也被泥沙充填。北宋时河道在西汉河道和东汉河道之间行河,由于两侧都已淤积抬高,容纳泥沙的空间有限,北宋时期虽全力修治,始终未能改变频繁决口的局面。公元 1128 年以后河道逐步南移,不得不向徐淮地区寻找堆放泥沙的地方了。金、元、明、清时期每年进入下游的泥沙总量由 13.3 亿吨逐渐增加到 16 亿吨。年平均含沙量由 28.3 千克每立方米增加到 34 千克每立方米,已大大高于维持河道冲淤平衡的临界数值。这一时期河道淤积严重,决口不断。金、元至明代中期,由于南北对峙或保护漕运等,均采取弃南保北的策略，如明弘治六年（公元1493年）刘大夏治河时，为保证漕运畅通，坚决遏制河道北流，修筑了西起胙城经滑县、长垣、东明、曹州、曹县至虞城长360余里的太行堤和于家店经铜瓦厢至小宋集160里的堤防，使黄河北岸形成强固的防洪屏障。此时黄河在太行堤南由北向南，又由南向北淤积摆动，使河南中、东部及以下地区大面积淤积抬升。治河者面对严重淤塞的河道也曾采取过疏浚措施，例如荥泽孙家渡支河，从弘治六年（公元1493年）开始，在40余年间先后进行了10余次疏挖，耗费公帑百万之多，结果随开随淤，始终未能疏通。嘉靖十二年（公元1533年）又进行了一次大规模的疏浚，共疏挖河道150里。第二年河水大涨，一淤而平。从明正德到隆庆的60多年间，河道总督换了40余人，面对严重淤积的河道大多束手无策。直到万恭、潘季驯等人实行新的治河方略，才出现了一些转机。

经过从战国到清代2 000多年的泥沙堆积，华北平原淤积抬高了十几米到几十米。许多丘、陵、冈、阜被泥沙堙埋，古代的众多湖泽已经堙没消失，较之春秋战国时期已经面目全非了。总之，从战国到清代的2 000多年间，西北地区的自然环境和社会环境都发生了巨大的变化：气候变干变冷，降水量减少，土地旱化，河湖萎缩，草原边界自然向南推移，加上人口增加，人类活动对自然的影响加剧，森林砍伐，草原垦殖，植被破坏，土地沙化，土壤侵蚀加剧，致使进入黄河的泥沙不断增加，黄河下游的淤积也日趋严重。

2）径流泥沙

战国以后，气候已进入变干变冷的时期。其间气温、降雨等气候要素虽有上下波动，但长期平均看和今天大体在同一水平上。在估算进入黄河下游的径流时，可按20世纪中期黄河上、中游尚未修建枢纽工程时的水平即每年470亿立方米左右估算。这期间的文献中对黄河的泥沙有一些较为定量的记载，如《汉书·沟洫志》记载“泾水一石，其泥数斗”，《宋史·河渠志》记载“泥沙相半”，此后还有“黄河斗水，沙居其七”的记载等[1]。但是不能据此推论黄河泥沙

[1] 《续行水金鉴》。

的总量。现代观测资料表明黄河含沙量的时空分配极不平衡。不同的时间和地点往往相差几倍、几十倍甚至更多。用华北平原地层中不同时期的淤积总量推算的年均侵蚀量则相对可靠。有关专家推算的结果是,战国时期进入下游的泥沙总量年均11.6亿吨,明代中期则增加到13.3亿吨,清代中后期增加至16亿吨[19],相应的年均含沙量由24.7千克每立方米逐步增加至28.3千克每立方米及34千克每立方米。根据现代观测研究的结果推断,这样的年平均含沙量不但河口会不断地淤积延伸,下游河道也会发生严重的淤积抬升。

● 治河方略的演变

随着自然环境的变异和黄河水沙关系的改变,人们治理黄河的方略也自觉不自觉地发生着变化。笔者认为,历史上的治河方略大体可分为4个阶段:第一个阶段是从大禹治水到春秋末期,这一时期的治理方略是以疏导和分流为主;第二个阶段是从战国到明代后期(公元16世纪中叶),这一时期是从分流治理到合流治理的过渡阶段,它的治理方略是筑堤和分流并用或交替使用;第三个阶段是从明代后期到新中国成立,这一时期是以筑堤合流、束水攻沙为主的治理阶段;第四个阶段是新中国成立以后,在总结历史经验的基础上实行全河统筹、综合治理的新阶段。以下就不同时段的治河方略予以简要叙述。

1. 疏导分流为主的治理阶段

夏代以前黄河虽然含沙量较小,但河道尚未进行过治理,洪水灾害还时有发生。特别在尧舜时代,有许多大水成灾的传说。如《尚书·尧典》记载"汤汤洪水方割,荡荡怀山襄陵,浩浩滔天。下民其咨";《尚书·益稷》记载"洪水滔天,浩浩怀山襄陵,下民昏垫";《孟子·滕文公》记载"当尧之时,天下犹未平,洪水横流,泛滥于天下,草木畅茂,禽兽繁殖,五谷不登,禽兽逼人,兽蹄鸟迹之道,交于中国"。也就是说,洪水横流,大面积漫溢,山头、丘陵被洪水包围成了一个个孤岛，鸟兽虫蛇也都集中在人们居住的高地之上，人们充满了忧虑和无奈。看来当时的洪水是大面积和长时间的。发生这样的洪水有两种可能的情况：一是长时间的暴雨洪水使水位居高不下；二是没有泄水通道或排泄不畅。譬如洪水在高水位时漫入低洼地带，洪水回落后积水无法排出，或者山体崩塌堵塞河道造成水位持续上升等。尽管当时的降雨量比今天要大，但根据中国北方降雨的特点，第一种情况可以基本排除，可以推断当时的洪水灾害主要是排水不畅造成的。大禹之前通常的治水方法是围堵。共工就是通过“壅防百川，堕高堙庳”取得了治水的成功。这种方法只是一种局部的防洪措施。传说中修筑的“九仞之城”，不过是堵塞串沟或保护部落的围堰而已。直到春秋时期才有了“随水而行”、“夹水四道”这种现代意义的堤防。鲧治水时沿袭共工的办法修筑防水围堰，治水 9 年非但没有成效，而且造成巨大的损失。大禹接受了鲧的教训，从更广阔的范围审视洪水成灾的原因，顺应水流的自然规律采取以疏导为主的治理方略。《史记·夏本纪》记载“禹曰：予决九川距四海，浚畎浍距川”。大禹说，我的治水方法就是疏浚河道使它流入大海，疏通田间的大小沟洫使它进入河道。这种在今天看来并不复杂的治理方法却成就了大禹的旷世伟业。经过 13 年的努力，他疏通河道，北播九河，还沟通了黄河与济水、漯水的联系，实现分流入海。他引导河流进入湖泊，并对湖泽的低洼缺口进行堵塞。于是，“九川既疏，九泽既洒，诸夏艾安，功施于三代”[1]。也就是说，河道得到疏通，湖泽得到治理，华夏实现安流，使夏、商、周三代都受惠于他的功德。

从以上情况可以看出，夏、商、周的 1 000 多年间，河道能够长期安流的原因：一是河道径流丰沛，中游水土流失较轻，水流含沙量小，可以形成长期稳定的地下河；二是经过疏导分流，下游排洪通畅，沟通济、漯两个支流可以分杀水势，减轻干流排洪压力；三是大

[1] 《史记·河渠书》。

陆泽等沿河湖泽提供了巨大的调节库容和广阔的容沙空间。

2. 筑堤和分流相结合的治理阶段

战国以后的黄河发生了两个重要的变化。第一个变化是径流减少,沙量增加,水沙关系由相对平衡变为不平衡,泥沙淤积部位从主要淤积在河口、湖泽,发展到下游河道,使下游河道由地下河逐渐变为地上河。第二个变化是堤防形成。一方面黄河淤积摆动,华北平原逐渐淤积抬升,一些丘、陵、冈、阜被堙埋,湖沼洼地淤积消失,地形变得更加平坦;另一方面人口增加,土地开垦,黄河下游已变成人口密集、经济发达的中原地带。为了保护居住安全和经济发展,黄河堤防出现了。春秋时期已有了修筑堤防的记载[1],战国时期有了迅速的发展[2],秦统一六国后逐步形成了系统的堤防。堤防的形成是经济社会发展的必然要求,也是治河方略的一大进步。此后数千年堤防传承不绝就是它重要意义的最好说明。当然堤防修筑也带来负面的影响——泥沙集中淤积在两堤之内,形成地上悬河,并不断发展,堤防越加越高,河防越来越险。决口时有发生,甚至酿成巨大的灾难。堤防的功过是非千百年来引发过无数的争论,但黄河堤防却在不断的争论中世代传承。这一时期疏导分流的治理方略依然占主导地位,但修筑堤防则是治河决策者主要的治河措施。西汉时由于河道淤积、悬河发展、决溢灾害频繁,贾让提出"治河三策"对修筑堤防进行强烈的批评,他虽然提出"治河三策",但实际主张则唯有分流。他的上策是不再修筑堤防,中策是只修一岸堤防,在一定范围内放任黄河自流,使其"宽缓而不迫"。他对"缮完堤防"持完全否定的态度。贾让的主张在历史上褒贬不一,虽然受到一些人的推崇,但从未被认真采纳过。东汉时的王景则是一个实行家。他没有按照当时流行的主张去寻找和恢复"禹河故道",而是就改道后的新河修筑堤防,因势利导取得了治河成功,迎来了大禹之后第

[1] 《管子·度地》。

[2] 《汉书·沟洫志》。

二个安澜时期。对于这个时期长期安澜的原因史学家们有诸多争论,笔者认为,新河道流程短,比降大,地势低洼,沿河又有大野泽等大型湖泊,具有较大的调节库容和容沙空间,是它能够长期行河的主要原因。北宋在治河方略上没有什么建树,唯有修堤与堵口而已。金、元和明代前期,由于南北对峙、"保漕"等原因,实行弃南保北、北岸筑堤、南岸分流的治理策略,实行的结果并没有像分流论者想象的那样"期月自定,千年无恙",而是"忽南忽北,靡有定向",因此该时期成为黄河历史上灾害最为频繁的时期。

3. **合流攻沙为主的治理阶段**

经过战国至北宋 1 500 多年的河道变迁,现今黄河以北的广大地区已严重淤积抬高,许多大型湖泊也相继消亡,北宋以后改行徐淮河道,至明代中期又行河 400 多年,太行堤以南的广大地区也堆积了大量泥沙。实行分流策略,造成泥沙淤积,河道乱流,已经到了难以收拾的地步。这时万恭、潘季驯等人提出了"筑堤束水,以水攻沙"的治河思想,在治河者中间展开了分流与合流的争论。主张分流的人认为,疏导分流是大禹治水的成功经验,是亘古不变的圣人之法。如明代宋濂在《治河议》[26]中说:"河之分流其势自平也……河之流不分其势益横也……譬犹百人为一队,其力则全,莫敢与争锋。若以百分而为十,则顿损。又以十各分为一,则全屈矣。治河之要孰逾于此……此非濂一人之言也,天下之公言也。"可见分流之法是当时多数治河者的共识。主张合流的人则从水和沙的相互作用提出了不同的见解。潘季驯在《河议辨惑》[26]中指出:"水分则势缓,势缓则沙停,沙停则河饱,尺寸之水皆由沙面,止见其高;水合则势猛,势猛则沙刷,沙刷则河深,寻丈之水皆由河底,止见其卑。筑堤束水,以水攻沙,水不奔溢于两旁,则必直刷乎河底。一定之理,必然之势,此合之所以愈于分也。"当时虽然还没有对泥沙运动的定量研究,潘季驯却精辟地阐明了水沙运动的相互关系。现代泥沙研究显示,水流的挟沙能力近似与流量的平方成正比。筑堤束水显然大大地提高了输沙能力。他指出,筑堤束水可以增加水势、刷深河道,有利于输沙入海、减少河道淤积,和现代泥沙运动理论是吻合的。在400多年前能有如此见解也是十分难能可贵的。在水流运动的过程中,水和泥沙是相互矛盾又相互关联的两个方面。矛盾的主要方面决定着事物的性质和发展方向,在含沙量小于水流挟沙能力时,水是矛盾的主要方面,这时的河道不会发生淤积,实行分流治理可以分杀水势,减轻洪水威胁,取得较好的治理效果。在含沙量大于水流的挟沙能力时,泥沙成为矛盾的主要方面,河道淤积就成了不可避免的发展趋势。这时再实行分流将会造成更加严重的淤积,不利于河道治理。明代后期,中游水土流失加剧,年平均含沙量已大大超过维持河道冲淤平衡的临界值。减少河道淤积是治河者面临的主要任务。实行合流治理无疑是一个明智的选择。潘季驯在其主持治河期间(公元1565~1592年)堵塞决口,截支强干,筑堤束水,以水攻沙,并利用洪泽湖蓄清刷黄,改变了此前河道“忽东忽西,靡有定向”的乱流局面,取得了为后人称道的治理成就。清代的靳辅、陈潢继承了潘季驯的治河方略,也取得了显著的治理成就。潘季驯以后,治河方略实现了历史性的转变,对后世的黄河治理有着重大的影响。当然,束水攻沙的方略也不是一剂万应灵丹,源源不断的泥沙必须有堆放的空间。即使不淤在河道也必然淤积在河口,使河口延伸、比降变缓、输沙能力降低,造成自下而上的溯源淤积。潘季驯以后大都实行合流治理,虽然在归顺河道、减少灾害方面起到了积极的作用,但河道的淤积抬高始终没有得到解决。公元1855年终于在铜瓦厢决口改道。

4. 全河统筹、综合治理的新阶段

新中国成立后,在认真总结历史经验的基础上,以王化云同志为代表,提出了一系列新的治理方略(详见本书第三章),较之历史上的治河方略,其具有以下鲜明的特点:

一是坚持除害兴利,综合利用。历史上黄河下游灾害频繁,成了历朝历代人民群众的沉重负担。旧的治理方略能保住洪水时堤防不决口就满足了。新的治理方略强调要把害河变为利河,利用黄河的水土资源为生产服务、为人民造福，大力开发灌溉、发电、供水等水利事业，为经济社会的全面发展服务。

二是把全流域作为一个整体进行治理。历史上治理黄河多局限于下游。新的治理方略按照除害兴利、综合利用的要求，从干流到支流，直到流域内的广大地区，进行统筹规划、全面治理、综合开发利用，这是治河方略的历史性进步。

三是水沙兼治，更加注重泥沙处理。历史上治河大多着眼于洪水处理，潘季驯治河虽然关注到泥沙，但处理手段相对单一，仍难以解决下游河道的淤积问题。新的治理方略在全河上下采取综合措施，拦减和利用泥沙，达到减缓河道淤积的目的。

四是采用现代技术手段探索黄河的自然规律。历史上对黄河自然规律的认识大多基于定性观察和经验积累。新中国成立后开展了大规模的水文、气象、河道、地质的观测研究工作，收集了大量的基础数据，使人们对黄河的认识建立在更加科学可靠的基础之上。特别是现代水力学、泥沙运动力学为制定和完善治河方略奠定了理论基础。这些都是历史上任何时期都无法相比的。

• 历史的启示

以上简述了黄河流域自然环境和治河方略的历史演变，从中可以得到重要的启示。自然界是一个不断运动、相互联系又相互制约的整体。地球上的水在岩石圈和大气圈之间不断地运动和循环着。地表水吸收太阳的能量而蒸发升腾，在大气中遇冷凝结形成降水回归地（水）面。一部分地面径流逐渐汇集形成河川流入海洋（湖泊）；另一部分渗入地下进入地下水和地表水的循环。河川径流是水循环的一个组成环节，因而不可避免地受到气候变化的影响。河川径流在地表流动奔泻，一方面地表成为承接和约束径流的下垫面；另一方面河川又侵蚀地表、裹挟泥沙改变着地形地貌。大自然孕育了万物也孕育了人类，人类活动也对自然环境产生影响，随着生产力和科学技术的进步，这种影响越来越大，成为自然环境改变不可忽视的重要因素。

早期人们了解黄河的历史主要依靠史料记载，但史料记载不可避免地带有时间、空间和认识上的局限性。以最早记载黄河的史籍《尚书》而论，成书年代在春秋时期，距今也不过2 000多年，对黄河而言只是一个短暂的时段；史料记载又多限于某一河段、某一时点，往往缺少对整体情况的记述；由于科学技术水平的限制，历史记载也难以留下全面翔实的数据。因而，在史籍中见到的黄河常常是片段的、瞬时的、孤立的黄河。随着科学技术的进步，人们从地球本身——沉积岩、沉积地层中获取了大量的历史信息，大大开阔了人们的眼界，弥补了史料记载的不足，使我们看到了更为全面的、运动的、联系的、鲜活的黄河。科学和历史告诉我们，数千年来黄河演变与治理的历史，是一部水沙关系由相对平衡到不平衡的演化史，是中上游侵蚀、下游堆积、移山不止、填海不息的运动史，是人们开发利用黄河，力图控制黄河，而黄河又依照自然规律不断寻求洪水出路与容沙空间的历史。这个历史现在还没有完结。如何利用黄河的水土资源为经济社会的发展服务，同时又顺应自然规律给黄河洪水寻求出路，特别是为黄河泥沙寻求堆放的空间，将是一代代治河人必须面对的一个长远的课题。

第二节　黄河的水沙失衡与河道容沙空间

• 水沙失衡

人们常把现代黄河的特点概括为水少沙多、水沙关系不平衡。所谓水沙关系的平衡与否，是一个表述河水含沙量和水流挟沙能力相互关系的概念。水流挟带泥沙的能力是有限度的。它的大小与流速、比降、断面形态、河床组成、悬移质颗粒级配等因素有关。因为影响挟沙能力的因素很多，相互关系复杂，所以有多种计算和表述方式，一般可用以下公式表示[37]：

$$S = k\left(\frac{v^3}{ghw}\right)^m \tag{4-1}$$

式中：S 为水流挟沙能力；k 为挟沙系数；v 为断面平均流速；g 为重力加速度；h 为断面平均水深；w 为悬移质平均沉速；m 为挟沙指数。

其中，v 又可表达为：

$$v = \frac{1}{n}R^{\frac{2}{3}}i^{\frac{1}{2}} \tag{4-2}$$

式中：n 为河床糙率；R 为水力半径；i 为河道比降。

从以上公式可以看出，水流的挟沙能力受到多种因素的影响和制约。当河水含沙量与水流挟沙能力相等时，水沙关系处于平衡状态，这时河道冲淤也相对平衡。当含沙量大于或小于挟沙能力时，则处于不平衡状态，对于黄河下游的冲积河床而言就会发生淤积或冲刷。通常所说的水沙不平衡特指含沙量大于水流挟沙能力、河道发生淤积的情况。含沙量小于水流挟沙能力时也是一种不平衡状态，河床会发生冲刷。不过冲刷后河水含沙量增加，河床粗化，加上侵蚀基准面的限制，在短时期内会达到新的平衡。通常所说的水沙不平衡不包含这种情况。

造成黄河水沙不平衡的根本原因是中游地区大量的水土流失，来水来沙时空分布不均也是重要的影响因素。在自然状态下，黄河来水来沙在时空分配上有明显的特点：一是年内分布不均，花园口站多年平均天然径流量 560 亿立方米，来沙量 16 亿吨，其中汛期 4 个月(7～10 月)分别占全年的 60% 和 85%；二是年际变化大，花园口站从 1919～2000 年最大年径流量 933.4 亿立方米(1964 年)，最大年来沙量 39.1 亿吨(1933 年)，最小年径流量 274.6 亿立方米(1928 年)，最小年来沙量 2.48 亿吨(1987 年)，最大与最小的比值分别为 3.4 倍和 15.8 倍。黄河来水来沙在空间分布上也不均衡，形成了水沙异源的特点。河口镇以上来水量占流域的 52.8%，来沙量仅占 8.7%，是主要的清水来源区。河口镇到龙门来水量占 14.9%，来沙量占 55.5%；龙门到潼关来水量占 21.7%，来沙量占

33.8%,两区来沙量约占总量的90%,是主要的泥沙来源区。潼关到花园口来水量占总量的10.6%,来沙量仅占总量的2%,是另一个清水来源区(见表4-1)。

表4-1　黄河下游多年平均水沙来源区分布情况

河段	水量		沙量	
	年水量（亿立方米）	占总量比例(%)	年沙量（亿吨）	占总量比例(%)
河口镇以上	250	52.8	1.42	8.7
河口镇至龙门区间	70.8	14.9	9.08	55.5
龙门至潼关区间	103	21.7	5.54	33.8
潼关至花园口区间	50	10.6	0.32	2.0
三、黑、小总量	473.8	100	16.36	100

注:三、黑、小是干流三门峡站加伊洛河黑石关站加沁河武涉站的简称。

黄河泥沙的不均衡性比径流更为突出,不但集中于中游、集中于汛期,而且集中于汛期的一两次大洪水或高含沙洪水,在出现暴雨洪水时含沙量往往达到极高的水平。干流的最大含沙量曾高达941千克每立方米(1977年小浪底水文站),一些多沙支流甚至屡有1 000~1 500千克每立方米及以上的含沙量记录。

对于黄河水沙不平衡的状况,可以从三个层面分析和认识:第一个层面是总量不平衡。根据多年来实际观测资料统计,维持黄河下游河道冲淤平衡的多年平均含沙量为20~25千克每立方米,而进入下游的多年平均含沙量却达到35千克每立方米,总体上超过了水流的挟沙能力。这就决定下游河道必然处于淤积状态。第二个层面是过程不平衡,有时水少沙多,含沙量高达数百千克每立方米,下游河道将会发生严重淤积,有时水多沙少,含沙量低于挟沙能力又会发生冲刷。在有库坝控制的条件下,可以调节水沙过程,改善其不平衡的状态。第三个层面是不同河段的输沙能力不平衡。

在黄河中游产沙最多的河口镇至龙门区间,一级支流的河道比降一般在5%以上,二、三级支流的河道比降更大,入黄段河床大多为砾卵石,虽然常有高含沙洪水,但无明显的淤积现象。中游的干流河道除龙门至潼关段多年平均处于微淤状态外,河口镇至龙门、潼关至小浪底两个峡谷段也没有明显的淤积。黄河进入下游,河面展宽比降趋缓,挟沙能力大幅度降低,形成了强烈堆积性河道。多年平均有 4 亿吨泥沙淤积在河道内,约占来沙量的 1/4,河道年均抬高 3~5厘米。另外,黄河进入下游后,因泥沙输移的惯性影响,淤积最严重的河段并不在峡谷出口附近,而是在孟津以下 200~400 千米的河段(现行河道高村上下)。根据 1950~1997 年实测资料统计,夹河滩至孙口河段河长 169 千米,占铁谢至利津河段长的 22%,而淤积泥沙 40.32 亿吨,占铁谢至利津淤积总量的 44.2%,形成明显的淤积驼峰,使这一河段成为历史上决口、改道最频繁的地区。

● 河道容沙空间

1. 河道容沙空间的概念

在黄河下游,随着堤防的形成和完善,河道摆动的范围受到约束,泥沙沉积的空间也受到限制。关于河道的容沙空间可以给出以下定义,即在一定的设防水位下,河道可容纳泥沙体积的最大值。容沙空间的下界面是两堤之间或最高设防水位线以下的河床表面(包括河口三角洲和相应的滨海区),它的上界面是设防水位、最大河面宽度和临界比降(滨海区为平衡比降)构成的平面(近似)。这里的临界比降是维持行河的最小比降,平衡比降是滨海区在海洋动力作用下达到平衡状态时的比降。上述空间中扣除槽蓄水的体积,即为河道的容沙空间。

2. 容沙空间的盈缩

在河道边界条件改变时容沙空间也会相应改变,设防水位提高时,容沙空间随之扩大,设防水位降低时则随之减少。设防水位提高后防洪工程建设、维护和防守的成本上升,一旦失事造成的灾害损失也会增加。因此,设防水位的提高是有限度的,只能限定在技术可能、经济合理的水平上。分流、分滞、湖泊调蓄可增加河道的容沙空间,堤防决口也会开拓新的容沙空间。河道扩宽可增加容沙空间,滩区围垦则会缩小容沙空间等。

有人会提出,河口是一个开放的系统,能否大量排沙入海使容沙空间扩大呢？能否借助海洋动力将泥沙输入深海使容沙空间不断增加呢？首先,排沙入海会使河口延伸,比降变缓,排沙能力下降,形成自下而上的溯源淤积,河口的水位也相应抬高。可见,输沙入海是以水位抬高为代价的,在既定水位下并不能扩大河道的容沙空间。其次,海洋动力的作用只能影响河口滨海区的淤积形态,不能有效增加河道的容沙空间。河口区的潮流在24小时内呈现周期性变化,它的合成矢量(余流矢量)很小。黄河河口流速约为0.2米每秒,不足以使河口泥沙产生定向推移,只能使河口淤积体在潮流的往复作用下逐渐坦化扩散。它的表现是淤积体前沿坦化推进,淤积体上部退蚀,纵比降变缓,当海底达到平衡比降时,这种运动也就停止了(见图4-5)。虽然不排除少量泥沙扩散到其他海域,但与河口泥沙的大量堆积相比可以忽略不计。河道及河口的变迁史都充分说明了这一点。

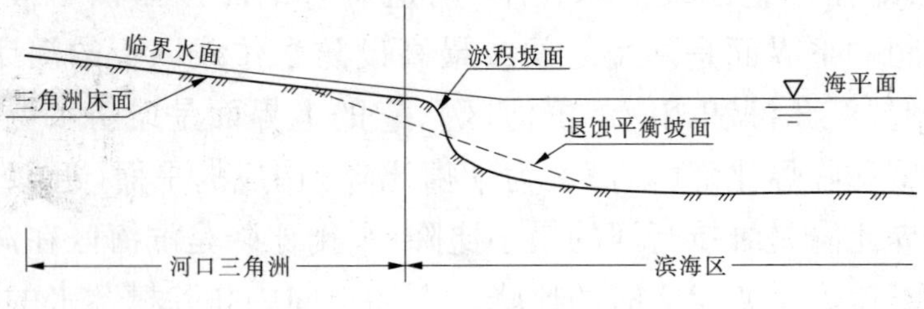

图4-5　河口淤泥退蚀示意图

3. 容沙空间的利用

河道的容沙空间是有限的,在容沙空间被充满之后河道的寿命就终止了。因此,河道容沙空间的大小和来沙量的多少就决定了行河年限的长短。我们不妨用河道的容沙空间的概念观察一下河道变迁的历史。“禹贡河道”有巨大的容沙空间。其一,下游有巨大的“调节水库”——大陆泽及其以下的湖淀群。其二,河口地区地势低洼。据史料记载,大陆泽以下的九河“同为逆河”,即涨潮时海水倒灌的河流,是类似于潮间带的低洼地区。加上那时来沙较少,年均沙量 8 亿 ~ 10 亿吨,所以行河千余年才发生改道。西汉河道沿河较少有大型湖泊,沙量也逐渐增加,行河维持 600 余年。王景治河后的东汉河道,由于流程短、地势低,加之分流河道——济水进入大野泽增加了容沙空间,因此也行河 900 余年。北宋时的横陇、东流河道均处于西汉、东汉两河故道之间,北流河道处于禹河、西汉故道之间,这些河道均长期行河并屡屡决口,河道之间已发生大量淤积,所剩空间较为有限,北宋虽举全国之力治理黄河,也难以改变频繁决口的局面,仅行河百余年就改行徐淮河道了。徐淮河道情况有所不同,虽然当时来沙较多,也无特别有利的地形地势,但当时采取弃南保北的方略。南岸没有完整的堤防,行河范围遍及黄淮之间,淤积范围广大,也维持行河 700 余年。

河道的容沙空间在实际淤积过程中往往不能得到充分利用,这和泥沙、沉积不均衡有关。如前所述,下游河道中孟津以下 200 ~ 400 千米的河段是泥沙淤积较多的部位,形成明显的淤积“驼峰”,引起强烈的河势游荡。常常在下游河道及河口地区容沙空间尚未充分利用的情况下就发生决口、改道。此段即民谚中所说的“豆腐腰”河段,历史上决口改道也多发生于此。例如,公元前 602 年的宿胥口、公元 11 年的魏郡、公元 1048 年的商胡、1855 年的铜瓦厢均在此范围之内。在下游采取巩固堤防、整治河道、调水调沙等措施,加大河道的排洪输沙能力,尽可能输沙入海,有利于河道在纵向均衡淤积,使有限的容沙空间得到充分的利用。河道淤积在横向上也有不均衡的问题,近年来表现更为突出。在河道未经整治时,河槽可以自由摆动,滩槽位置不断变换,河床也因此均衡抬升。在经过整治固定河槽以后,逐渐出现主槽平均高程高于滩地平均高程的“二级悬河”现象(图4-6),不仅威胁堤防安全,也造成河道容沙空间不能被有效利用。如能有计划地引洪淤滩,不仅能使“二级悬河”得到缓解,容沙空间也将得到充分的利用。

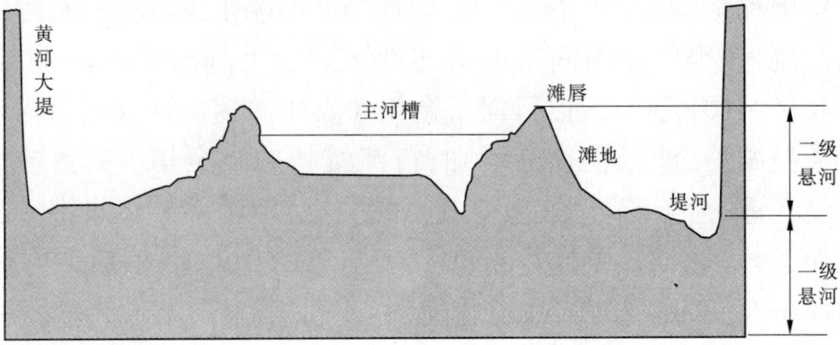

图4-6　“二级悬河”示意图

第三节　泥沙处理途径和行河年限预测

● 泥沙处理途径

泥沙淤积是黄河灾害的根源,妥善处理泥沙是治河的根本任务之一,那么人们可以通过哪些途径处理泥沙呢?当前处理泥沙的主要途径有三条:一是把泥沙拦截在中、上游;二是把泥沙输送入海;三是把泥沙堆积在河道及其两侧。对于这些处理途径的效果和前景分别作以下分析和探讨。

1. 在中、上游处理泥沙

在中、上游处理泥沙现有两种措施:一是水土保持;二是在干支流修筑拦泥水库。这些措施效果是肯定的,但从长远看,又受各种条件的制约,也是有限度的。

1)水土保持

黄土高原经过长期侵蚀,塬面已经受到严重破坏,沟壑纵横,支离破碎,而且沟深坡陡,土质疏松,极易侵蚀流失。新中国成立以来,对水土流失开展了大规模、群众性的治理活动,初步形成了生物、耕作和沟道工程三大措施体系,取得了一定的治理效果。但是水土保持是一个长期的、渐进的过程,而且由重力侵蚀引起的水土流失难以完全制止,最终的治理效果也是有限度的。根据地理学家研究的成果,即使在黄土高原塬面完整、植被良好、人类活动影响轻微的商、周时期,黄土高原年水土流失量也有 8 亿 ~10 亿吨之多,水土保持不能根本解决入黄的泥沙问题。

2)修筑拦泥水库

在干流修筑大型拦泥水库可以有效拦截泥沙,有的还可建成综合性枢纽,兼具灌溉、发电、调节水沙等多种功能。按照黄河梯级开发的规划,尚未建设并能够发挥较大作用的干流枢纽工程只有古贤、碛口、大柳树等少数几个,总的拦沙库容为 300 多亿立方米,只能解决几十年的拦沙问题。在支流修建拦泥水库往往要淹没大片的川地,对当地经济发展和人民生活影响较大。鉴于我国人多地少的基本国情,必须首先保证粮食安全,因此大量建设支流拦泥水库是不现实的。根据《黄河流域水库泥沙淤积调查报告》和《黄河流域基本资料审查评价及天然年径流量计算》等资料统计,新中国成立以来,黄河中、上游共修建小(一)型以上支流水库 483 座,大多以灌溉、发电等兴利目标为主,总库容为 75.54 亿立方米。20 世纪 80 年代年平均拦沙 1.37 亿吨;90 年代年平均拦沙 1.03 亿吨。由于总库容有限,水库难以长期发挥拦沙作用。

需要指出的是,大量修建水库枢纽工程,对黄河的水沙关系有着不可忽视的负面影响。中、上游的枢纽工程大多为综合利用纽枢,有些还以灌溉、发电为主,在运行时一要增加水量消耗,二要对径流过程产生影响。为了提高发电保证出力和灌溉保证率,势必要在丰水时拦蓄,枯水时泄放运用,使径流过程坦化,洪水量级减小。例如 1986 年龙羊峡水库建成并和刘家峡水库联合运用之后,黄河下游的水沙过程就发生了较大改变,汛期来水比例减小,非汛期来水比例增加,高含沙洪水出现机遇增多,河槽萎缩,输沙能力降低。

1950～1999年的50年间花园口年均径流量为408.2亿立方米，年均输沙量为10.64亿吨，而龙羊峡运用后从1986～1999年的14年间年均径流量为276.4亿立方米，年输沙量6.84亿吨。虽然水沙量近乎同比减小，但由于洪水量级的缩减，输沙能力却大大降低，下游河道的淤积量明显增加。1950～1999年下游河道年均淤积1.86亿吨，占来沙量的17.5%，而1986～1999年年均淤积2.23亿吨，占来沙量的32.6%，无论是淤积的绝对量还是淤积比都有明显增加。由此可见，在修建枢纽工程的同时，也须高度重视其对河道输沙能力的影响。

2. 输沙入海

处理泥沙的第二条途径就是利用现行河道尽可能地将泥沙输送入海。如本章第二节所述，排沙入海虽然也要占据河道的容沙空间，但河口滨海区是河道容沙的主要部位，若不能有效地将泥沙输送到位，将会大大缩小可利用的容沙空间，从而加速河道的衰亡。要想把泥沙输送到位，必须具备适当的来水来沙条件和河道边界条件。根据多年的观测结果，保持下游河道不淤积的多年平均含沙量为20～25千克每立方米，也就是说，把每吨泥沙输送入海需要的水量是40～50立方米。20世纪以来，黄河下游多年平均含沙量为35千克每立方米，大于临界的含沙量，所以下游河道总体上处于淤积状态。为了增加排沙入海的数量，必须采取整治河道、调水调沙、增水排沙等治理措施。

1）整治河道、调水调沙

为了有效地增加排沙入海的数量，近年来采取了调水调沙的治理措施。通过建立黄河水沙调控体系，整治河道、调节水沙，塑造适宜的水沙过程及河道边界，尽可能提高河道的输沙能力。水沙调控的具体要求是：

一要有一定量级的洪水和持续时间，水流挟带泥沙能力和流量的高次方成正比，流量越大，挟沙力越大，输沙效力（单方水输移泥沙的数量）也越高。除量级外，还需要一定的洪水持续时间；否则有可能上冲下淤，不能将泥沙顺利地冲泻入海。

二要有一定的边界条件。上述挟沙能力和洪水量级之间的关系，只有在河道顺畅并且不漫滩的情况下才能完全成立。一旦洪水漫滩，进滩洪水的挟沙能力会迅速降低，大多数情况下会发生滩地淤积、河槽冲刷的“淤滩刷槽”现象，全断面的挟沙能力和排沙比也会随之下降。另据观测资料分析，过洪断面的宽深比（$\sqrt{B}/H$）与水流的挟沙能力成反比，也就是说，河道断面越窄深，水流的挟沙能力也越大。因此，通过河道整治，形成窄深稳定、行洪顺畅且有较大过洪断面的中水河槽，是提高河道输沙能力的重要条件之一。但是在泥沙总量超过输沙能力的不利条件下，泄放漫滩洪水、实行淤滩刷槽也是一种合理的选择。虽然会有一定淤积，但可以改善横断面的形态，增加滩槽高差，扩大主槽的排洪输沙能力，为此后的排洪输沙创造良好的条件。

三要调节水沙搭配。通过工程控制泄放含沙量适宜的洪水，是调水调沙的基本要求。如果含沙量过大会造成主河槽淤积，降低排洪输沙能力；如果含沙量过小，主槽虽可出现冲刷，但泥沙起动需要消耗水流能量，且床沙颗粒较粗不利于起动和挟带，也不能达到最佳的输沙效果。

调水调沙也有一些重要的制约因素。首先，调水调沙只能解决因水沙过程不平衡造成的淤积，而对于水沙总量不平衡（即泥沙量超出水流总体的挟带能力）却无法解决，对上、下断面输沙能力的不平衡也效果不大。其次，调水调沙要有一定的水量支持，不但每次调水调沙过程需要一定量级的洪水和持续时间，而且塑造和维持中水河槽也必须有足够的水量。随着流域内人口的增加和经济发展，耗水量也越来越大，进入下游的实测径流量呈不断减少的趋势。另外，小浪底水库初期运用结束后，水库排沙比也逐步加大河床淤积抬高又将重现，仅靠小浪底水库有限的调水调沙库容，初期形成的中水河槽将难以长期维持。最后，调控泥沙比调控洪水更加困难，泥沙一旦在库区和滩地淤积,将难以重新起动,给水沙量配置,特别是泥沙颗粒级配的调整造成困难,这也是调水调沙的制约因素之一。

2)增水排沙

多年来,黄河流域用水量不断增大,水少沙多的状况更加严重。为了解决这种资源性缺水问题,黄河水利委员会提出了流域外调水的规划,并做了大量的前期工作。国家规划的南水北调有东、中、西三条线路。东线由江都引长江水经由山东、河北进入京津地区;中线由汉江的丹江口水库引水,经由湖北、河南、河北进入北京。这两条线路虽然可以减轻黄河的供水压力,但引水基本不进入黄河,不能缓解黄河水沙不平衡的矛盾。在我国南水北调总体布局中,西线南水北调是唯一一条能够增加黄河水量、改善黄河水沙关系的线路。它由长江上游的雅砻江、通天河、大渡河穿越巴颜喀拉山进入黄河。该工程拟分三期进行。第一期由雅砻江、大渡河引水 40 亿立方米,第二期由雅砻江引水 50 亿立方米,第三期由通天河引水 80 亿立方米。三期工程如能按规划完成,每年可为黄河增水 170 亿立方米,对缓解黄河水少沙多、水沙不平衡的矛盾将起到积极而重大的作用。近年来,有些专家提出由三峡库区"引江入渭"的调水方案,对解决黄河的问题也有积极的意义。但是随着人口的增加、经济的发展以及全球气候变化的影响,各地水资源平衡都面临新的情况和问题,能否实现规划的调水量还存在不确定因素。

3. 在河道及其两侧处理泥沙

在河道及其两侧处理泥沙可以采取的主要措施有小北干流放淤、下游滩区放淤、淤筑相对地下河、人工改道等。

1)小北干流放淤

小北干流即龙门至潼关河段,该河段位于汾渭盆地之中,两侧皆为黄土高地,河道面积 1 107 平方千米,滩地面积 682.4 平方千米,人口 7.96 万人。根据黄河水利委员会勘测规划设计院 1979 年提出的放淤方案,在禹门口增建一级枢纽,实行有坝自流放淤。放淤面积可达566平方千米,放淤量为180亿吨,约合129亿立方米。近年来又提出"淤粗排细"的措施并开展了相应的试验,以减少进入下游的粗颗粒泥沙,把更多的泥沙排放入海[33]。

2)下游滩区及背河放淤

黄河下游滩区涉及河南、山东的15个地(市)43个县(区),根据2003年统计,滩区总面积4 047平方千米,耕地25万公顷,村庄2 052个,人口180.94万人[39]。由于滩区人口众多,受环境容量限制,将人口完全迁出滩区是不现实的。根据当前滩区安全建设规划,拟采取修建避水台就地安置为主,辅之以适量外迁的办法安置滩区居民。滩区放淤的办法可采取河道自然引洪漫淤,或从小浪底水库另辟放淤渠道放淤。河道在自然状态下由于主槽摆动频繁,滩、槽位置经常变换,河道大体上可保持均衡抬升。在实行"定槽"的治理策略后,主槽的摆动受限,泥沙大多淤积在主槽及其两侧的滩唇部位,有些河段形成"二级悬河",不但对防洪安全不利,也使河道的容沙空间不能得到有效利用。应当有计划、有控制地实施引洪淤滩,以缓解"二级悬河"的不利形势,使滩区容纳更多的泥沙。

自20世纪50年代以来,黄河下游就采取自流放淤、扬水站放淤、船泵放淤等多种形式淤高背河洼地,以处理堤防险点、险段。这种办法既加固了堤防,又利用和处理了泥沙。1970年以后,国家将放淤固堤列入基本建设计划,较大规模地开展了放淤固堤工作,目前已完成堤防淤背853.5千米。截至2001年底,共完成放淤固堤总量7.6亿立方米。如果将放淤范围继续扩大,将下游河道淤筑为相对地下河,不但可大大提高黄河下游的安全保障,而且可为泥沙处理找到适宜的空间。黄河下游计有临黄堤1 371千米,若将放淤范围向外扩展500米,平均淤高按5米计,可容纳泥沙近35亿立方米。这些堤段在淤筑完成后仍可继续开发利用,不影响有效的土地利用面积。淤筑相对地下河还可与引黄沉沙相结合,减少引黄灌区的清淤负担。

另据黄河勘测规划设计有限公司测算,每年黄河引水可引出泥沙1.1亿立方米,河道采沙制砖等每年可利用泥沙1 140万立方米,对减少河道的泥沙淤积也有不可忽视的作用。

3)人工改道

人工改道可以开启新的容沙空间,从而使河道获得新的生机。但是因为它的损失大、问题多,作为一个治河方略在历史上就从未被采纳过(小范围局部改道除外)。即使自然决口改道,也多是尽力堵复,将决河挽回故道。当今社会人口迅猛增加,经济飞速发展,华北平原又是我国人口最稠密的地区之一,交通、水利、能源、通信等基础设施纵横交织,构成密如蛛网的各种网络系统,改道造成的损失是以往任何时代都无法相比的。历史上每次大的改道还都有一个长达数十年的“初创时期”。口门以上剧烈冲刷,口门以下强烈堆积,河槽迁徙无定,防守十分困难,次生灾害损失也难以估量。因此,改道只能是一种最无奈的选择。

• 行河年限估算

历史上大禹治水曾经安流1 000多年,王景治河也有900余年没有发生大的改道,那么今天能够争取多长时间的安流期呢?既然河道的行河年限是由容沙空间决定的,那么就可以根据河道的容沙空间推算其行河年限的长短。当然在推算时必须有确定的边界条件,如河道边界、设防水位、来水来沙数量、泥沙处理途径等。由于这些边界条件具有相当大的不确定性,因此确切计算行河年限是很困难的。但在设定一些基本条件之后,可以对行河年限作一些粗略的预测。下面从可能的泥沙处理途径和效果入手,对现行河道行河年限作一个粗略估算。

在计算之前需要设定一些前提条件:一是以现行河道的边界为计算依据。二是合理确定设防标准。1996年8月花园口站发生7 600立方米每秒的洪水时,东坝头以上的高滩区大都上水漫溢。这些高滩都是1855年铜瓦厢改道以前形成的。它们的漫溢,说明现行河道的平均河床高程和1855年以前的老河道已经比较接近,对其纳淤的潜力不可有过高的估计。估算时设防水位以提高 5 米为限。三是处理泥沙的措施。设定本节提到的处理措施均能如期实现,并达到预期的效果。

1. **河道容沙空间的估算**

根据近期卫星遥感调查资料,现行河道从孟津到利津河道面积为 4 407 平方千米(不含封丘倒灌区)。设防水位提高后河道也按平均淤积 5 米来计算,则可容纳泥沙 220 亿立方米。河口三角洲和滨海区的泥沙淤积遵循淤积延伸—摆动—再淤积延伸—再摆动的规律,循环往复,将泥沙输送至三角洲和滨海海域。在自然状态下,河道淤积与河口地区的淤积比例分别为 1/4 和 3/4,这也可以视为河道与河口地区容沙空间之比。由此推算河口地区容沙空间为 660 亿立方米。在设防水位提高 5 米的情况下,现行河道的容沙空间为 880 亿立方米。

2. **水库拦蓄处理泥沙估算**

干流水库拦截泥沙:小浪底水库 75 亿立方米(从 21 世纪初起算),古贤水库 117.9 亿立方米,碛口水库 97.8 亿立方米,大柳树水库 57.2 亿立方米,刘家峡水库 15.5 亿立方米,龙羊峡水库 53.5 亿立方米,其他干流水库约 30 亿立方米,共可拦截泥沙 446.9 亿立方米[33],支流水库拦截泥沙较难估算。20 世纪 50 年代流域规划时,曾计划在支流建设一些骨干的拦泥水库,但因为这些水库需要淹没大片川地,对当地经济发展和人民生活影响较大,有悖我国人多地少的基本国情,基本上没有实现。后来也修了一些水库,但大多以灌溉、发电等兴利目标为主,总库容 75.5 亿立方米。考虑到以拦泥为主的水库今后也难以大规模建设,总拦沙库容拟按 200 亿立方米估算,那么水库处理泥沙总计为 646.9 亿立方米。

3. **放淤工程处理泥沙**

小北干流放淤 180 亿吨,约合 128.6 亿立方米,淤筑相对地下河 1 300 千米,约合 32.5 亿立方米,下游滩区(含温孟滩)已计算在河道容沙空间之内,不再重复计算。

以上措施共可处理泥沙1 688 亿立方米。

4. **河道来沙估算**

按照上、中游水土保持的规划,2001 ~2010 年进入下游河道的泥沙从13 亿吨减少至11 亿吨,2010 ~2020 年减少至10 亿吨,2020 ~2050 年减少至8 亿吨,2001 ~2050 年共计来沙495 亿吨(约合354 亿立方米),2050 年后每年来沙按8 亿(约合5.71 亿立方米)计。

综合以上数据,各种措施共可拦截和处理泥沙1 688 亿立方米,2001 ~2050 年来沙354 亿立方米,剩余空间1 334 亿立方米。2050 年以后按每年来沙5.71 亿立方米计算,河道尚可维持234 年。从2001 年算起,现行河道可维持行河约284 年。实际上,河道的容沙空间不可能完全被利用,实际的行河年限会小于计算数据。

上述计算中,有不少不确定的因素。例如,黄土高原的水土保持能否如期达到减沙8 亿吨的目标,规划的放淤工程措施能否完全实现,都会对实际行河年限产生不同程度的影响。特别值得指出的是,河道的容沙空间主要在河口三角洲和滨海区,能否有效地将泥沙输送入海,对河道的行河年限有至关重要的影响。如将8 亿吨泥沙输送入海,一般需320 亿 ~400 亿立方米的入海径流量。近年来,由于洪水量级减小、输沙能力降低,入海泥沙的绝对量和占来沙的比例都在大幅度降低(见表4-2)。如果不能把泥沙输送到河口地区,将会加大河道淤积比例,使河道的行河年限大大缩短。

表4-2 不同时期进入下游和河口地区(年平均)沙量统计

年份	1950 ~1959 年	1960 ~1986 年	1987 ~1999 年
进入花园口以下年均泥沙量(亿吨)	15.07	10.69	7.11
进入利津站以下年均泥沙量(亿吨)	13.20	9.16	4.16
进入河口区泥沙所占比例(%)	87.6	85.7	58.5

第四节 黄河长治久安的梦想能够实现吗

根治黄河水害,实现长治久安是中华民族的千年梦想。这个梦想最终能够实现吗?如前所述,泥沙堆积是黄河灾害的根源。黄河能否实现长治久安取决于大量的泥沙能否得到妥善的处理。下游河道在一定的设防水位下,容纳泥沙的空间又是有限的,要实现下游河道长治久安,还须开拓新的泥沙处理途径。

● 泥沙资源化

从治河角度讲,泥沙是个沉重的包袱。那么,能否将这些泥沙转变为可以利用的资源呢?当然用黄河泥沙填海造陆以及采取人工措施放淤改土、淤背固堤等都属于资源化的范畴。为了实现长治久安还需要开拓更多的泥沙利用途径。近期黄河勘测规划设计有限公司对泥沙利用开展了专题研究[40],提出了以下可行的利用途径:

(1)制砖。由于我国土地资源的匮乏,利用可耕地制砖已被明令禁止,因此黄河泥沙也成为不可多得的资源。在现有技术条件下,可利用黄河泥沙烧制实心砖、多孔砖、空心砖等烧结制品,也可以用蒸压技术或以水泥等为胶结材料制作免烧砖,还可以制作建筑瓦、琉璃瓦、陶制品等。这些制品在技术、经济层面都是可行的,上述成品砖的成本和性能与传统砖基本接近,甚至优于传统的黏土砖。根据有关测算,黄河泥沙免烧砖的各项力学性能均优于黏土砖,相关技术指标全部合格,成本与黏土砖相当。

(2)制作人工石材。选择有代表性的"泥质"黄河泥沙,通过活性激发技术和振动辅助液压成型技术,制作人工石材代替天然石材,这些人工石材可广泛用于防汛抢险石料、堤坝建筑石料、工业民用建筑石料、衬砌护坡石料等。人工石材密度不小于 1.7 吨每立方米,强度不低于 10 兆帕,同时兼具耐久性、抗冲性、抗冻融、抗水解等性能,综合成本也不高于天然石料。

(3)河道采砂。黄河干支流部分河段河砂资源丰富,可作为建筑大砂。建筑用大砂一般是粒径在0.15~5毫米的岩石颗粒。黄河流域适宜采砂的河段主要分布在上游地区、伊洛河口至沁河口的黄河干流、伊洛河、沁河、大汶河等几个部分。目前尚缺乏全面管理,存在无序采砂现象。应完善有关法规,规范采砂活动,进行有计划、有限制的开采利用。

上述产品都有质重、量大的特点,运输成本较高,因而都有一定的适用范围。黄河勘测规划设计有限公司在考虑资源分布、市场需求、防洪安全、经济效益等各方面的情况后,预测制砖每年利用泥沙量为600万立方米(远期为400万立方米),制作人工石材每年利用泥沙量(黄河防洪用)40万立方米,建筑大砂适宜采挖量500万立方米,3项合计为1 140万立方米,约占下游年来沙量的2%。虽然数量还不算太大,但是年复一年也是一个不可小视的数字。随着科学技术的进步,应用项目的拓展,加之适当的政策引导,泥沙资源化还会有新的境地。

• 开拓输沙入海的新途径

海洋是接纳黄河泥沙最广阔的空间,输沙入海是实现长治久安的希望所在。利用现行河道输沙入海要受到两个方面的制约:一是黄河水少沙多,不能把泥沙全部输送入海,河床抬高难以遏制;二是河道的设防水位不可能无限地提高,容纳泥沙的空间也相对有限,不可能永久行河而不废弃。在现行河道之外开辟新的高效输沙通道,是破解这一难题的可能途径。为此,一要提高输沙效率,突破水少沙多的制约;二要开辟更广阔的输沙海域而不局限于现行河口。

1975年,陕西省引渭灌区的一次意外事件引起了泥沙专家和研究机构的关注。此前,陕西灌区为防止渠道淤积,规定引水含沙量不得超过15%,折合为166千克每立方米。1975年渭河发生洪水,含沙量高达700千克每立方米,引渭渠首管理人员由于计算疏忽,误认为是70千克每立方米，于是开闸引水。离渠首50千米的一位管水员发现了一些异常现象，渠水表面有一层薄薄的清水，渠旁两行树木的倒影清晰可见。他对渠水的含沙量重新测量，结果是700千克每立方米。灌区管理人员因害怕渠道淤塞也不敢贸然断水，高含沙洪水持续3天，事后检查沿途渠道淤积情况，结果却出人意料。沿渠50多千米竟没有发生渠道淤积。水电部第十一工程局、黄河水利委员会水科所、西北水科所都派科研人员到工地收集资料，并进行室内试验研究。3个单位的研究得出了相同的结果，即高含沙水流是具有极限切应力的非牛顿体（即宾汉体），它比低含沙水流具有更强大的输沙能力[41]。此后，陕西省水利厅成立了高含沙引水淤灌试验研究小组。在泾惠渠、洛惠渠、宝鸡峡引渭渠三大自流灌区进行试验。最高引沙量分别达到41.7%（泾惠渠，1978年）、42.4%（宝鸡峡引渭渠，1979年）和60.6%（洛惠渠，1978年），渠道均未出现明显淤积。其中，宝鸡峡引渭灌区渠底坡降为1/4 000～1/5 000，设计流量20～30立方米每秒，含沙量400～500千克每立方米，输送距离在100千米以上。其后又在其他灌区和陕北的中小灌区推广，均得到相同的结果和明显效益[42]。由此可见，高含沙水流长距离输送泥沙已为大量的实践结果所证实，利用高含沙水流提高输沙效率并不是遥不可及的事情。

在上述研究的基础上，有些专家曾提出利用高含沙水流的输沙特性解决黄河下游输沙能力不足的设想。鉴于黄河下游河道边界条件复杂、宽浅多变，大水漫滩经常发生，水流又多处于充分紊动状态，难以稳定地输送高含沙洪水，需要另修人工渠道以解决泥沙输移问题。在当时的技术条件下，由于如何塑造均匀稳定的高含沙水流以及水流输送、泥沙堆放等问题难以解决，这些建议就被搁置下来。目前，随着科学技术的进步，这些问题已经具备解决的条件[43]。

1. 高含沙水流的塑造

高含沙水流需要一定比例的细颗粒泥沙，而通过闸门冲泻，含沙量和颗粒级配都难以掌握，不能形成均匀稳定的高含沙水流。可以设想利用小浪底水库解决高含沙水流的塑造问题。当前，清淤、疏浚技术已有长足发展，清淤设备功能十分强大。如荷兰、日本建造的耙吸式挖泥船，每小时疏浚能力可达7 200 立方米，大型清淤泵每小时清淤量也可达2 000 立方米以上。有些设备移动方便、灵活，适宜水库和海区作业。可利用清淤设备在小浪底库区不同的淤积河段抽取泥沙，经过搭配混合可以形成符合输移要求的均匀稳定的高含沙水流。河南黄河河务局在黄河温孟滩放淤工程中曾采用组合泵放淤的办法，即由小泵群分散抽淤、混合后由大泵集中输送，取得了很好的效果，可作为库区抽淤的借鉴。

2. 高含沙水流的输送

当前，输送高含沙水流面临小浪底水库过坝问题。从长远考虑可对小浪底工程进行改建，或从库区另辟过水通道。高含沙水流若用渠道输送，则渠道设计需满足不淤流速、临界坡降和断面形态的要求。清华大学的有关专家曾计算过 4 种不同方案[44]，主要参数和效果如表 4-3 所示。

表 4-3　4 种方案的水力参数及输沙效果

方案	流量（立方米每秒）	含沙量（千克每立方米）	断面形态参数	水力半径（米）	流速（米每秒）	水力坡降（‰）	渠道底宽（米）	水深（米）	日输沙量（万吨每天）	耗水量（立方米每吨）
1	150	300	12	2.35	2.26	0.23	13.40	3.30	388.8	3.33
2	100	300	12	1.96	2.17	0.27	11.18	2.76	259.2	3.33
3	150	200	12	2.60	1.84	0.13	14.74	3.48	259.2	5.0
4	100	200	12	2.17	1.77	0.18	12.36	3.06	172.8	5.0

从表 4-3 的计算结果可以得到以下认识：

（1）以上计算结果均按非均质两相流计算，对流态没有特别的要求,如果泥沙级配适宜,能出现均质流状态,就更加有利于泥沙输送。

(2)渠道断面不大,底宽最大不超过15米,工程布设和修建不存在特殊困难。

(3)方案1年输沙14.2亿吨;方案2、3年输沙9.46亿吨,方案4年输沙6.31亿吨,考虑到下游河道内还要输送一定数量的泥沙,4种方案基本上都可满足黄河下游泥沙输送的数量要求。

(4)小浪底水库进入正常运用期后库区滩面高程在250米左右。小浪底距渤海、黄海的距离均不足1 000千米,比降在0.25‰~0.3‰,均能满足设计坡降的要求,可以实现自流输送。即使在特殊情况下出现坡降不足的情况,因流量不大亦可辅以提排措施,将水流排泄入海。

(5)以上方案中最大单吨耗水量为5立方米,年排沙按8亿吨计,需耗水40亿立方米,较好地解决了黄河输沙水量不足的问题。

3. 泥沙的堆放

如果单独建设排沙渠道输送高含沙水流,可以不受现行河道的限制,也不存在日常防洪问题,不但可以输入渤海,亦可输入黄海,为泥沙提供足够广阔的空间,为实现黄河长治久安提供了可靠的保障。为了解决渠道入海口淤积延伸问题,可在近海处设计若干汊道,轮流使用,在一定时期内实现淤积和退蚀的平衡。在河(渠)口三角洲淤满后,可改建部分渠道开辟新的堆沙海域。高效输沙可以和围海造田、填海造陆相结合,获取巨大的经济效益和社会效益。

提高输沙效率的另一条途径是管道输沙。国外管道输煤已有广泛应用。美国于1979年建成的怀俄明—阿肯色输煤管道,长1 670千米,年输煤量2 500万吨。有关专家提出增建小浪底枢纽排沙底孔设施,利用压力管道输送小浪底高含沙水流,重新配置黄河水沙关系,实行清浑分流以解决黄河下游河道淤积问题。若小浪底至海区的比降按1/4 000计,用压力管道输送300~400千克每立方米的高含沙水流可采用两条直径为4~5米的管道,每天可输送泥沙250万~350万吨，每年工作200天可输送泥沙5亿~7亿吨。鉴于输送距离较长，从经济、实用等原则出发，可将整个线路分为若干输送段分段加压、接力输送[45]，也是一条可以探讨的输移途径。

以上利用渠道或管道输送高含沙水流输沙入海的方案还是初步的。在实施过程中还会遇到各种各样的困难和问题，但毕竟已有类似的成功先例，已不存在无法逾越的障碍，只要锲而不舍地坚持努力，这些问题是可以逐步解决的。

黄河不舍昼夜地流淌着，泥沙年复一年地堆积着。如何处置无尽无休的泥沙堆积，曾是无数治河者的困惑与烦恼，人们走过了漫长的求索之路，目前已经看到了黎明的曙光。一旦上述设想得以实现，黄河将进入一个新的历史时期，黄河下游将实现清浑（水）分流。小浪底水库将成为水沙调节的枢纽，浑水通过渠（管）道向外输送，曾给人们带来无数灾难和烦恼的泥沙将用于填海造陆、淤地改土、制作建筑材料，从而变成宝贵的资源；清水（或低含沙水流）通过现行河道向下宣泄，使河道保持平衡稳定；库区通过不断清淤将可永久保持需要的调节库容；滩区已完成它的历史使命，堤防间距可以大幅度收窄。黄河下游展现给人们的将是堤防永固、绿水长流、人水和谐、充满生机的壮丽画卷。

参考文献

【1】缪启龙.地球科学概论[M].北京:气象出版社,2001.
【2】何国琦.地球是怎样演变的[M].北京:中国青年出版社,1983.
【3】项礼文.地球起源和历史[M].北京:中国地质出版社,1999.
【4】鲁枢元,陈先德.黄河史[M].郑州:河南人民出版社,2001.
【5】刘东生.黄土与环境[M].北京:科学出版社,1985.
【6】黄河水利委员会黄河志总编辑室.黄河志卷二·流域综述[M].郑州:河南人民出版社,1998.
【7】超凡.中国通史[M].长春:北方妇女儿童出版社,2003.
【8】汪石满.中国历史[M].合肥:安徽教育出版社,2003.
【9】梁宗强.中国历史之最[M].北京:中国旅游出版社,1987.
【10】林顿.中国历史文明巡礼[M].北京:中国档案出版社,2003.
【11】梁志刚.中国历史文化简介[M].青岛:青岛出版社,2001.
【12】中国古都学会.中国古都研究[M].杭州:浙江人民出版社,1985.
【13】刘德岑.中国历史地理丛书(古都篇)[M].重庆:西南师范大学出版社,1986.
【14】李洁萍.中国历代都城[M].哈尔滨:黑龙江人民出版社,1994.
【15】岑仲勉.黄河变迁史[M].北京:人民出版社,1957.
【16】黄河水利委员会.黄河水利史述要[M].北京:水利电力出版社,1984.
【17】徐福龄.河防笔谈[M].郑州:河南人民出版社,1993.
【18】张文德.黄河历代水患与治理辑粹[M].高雄市:友鸿居,1996.
【19】叶青超.黄河流域环境演变与水沙运行规律研究[M].青岛:山东科技出版社,1994.
【20】张静安.人和自然[M].长沙:湖南教育出版社,1985.
【21】史念海.黄土高原森林与草原的变迁[M].西安:陕西人民出版社,1985.
【22】袁祖亮.中国古代人口史专题研究[M].郑州:中州古籍出版社,1994.
【23】黄河水利委员会.面向21世纪黄河水资源形势与对策[R].1996.
【24】水利部.黄河的重大问题及对策[R].1999.
【25】水利部黄河水利委员会.黄河流域地图集[M].北京:中国地图出版社,1989.
【26】黄河水利委员会黄河志总编辑室.历代治黄文选[M].郑州:河南人民出版社,1988.
【27】郑肇经.中国水利史[M].台北:台湾商务印书馆,1986.

【28】胡一三. 中国江河防洪丛书·黄河卷[M]. 北京:中国水利水电出版社,1996.
【29】水利部黄河水利委员会. 人民治理黄河六十年[M]. 郑州:黄河水利出版社,2006.
【30】王化云. 我的治河实践[M]. 郑州:河南科学技术出版社,1989.
【31】黄河水利委员会黄河志总编辑室. 黄河防洪志[M]. 郑州:河南人民出版社,1991.
【32】黄河水利委员会黄河志总编辑室. 黄河规划志[M]. 郑州:河南人民出版社,1991.
【33】李国英. 维持黄河健康生命[M]. 郑州:黄河水利出版社,2005.
【34】刘东生. 西北地区自然环境演变及其发展趋势[M]. 北京:科学出版社,2004.
【35】史念海. 河山集·二集[M]. 上海:生活·读书·新知三联书店,1981.
【36】王会昌. 河北平原的古代湖泊[C]//地理集刊(18号). 北京:科学出版社,1987.
【37】钱宁,等. 泥沙运动力学[M]. 北京:科学出版社,1991.
【38】黄河水利委员会治黄研究组. 黄河的治理与开发[M]. 上海:上海教育出版社,1984.
【39】黄河勘测规划设计有限公司. 黄河下游滩区安全建设规划[R]. 2006.
【40】黄河勘测规划设计有限公司. 黄河下游滩区综合治理规划(阶段成果)[R]. 2008.
【41】当代治河论坛编辑组. 当代治河论坛[M]. 北京:科学出版社,1990.
【42】黄河水利委员会. 获奖科技成果选编(1)[R]. 1978-1984.
【43】王渭泾. 关于黄河下游治理的思考[J]. 中国水利,2004(11).
【44】费祥俊,王光谦,等. 重提高含沙水流长距离输送[C]//黄河小浪底水库泥沙处理关键技术及装备研讨会文集. 郑州:黄河水利出版社,2007.
【45】王普庆. 利用管道输沙至海关键技术研究[C]//黄河小浪底水库泥沙处理关键技术及装备研讨会文集. 郑州:黄河水利出版社,2007.